高校辅导员工作月历
北京市高校十佳辅导员

黄向军　孙小莉　主编

国防工业出版社

·北京·

内 容 简 介

本书围绕大一"适应"、大二"选择"、大三"发展"、大四"成才"的特点，突出了不同年级的特性，满足大学生成长成才的基本规律：突出了深度个性化辅导、班级建设、职业生涯教育、心理健康教育和就业指导服务，着重阐述了辅导员工作不可或缺的特殊作用；部析特定时间节点区间同时发生的大学生思想和行为活动的内在联系，并针对辅导员工作中具备可操作性的部分进行详细的分门别类，按学年周期逐月排列，使之成为辅导员在工作中得以参考和借鉴的工作读本。

图书在版编目(CIP)数据

高校辅导员工作月历：北京市高校十佳辅导员/黄向军，孙小莉主编．—北京：国防工业出版社，2016.1
ISBN 978-7-118-10674-9

Ⅰ.①高… Ⅱ.①黄…②孙… Ⅲ.①高等学校–辅导员–工作–案例–北京市 Ⅳ.①G645.1

中国版本图书馆 CIP 数据核字(2015)第 306154 号

※

国防工业出版社出版发行
(北京市海淀区紫竹院南路23号 邮政编码100048)
三河市众誉天成印务有限公司印刷
新华书店经售

*

开本 710×1000 1/16 印张 14½ 字数 260 千字
2016年1月第1版第1次印刷 印数1—6000册 定价40.00元

(本书如有印装错误，我社负责调换)

国防书店：(010)88540777　　发行邮购：(010)88540776
发行传真：(010)88540755　　发行业务：(010)88540717

前　言

高校辅导员是大学生在校四年期间同学生在一起时间最长久、最了解学生的人,辅导员的工作包括了大学生在大学期间的思想品德教育、安全防范教育、择业就业服务、心理健康服务、扶贫助困服务,以及日常工作中的学风建设、班级建设、支部建设等等跟大学生在校期间相关的工作内容,是以大学生的健康成长为核心,以大学生的未来发展为己任。

中央16号文件明确指出,高校辅导员是大学生思想政治教育工作的主体、骨干,是大学生健康成长的引路人,是教师队伍的重要组成部分。高校辅导员是建立在学校和大学生之间的桥梁,是学校和学生之间传递方针、政策以及相关正确信息的管道。

大学生是国家经济建设的宝贵人才资源,是祖国的未来,民族的希望。在同龄人中大学生是佼佼者。在学校他们不但要完成繁重的学业,而且要不断地完善自己的人格,提高自己的修养和文化素质,使自己成为一个真正能为社会服务的合格劳动者。然而,作为年轻的大学生们,在一些思想、性格上,都不可避免地存在各种问题,比如在他们中间普遍存在的心理承受能力较差、缺乏集体观念、组织纪律性淡薄等等现象。大学生的思想活跃,对各种新鲜事物有很强的接受能力。同时,在良莠不齐的新鲜事物中,有些人又缺乏正确的辨别能力,容易受到不良思想和行为的诱惑,可以说思想还是处于不十分成熟的时期,人格也处在逐步形成的关键阶段,在此阶段必须对学生进行正确、有效的教育引导。高等院校对于大学生来讲是培养他们成为社会需要的有用人才的基地,其办学宗旨是以学生为本培养社会需要的有用人才。

作为高校教师队伍中的一员——辅导员,是开展大学生思想政治教育的核心力量,是大学生思想政治教育的具体落实者,是大学生思想的引路人。辅导员在各项学生工作中起到了举足轻重、不可替代的作用,同时他们还是建立在学校、家庭、社会与学生间的重要纽带。作为高校教师队伍重要组成部分的辅导员老师,就是要用正确的价值观教学生做人之道,用科学的知识传授学生正确的学习生活之法,用耐心细致的方式帮助他们解决成长中的烦恼。

但是,在我们辅导员每天日常工作中不难发现我们的工作中具备的几个特点。其一,工作内容的群发性,即一个问题会同时出现在若干同学身上,要面对若干学生解决同样一个问题。其二,工作内容的突发性。学生会在学校期间由于健康原因、学习因素,或者家庭变故形成的突发性急需解决的情况。其三,工作内容的交叉性。大学生出现的问题经常是涉及方方面面,有校内校外的问题,有学生和任课老师的问题,有学生之间的问题还有情侣之间的问题,而且这些问题常常不是独立存在的,会交织在一起。所以在这每天纷繁复杂的各项工作中,不能总是处在应接不暇的状态里。我们需要在日常工作中研究探索辅导员工作规律性的内容。在看似毫不相关的事务中发现它们之间的内在联系和规律性的内容,而一旦抓住了这些联系和规律性,掌握其中"万变不离其宗"的关键点,便可达到处理事务收放自如。那么,也就可以做到辅导员工作"有规律而不乱,有条理而不紊"。为了达到这个目的,我们在书中提出了时点、节点的概念。这个概念就是辅导员工作将按照时点、节点来实现工作内容的内在联系和规律性。**时点:是根据学校统一安排的工作重点按时间顺序辅导员要做的工作;节点是根据学生特有的本质特征在某一特定的时间会出现的问题辅导员要做的工作。**这就是我们提倡的辅导员工作的程序化、标准化。

辅导员的工作都有其规律性的内容,掌握每一个时点、节点的工作特性,我们就很清楚地知道我们在这个时间应该做什么,这样就把握住了特定时点的主要矛盾,从而把需要一个较长周期开展的工作分解到不同的时点中,我们辅导员的工作也就有可能按部就班有条理地开展工作了,不再是"东一榔头西一棒子"。可以说这也是辅导员工作标准化的雏形。在每一特定的时点、节点区间,与之对应的大学生思想意识、行为活动及其学习任务也都有其基本的表现和需求,辅导员工作必须符合大学生行为意识的发展规律。同时对规律性工作进行总结,逐步形成一定的工作标准,在不同的时点,按标准开展工作,这样,我们辅导员的工作就能有章可循,各个环节紧紧相扣,系统性更强了。

根据我们提出的时间节点的概念,本书按照时间顺序,按照大学的学期特点,分年级逐月编排,针对各年级和每一个月的工作基本内容和特点,结合大学生成长规律,比较系统地进行总结归纳,形成高校辅导员的工作概况。

在本书中,我们围绕大一"适应"、大二"选择"、大三"发展"、大四"成才"的特点,突出了不同年级的特性,满足大学生成长成才的基本规律;在本书中,我们突出了深度个性化辅导、班级建设、职业生涯教育、心理健康教育和就业指导服务，着重阐述了辅导员工作不可或缺的特殊作用；在本书中，我们剖析特定时间节点区间同时发生的大学生思想和行为活动的内在联系，并针对辅导员工作中具备可操作性的部分进行详细的分门别类，按学年周期逐月排列，使之成为辅导员在工作中得以参考和借鉴的工作读本，起到抛砖引玉之作用。

参与本书撰写的10位高校辅导员来自北京9所省部级、市级重点高校，他们分别是：北京航空航天大学丁丁老师、北京联合大学王鹤老师、中央财经大学孙小莉老师、首都师范大学李诗朦老师、中国农业大学李鹏老师、北京交通大学连会仁老师、首都经济与贸易大学宋晓颖老师、北京航空航天大学范鹰老师、人民大学唐颖老师、华北电力大学黄向军老师。这10位高校辅导员在北京市举办的高校第二届十佳辅导员评选中，通过层层选拔，从6000多名辅导员中脱颖而出，荣获了"第二届北京市高等院校十佳辅导员"的称号。在之后两年多时间里，他们组成了一个团队，充分交流各自在高校辅导员工作的经验方法，总结出一套行之有效的工作体例，创造性地提出以时间为节点，辅以案例明析，同时兼顾不同高校辅导员工作的基本需求，凝结成这本工作笔记。

本书与以往其他同类刊物不同之处在于，采用工作笔记这种新颖别致的体例并不是简单地进行案例堆砌，而是创新性地按照时间顺序，将辅导员工作的基本内容贯穿大学生在校期间的一切思想意识和行为活动。同时，本书列举出具有代表性的生动案例，将辅导员在日常工作中处理问题和解决矛盾的智慧与技巧通过这些典型案例一一展现出来，具有很强的实用性。我们希望通过这本书将这10位优秀辅导员几十年积累的工作经验毫无保留地介绍给刚刚走上高校辅导员工作岗位的业内同仁，同时，我们也愿意为大学生的家长以及关心辅导员工作的朋友们提供一个了解我们工作的渠道。

本书第一章执笔：孙小莉（中央财经大学）、李诗朦（首都师范大学）、李鹏（中国农业大学）

本书第二章执笔：范鹰（北京航空航天大学）、唐颖（人民大学）

本书第三章执笔：连会仁（北京交通大学）、宋晓颖（首都经济与贸易大学）、黄向军（华北电力大学）

本书第四章执笔：丁丁（北京航空航天大学）、王鹤（北京联合大学）

书稿经过了一连九稿的修改后，送交出版社了，大家都颇有几分感慨，我们一边是每天繁忙的日常工作，一边又要完成好自己负责的章节，每逢周末假日，大家都聚到一起讨论修改,经过十位同仁的不懈努力,终于能结稿出版了。

由于我们的经验和能力所限,书中不足之处恳请在校领导、老师同仁以及同学们批评指正。

作　者
二零一五年十月

目 录

第一章 大学一年级 ... 1

一、8、9月时点、节点工作内容 ... 2
1. 制定新生报到注册后一周的新生入学教育计划 ... 8
2. 迎新准备工作 ... 9
3. 开展新生入学教育 ... 9
4. 配合进行军训教育的准备和实施工作 ... 12
5. "十一"假期爱国、安全教育 ... 14
6. 月末工作小结 ... 17

二、10月时点、节点工作内容 ... 17
1. 整理上月班级情况向主管领导汇报 ... 18
2. 了解掌握学生思想状况 ... 18
3. 班团组织构建 ... 18
4. 班团工作开展 ... 20
5. 宿舍卫生及安全 ... 21
6. 开展深度辅导工作 ... 22
7. 新生学业辅导工作 ... 23
8. 月末工作小结 ... 25

三、11月时点、节点工作内容 ... 25
1. 整理上月班级情况向主管领导汇报 ... 26
2. 开展新生党建工作 ... 26
3. 深度辅导访谈注意方式方法 ... 29
4. 心理筛查与深度辅导有机结合 ... 30
5. 学业生涯规划指导 ... 34
6. 以行为养成为重点进行学风督察 ... 37

7. 配合学校进行主题思想教育 ………………………………………… 37
  8. 月末工作小结 …………………………………………………………… 37
四、12月时点、节点工作内容 …………………………………………………… 37
  1. 整理上月班级情况向主管领导汇报 ………………………………… 38
  2. 以诚信为主题进行学风教育 ………………………………………… 38
  3. 社会实践教育 …………………………………………………………… 38
  4. 月末工作小结 …………………………………………………………… 39
五、1月时点、节点工作内容 ……………………………………………………… 39
  1. 整理上月班级情况向主管领导汇报 ………………………………… 39
  2. 考场巡查和监考工作 ………………………………………………… 39
  3. 严格执行考场纪律 …………………………………………………… 40
  4. 考试后及时召开班会 ………………………………………………… 42
  5. 根据期末考试情况适时介入家庭教育 ……………………………… 42
  6. 月末工作小结 …………………………………………………………… 43
六、2月时点、节点工作内容 ……………………………………………………… 44
  1. 假期突发事件预案准备 ………………………………………………… 44
  2. 重点关注、慰问春节留校不回家学生 ……………………………… 45
七、3月时点、节点工作内容 ……………………………………………………… 46
  1. 学生返校报到注册工作 ………………………………………………… 46
  2. 了解、掌握学生的思想状况 ………………………………………… 47
  3. 结合上学期成绩进行班级学风教育 ………………………………… 49
  4. 结合职业生涯发展规划进行深度辅导 ……………………………… 50
  5. 做好入党积极分子培养教育工作 …………………………………… 50
  6. 结合清明节出游时点，做好学生的安全教育工作 ………………… 51
  7. 月末工作小结（常规工作） …………………………………………… 52
八、4月时点、节点工作内容 ……………………………………………………… 52
  1. 整理上月班级情况向主管领导汇报 ………………………………… 52
  2. 清明节过后第一天考勤统计 ………………………………………… 52
  3. 转专业前期工作准备 ………………………………………………… 53
  4. 心理排查 ………………………………………………………………… 53
  5. 职业生涯规划修正 …………………………………………………… 55

  6. 月末工作小结(常规工作) ··· 57

 九、5月时点、节点工作内容 ·· 57

  1. 整理上月班级情况向主管领导汇报 ································· 58
  2. 做好转专业没有转成学生的思想稳定工作 ························ 58
  3. 配合学院进行期中学风督查,督促学生端正学习态度 ············ 58
  4. 缓解心理危机,及早进行心理干预 ·································· 59
  5. 月末工作小结(常规工作) ··· 61

 十、6月时点、节点工作内容 ·· 61

  1. 整理上月班级情况向主管领导汇报 ································· 61
  2. 协助院团总支做好推优入党的推选工作 ··························· 62
  3. 鼓励、引导学生开展暑期实习实践活动 ··························· 62
  4. 期末考试诚信教育,端正学风考风 ·································· 64
  5. 召开期末班委会成员述职总结会 ···································· 65
  6. 月末工作小结(常规工作) ··· 65

 十一、7月时点、节点工作内容 ··· 65

  1. 假期安全教育 ·· 65
  2. 杜绝作弊行为的发生 ··· 66
  3. 月末工作小结(常规工作) ··· 66
  4. 全学年工作小结汇集 ··· 66

第二章 大学二年级 ··· 67

 一、8月时点、节点工作内容 ·· 68

  1. 大一总体状况总结与评估 ··· 69
  2. 对期末考试成绩做出分析 ··· 71
  3. 了解学生暑期社会实践活动 ·· 71
  4. 开展"朋辈互助"结对工作,对志愿者进行专业培训 ············ 72
  5. 制定新学年工作计划 ··· 73
  6. 月末工作小结 ·· 74

 二、9月时点、节点工作内容 ·· 74

  1. 召集新学年第一次班会,选举新一届班团干部 ··················· 74
  2. 以"学生返乡座谈会"为契机,进一步引导学生树立正确的"三观" ··· 75

    3. 对考试"挂科"的学生进行一对一深度辅导 …………… 76
    4. 学业辅导工作 …………………………………………… 77
    5. 月末工作小结 …………………………………………… 79
三、10月时点、节点工作内容 …………………………………… 79
    1. 整理上月班级情况向主管领导汇报 …………………… 79
    2. 认真做好各项助学金的发放、评定工作 ……………… 79
    3. 公平、公正、公开地做好评奖评优工作 ……………… 80
    4. 做好大二学年第一批团员推优工作 …………………… 81
    5. 开展暑期社会实践总结交流活动 ……………………… 83
    6. 配合校、院开展好各项学生秋季文体活动 …………… 84
    7. 开展中秋节、国庆节假期安全教育工作 ……………… 84
四、11月时点、节点工作内容 …………………………………… 84
    1. 整理上月班级情况向主管领导汇报 …………………… 84
    2. 通过多种方法做好心理排查工作 ……………………… 84
    3. 鼓励学生积极参加大学生课外各类创新竞赛活动 …… 88
    4. 月末工作小结 …………………………………………… 88
五、12月时点、节点工作内容 …………………………………… 88
    1. 整理上月班级情况向主管领导汇报 …………………… 88
    2. 根据大二阶段的学生特点开展考风、诚信教育 ……… 88
    3. 做好年终总结与表彰工作 ……………………………… 89
    4. "12·4"法制宣传日开展宣传教育活动 ……………… 91
    5. 月末工作小结 …………………………………………… 92
六、1月时点、节点工作内容 ……………………………………… 92
    1. 整理上月班级情况向主管领导汇报 …………………… 92
    2. 关注学生考试期间的身心健康 ………………………… 92
    3. 做好放假前各项工作,加强假期安全教育 …………… 92
    4. 月末工作小结 …………………………………………… 93
七、2月时点、节点工作内容 ……………………………………… 93
    1. 关注寒假留校学生,做好春节慰问工作 ……………… 93
    2. 注意学生假期安全 ……………………………………… 93
    3. 月末工作小结 …………………………………………… 93

八、3月时点、节点工作内容 ·· 93
    1. 总结分析上学期学生成绩 ··· 94
    2. 关注学生返校思想状况，做好学风教育工作 ··············· 94
    3. 对重点学生进行深度辅导 ··· 97
    4. 制定本学期工作计划 ·· 99
    5. 月末工作小结 ·· 99

九、4月时点、节点工作内容 ·· 99
    1. 整理上月班级情况向主管领导汇报 ···························· 99
    2. 开展丰富多彩的主题教育活动 ·································· 99
    3. 检查指导学生各类实践工作 ····································· 99
    4. 继续开展学生深度辅导工作 ····································· 101
    5. 深入开展网络思想政治教育 ····································· 102
    6. 月末工作小结 ·· 103

十、5月时点、节点工作内容 ·· 103
    1. 整理上月班级情况向主管领导汇报 ···························· 104
    2. 继续深化学生职业生涯规划指导 ······························ 104
    3. 进行心理排查，适时做好团体辅导 ··························· 105
    4. 月末工作小结 ·· 112

十一、6月时点、节点工作内容 ·· 112
    1. 整理上月班级情况向主管领导汇报 ···························· 112
    2. 专业引导教育 ·· 112
    3. 抓好考风考纪工作 ··· 113
    4. 月末工作小结 ·· 115

十二、7月时点、节点工作内容 ·· 115
    1. 整理上月班级情况向主管领导汇报 ···························· 115
    2. 假期安全教育 ·· 115
    3. 学生暑期社会实践活动指导 ····································· 115
    4. 月末工作小结 ·· 119

第三章　大学三年级 ·· 120

  一、8月时点、节点工作内容 ·· 121

1. 学生返校思想动态调研 …………………………………… 122
　　2. 召开年级大会做好就业第一次动员 ……………………… 123
　　3. 学生四、六级考试成绩摸底工作 ………………………… 123
　　4. 上学年工作总结 …………………………………………… 124
　　5. 发挥大三党员的模范作用 ………………………………… 124
　　6. 举办社会实践成果展示汇报大会 ………………………… 127
　　7. 月末工作小结 ……………………………………………… 127
二、9月时点、节点工作内容 …………………………………… 127
　　1. 整理上月班级情况向主管领导汇报 ……………………… 128
　　2. 职业生涯规划教育：目标确立后的督查实施 …………… 128
　　3. 加强学习后进生的教育工作 ……………………………… 129
　　4. 开展深度辅导（学生干部和党员骨干） ………………… 132
　　5. 年级班主任工作会 ………………………………………… 133
　　6. 开展对学生的挫折教育 …………………………………… 133
　　7. 关注基层党组织建设 ……………………………………… 137
　　8. 月末工作小结 ……………………………………………… 137
三、10月时点、节点工作内容 …………………………………… 137
　　1. 整理上月班级情况向主管领导汇报 ……………………… 138
　　2. 把握评奖评优工作政策 …………………………………… 138
　　3. 贫困生工作 ………………………………………………… 138
　　4. "十一"假期安全教育工作 ………………………………… 139
　　5. 开展深度辅导工作 ………………………………………… 139
　　6. 做好学风督查工作 ………………………………………… 140
　　7. 月末工作小结 ……………………………………………… 140
四、11月时点、节点工作内容 …………………………………… 140
　　1. 整理上月班级情况向主管领导汇报 ……………………… 141
　　2. 开展深度辅导工作（出国学生、找工作学生） ………… 141
　　3. 及时做好心理排查工作 …………………………………… 142
　　4. 开展感恩教育 ……………………………………………… 146
　　5. 举办考研经验交流会 ……………………………………… 147
　　6. 月末工作小结 ……………………………………………… 147

五、12月时点、节点工作内容 …… 147
1. 整理上月班级情况向主管领导汇报 …… 147
2. 抓好考风考纪工作 …… 147
3. 月末工作小结 …… 148

六、1月时点、节点工作内容 …… 148
1. 整理上月班级情况向主管领导汇报 …… 148
2. 元旦假期安全教育工作 …… 148
3. 做好放假前及寒假期间的信息调研工作 …… 148
4. 认真做好年度总结和新年工作计划 …… 149
5. 布置寒假社会实践活动 …… 149
6. 月末工作小结 …… 150

七、2月时点、节点工作内容 …… 150
1. 关注学生成绩 …… 150
2. 和特殊学生的家长联系 …… 150
3. 走访慰问留校学生 …… 150
4. 月末工作小结 …… 151

八、3月时点、节点工作内容 …… 151
1. 学生返校思想动态调研 …… 151
2. 做好"挂科"学生教育引导工作 …… 151
3. 存在不能毕业风险的学生的筛查及教育帮扶工作 …… 152
4. 关注学生矛盾的爆发 …… 152
5. 做好大三学生推优入党工作 …… 154
6. 月末工作小结 …… 155

九、4月时点、节点工作内容 …… 155
1. 整理上月班级情况向主管领导汇报 …… 155
2. 组织优秀毕业生和大学生开展经验交流 …… 155
3. 做好学风督查工作 …… 156
4. 做好心理排查工作 …… 156
5. 举办简历制作工作坊 …… 156
6. 月末工作小结 …… 157

十、5月时点、节点工作内容 …… 157

1. 整理上月班级情况向主管领导汇报 …………………………… 157
2. "五一"假期安全教育工作 …………………………………… 157
3. 就业深度辅导(如何选择考研、出国、工作;就业政策等) …… 158
4. 举办就业信息搜集方法工作坊 ……………………………… 160
5. 月末工作小结 ………………………………………………… 161

十一、6月时点、节点工作内容 ………………………………… 161
1. 整理上月班级情况向主管领导汇报 …………………………… 161
2. 策划学生党支部红色"1+1"活动 …………………………… 161
3. 组织策划暑期社会实践 ……………………………………… 162
4. 引导学生积极参加职业体验活动 …………………………… 162
5. 召开年级大会 ………………………………………………… 162
6. 举办面试和面谈方法及技巧工作坊 ………………………… 162
7. 月末工作小结 ………………………………………………… 163

十二、7月时点、节点工作内容 ………………………………… 163
1. 整理上月班级情况向主管领导汇报 …………………………… 163
2. 考风考纪工作 ………………………………………………… 163
3. 关注暑期留校学生,加强安全教育工作 ……………………… 163
4. 月末工作小结 ………………………………………………… 163

第四章　大学四年级 …………………………………………… 164

一、8月时点、节点工作内容 …………………………………… 165
1. 掌握了解本阶段学生基本情况 ……………………………… 166
2. 制定毕业生升学、就业工作计划和具体时间表 ……………… 167

二、9月时点、节点工作内容 …………………………………… 167
1. 把握学生返校的思想动态 …………………………………… 168
2. 开展就业宣传工作 …………………………………………… 168
3. 指导学生明确毕业选择 ……………………………………… 168
4. 开展相关政策宣讲和培训 …………………………………… 168
5. 完善班级通信平台,收集、发布学生就业信息 ……………… 171
6. 关注学生课程学习情况 ……………………………………… 171
7. 指导学生做好公务员考前准备工作 ………………………… 172

8. 学生保研指导 …… 172
9. 对学生进行安全教育,做好节日期间紧急突发事件的预案 …… 172
10. 月末工作小结 …… 173

三、10月时点、节点工作内容 …… 173
1. 整理上月班级情况向主管领导汇报 …… 174
2. 做好日常管理服务工作,关注学生参加公务员报名情况 …… 174
3. 进一步展开就业摸底,并针对不同群体做好毕业生就业指导工作 …… 175
4. 关注困难生群体动态,给予相关支持,做好引导工作 …… 176
5. 创造条件进行企业调研,巩固、开拓就业市场 …… 176
6. 动员学生参加校园招聘宣讲会 …… 177
7. 指导学生制作求职简历 …… 178
8. 月末工作小结 …… 180

四、11月时点、节点工作内容 …… 180
1. 整理上月班级情况向主管领导汇报 …… 181
2. 组织学生参加招聘会 …… 181
3. 公务员考试准备 …… 181
4. 配合做好征兵的相关工作 …… 181
5. 针对学生具体情况,开展一对一就业辅导,帮助学生实施计划方案 …… 182
6. 开展一对多的讲座、团体辅导、工作坊等,辅导学生求职、面试、礼仪等技巧 …… 183
7. 重点关注学生动态,针对学生前期制定的计划进行具体指导,做好学生心理排查 …… 183
8. 月末工作小结 …… 185

五、12月时点、节点工作内容 …… 185
1. 整理上月班级情况向主管领导汇报 …… 185
2. 组织学生参加招聘会 …… 186
3. 关注考研群体 …… 186
4. 关注四六级考试情况 …… 187
5. 做好学生心理辅导,疏导考研学生的心理压力 …… 187
6. 做好考风考纪教育工作 …… 189

  7. 月末工作小结 …………………………………………… 189

 六、1月时点、节点工作内容 ………………………………… 189
  1. 整理上月班级情况向主管领导汇报 …………………… 189
  2. 研究生考试初试工作 …………………………………… 189
  3. 北京市公务员报考 ……………………………………… 190
  4. 召开学期末班会 ………………………………………… 190
  5. 关注学生考试情况 ……………………………………… 190
  6. 月末工作小结 …………………………………………… 190

 七、2月时点、节点工作内容 ………………………………… 190
  1. 关注学生假期生活、实习的情况 ……………………… 191
  2. 关注和慰问假期实习留校的学生 ……………………… 191

 八、3月时点、节点工作内容 ………………………………… 191
  1. 寒假后,对学生进行长假后的心理调试 ……………… 191
  2. 针对学生情况,给予就业指导,一对一解读就业政策 … 192
  3. 做好就业动态统计 ……………………………………… 194
  4. 进一步做好向学生发布就业信息的工作,叮嘱学生参加招聘会 … 194
  5. 村党支部书记助理、村委会主任助理报名 …………… 195
  6. 考研成绩公布后,对考研失利学生进行心理辅导 …… 196
  7. 月末工作小结 …………………………………………… 197

 九、4月时点、节点工作内容 ………………………………… 197
  1. 整理上月班级情况向主管领导汇报 …………………… 198
  2. 关注有留京意愿学生的情况,引导学生做好选择 …… 198
  3. 优秀毕业生评选 ………………………………………… 199
  4. 组织学生参加毕业体检 ………………………………… 199
  5. 关注困难生群体动态,给予相关支持,做好引导工作 … 200
  6. 统计出国深造学生信息,弘扬爱国主义教育 ………… 200
  7. 做好就业统计工作,持续关注学生就业情况 ………… 200
  8. 月末工作小结 …………………………………………… 200

 十、5月时点、节点工作内容 ………………………………… 200
  1. 整理上月班级情况向主管领导汇报 …………………… 201
  2. 贷款毕业生的教育引导工作 …………………………… 201

  3. 高校毕业生到农村(社区)工作 ······ 202
  4. 大学生志愿服务西部工作 ······ 203
  5. 做好就业统计,持续关注学生就业情况,一对一指导学生 ······ 203
  6. 精心筹备毕业晚会 ······ 204
  7. 月末工作小结 ······ 205

十一、6月时点、节点工作内容 ······ 205
  1. 整理上月班级情况向主管领导汇报 ······ 206
  2. 关注高校毕业生到社区工作面试、考察情况 ······ 206
  3. 毕业生资格审查工作 ······ 206
  4. 毕业离校教育 ······ 206
  5. 学生办理毕业离校手续 ······ 207
  6. 毕业生档案整理 ······ 208
  7. 关注困难生群体动态,给予相关支持,做好引导工作 ······ 209
  8. 对未拿到毕业证书、学位证书的学生进行深度辅导 ······ 210
  9. 月末工作小结 ······ 210

十二、7月时点、节点工作内容 ······ 210
  1. 整理上月班级情况向主管领导汇报 ······ 210
  2. 就业动态统计 ······ 210
  3. 精心策划毕业典礼 ······ 211
  4. 欢送毕业生离校 ······ 211
  5. 月末工作小结 ······ 212

十三、8月时点、节点工作内容 ······ 212
  1. 为毕业生提供毕业后的服务 ······ 212
  2. 总结工作 ······ 212

第一章 大学一年级

大一是大学生从高中生向大学生转变的时期,在四年大学生活中处于适应阶段。大学新生对大学生活充满了好奇和新鲜感,憧憬着即将到来的大学生活。但是大学和高中并不一样,需要大一新生逐渐去适应大学的生活、学习、工作。在生活方面,大一新生需要学会独立生活和适应集体住宿,处理好新的人际关系;在学习方面,大一新生需要适应大学学习的特点,适应大学课程、学习方式、教师授课方式、学习任务的变化等;在工作方面,大一新生往往出于兴趣爱好、新鲜感等原因加入一些学生社团组织,也需要他们去适应社团组织工作的特点,特别是处理好学习和工作的关系。另外,大一新生在高中阶段往往是优秀生,而在大学很可能只是一名普通同学,特别是在第一学期各种考试结束后,不少学生往往会因为成绩排名的落差产生挫折感,这些都需要他们有一个调整的过程。还有第一点需要特别注意,大学生所处的年龄阶段恰恰是人生成长和发展的关键时期,价值观正在形成和确立,绝大多数学生"人生的第一粒扣子"在这里开始系,大学新生的辨别能力较弱,容易被误导和利用。

因此,辅导员要针对大一学生这一时期的特点,把握好工作的时点和节点,大力倡导社会主义核心价值观,增强学生的价值判断能力、价值选择能力、价值塑造能力,引领新生思想健康发展,有针对性地开展适应性教育,教育引导新生适应大学的学习、生活、工作,帮助大一新生提高环境适应能力,学会自我调整,合理安排学习生活,减少心理冲突,达到心理平衡,脚踏实地地开始人生历程中最有意义的大学生活,在新环境中找到自己应有的位置,顺利地渡过大学生活的第一个阶段。

大一学年辅导员的工作时段为每年8月至次年7月,每月工作内容都有其重点,从宏观大框架上看每月的工作侧重点如下。

月份	时点和节点内容
8月 9月	调整工作心态,做好迎接新生准备;报到前,做好新媒体平台建设,如人人网、微信群、QQ群等;新生报到注册、军训、入学教育、"十一"假期安全教育,跟进新媒体平台的建设和维护工作

(续)

月份	时点和节点内容
10月	了解掌握学生思想状况,进行班团组织构建,引导学生培育践行社会主义核心价值观,加强学风的引导和督促
11月	心理筛查与深度辅导工作展开;以大一入党启蒙教育为始点的党建工作,加强社会主义核心价值观的教育;以学业生涯规划为切入点,对学风建设予以督导
12月	加强学风、考风养成教育,突出诚信教育,从学习和个人发展的角度引领学生;提前布置假期实践,可结合学业生涯规划制定实践内容
1月	严格考试纪律,进行寒假假期安全教育,根据学生本学期表现,如有需要适当引入家庭教育
2月	关注学生假期生活及学习实践的情况,关心寒假留校特别是春节留校的学生
3月	关注学生寒假返乡后的思想动态及社会实践情况,结合上学期期末考试成绩,做好学风的引导和教育工作
4月	加强学生日常的教育管理,关注学生的心理情绪变化,围绕大一新生的职业生涯规划进行深度辅导
5月	进行期中学风督查,引导学生树立优良学风;配合做好转专业相关工作;组织学生积极参加健康、有益的校园文化活动
6月	考试诚信教育及社会实践布置工作;召开期末主题班会,做好学年工作总结,端正学风、考风
7月	假期安全教育,统计学生假期去向及活动安排,做好暑期社会实践动员

一、8、9月时点、节点工作内容　　迎新军训入学教育长假安全教育

兵马未动,粮草先行,作为辅导员必须在开学前对于新生有着一定程度的了解届时才不会使新生入学时诸多问题的纷至沓来变成一场噩梦般的忙碌。尽早熟悉学生的基本资料,对建立彼此信任和谐的师生关系,树立一个亲切和善的知心形象,起到关键作用。尽量详细地准备好文案工作,摸清基本情况,敏感发现特殊状况,对日后更好地优化自己的工作起到事半功倍的效果。与轻松愉悦的暑期相比,开学后的工作繁杂而忙乱,查阅新生档案、制定工作计划,既是工作的一部分,也是为即将进入开学海量工作状态调适心态,可谓一举两得。另外,微信、QQ等线上平台已经深入学生生活,成为大学生群体乐于接受的社交方式,越来越多的学生在踏入校门之前就开始编织线上社交网络,这也为辅导员提前接触他们打开了一扇新

的大门。

8月中旬到开学前的缓冲期可以完成以下工作:查看新生的基础资料,通过中学经历、获奖情况初步确定将来开展工作中可能胜任一些工作的学生干部,如班长、团支书等;特别关注那些有一定生活困难、有可能出现心理调适问题的同学,如二志愿高分考生、偏远地区考生等,尝试提前摸清状况,以便日后有针对性地开展工作。

教育是一个长期过程,也是一个需要家庭、学校、社会各方面共同参与的过程。对于辅导员而言,新生教育实际是从学生录取后即可以开展的工作。大学与中学之间学习方式、校园生活、与社会的对接等方面,都有巨大差异。因此,随学生录取通知书,可以发出给家长和学生的一封信,家长信中邀请家庭继续关注参与孩子的教育成长,新生信中提示和引导新生做好一些基本的开学准备,这两者都是很有必要的新生教育内容。

例1.8.1 新生教育——写给新生的信、写给新生家长的信

——写给新生的信

亲爱的2016级新生:

你好!

寒窗苦读,金榜题名,终于接到大学录取通知书,可谓人生"喜大普奔"之幸事。在此,衷心祝贺并欢迎你加入到××大学××学院大家庭!

现在早已过了千军万马过独木桥的高考时代,大学已是大多数人的一段人生旅程,在大学之后的生活才是我们更需要展望和准备的!也许很多人告诉过你大学是什么样的,跟你说大学应该如何如何。但无论对大学的评价是高端大气上档次,还是低调奢华有内涵;无论你本人风格是时尚美丽小清新,还是可爱乡村非主流,未来的四年都请你以一颗积极乐观的心去面对成功与挫折,用带着正能量的心去看待周围的人和事。

从走出高考考场到开学报到,在这段超长待机的时间里,作为一个准大学新生的你,有以下内容请你参与并简要记录下来:

1. 做一件事。要求:对他人有益,对社会有益,独立完成,不求任何回报。

事件类别:_____

个人感受:_____

2. 拍一张照。要求:距离你家100公里以上,有大大笑容的单人照或家人

合影。

贴照片：

3. 下一次"馆"。要求：北京市内任一家图书馆，找到所学专业区域，泛读书目和目录。

馆内线路分享：

书目分享(3~5本)：

请把这3件事情完成情况整理出来，形式不做要求。完成到可以在开学的新生班会上，和你的新朋友们分享就可以了。

再次祝新同学们
假期愉快，顺致合家幸福！
××大学××学院
2016年8月

——写给新生家长的信

尊敬的2016级××学院新生家长：

您好！

首先，祝贺您的孩子金榜题名，考入××大学××学院，开启精彩纷呈的大学生活！

同时，还要向您十多年来为子女为家庭忘我、艰辛的付出道一声辛苦！襁褓中那个不分日夜啼哭的婴孩，已经在您们精心呵护、悉心培育下，茁壮成长为今天优秀的壮小伙或靓姑娘！待来日，更会是国家和民族的栋梁之才！

为了让您的孩子、我们的学生充分享受并利用学校、学院各方面的丰富资源，渡过精彩、充实的大学生活；为了您尽早、尽多地了解我们的专业培养特色、管理方式，以便共同培养好学生；也为了让我们共同帮助孩子尽快适应大学生活，尽早实现由高中生到大学生的角色转变，我们诚挚地邀请您参加报到当天新生家长会。

时间：报到当天　上午10:30—11:30　　地点：综合教学楼××教室

（教室以当天通知为准，可在报到处咨询）

主讲人：院党委副书记兼副院长

×××　　电话：010-××××××××

注：报到手续学生均可自己独立完成，无需家长陪同，因此请您务必准时到会。

(请您用正楷填好以下通讯信息。家长会时剪下交回学院,谢谢!)

学号: 班级、专业:	学生姓名	手机号	家庭地址、邮编、座机电话:
	父亲姓名	手机号	工作单位:
	母亲姓名	手机号	工作单位:

××大学××学院
2016 年 8 月

此外,通过电话家访或网络平台如人人网、豆瓣网、微博、QQ 群、微信群等,进入学生在开学前的联系群落,向他们介绍学院情况,解答各种问题,针对学习意愿(如是否调剂、学科爱好)、生活兴趣等进行询问,并可以预热自己,树立良好形象。

例 1.8.2　搭建师生网络社交平台

网络普及在人们生活的方方面面,高校的教学、科研、文化生活领域也处处离不开网络。因此,网络思政教育平台的搭建是近年来一直倡导的思政工作新模式之一。

网络思政在新生入学阶段发挥的作用不容小视,搭建好沟通平台不仅可以拉近辅导员与学生之间的距离,还可以加大了解学生程度,为日后长达四年的师生互动打下良好的基础,是当前高校开展深度辅导、班级建设、危机干预、团体发展等的重要途径。

- 建立新生 QQ 群。可在入学前,即由学生会牵头建立新生 QQ 群。
- 发布群号信息。将群号及验证方式,通过学院致新生的一封信通知学生,或者在百度贴吧等电子公告牌,发布以届别单位专业命名的帖子,公布相关信息。
- 新生验证加入。新生可通过学号、姓名、专业等信息,验证加入。
- 使用网络社交工具进行联系。在迎新前,学生会即可以在假期当中发布有关迎新的注意事项,对学生入学准备和大一校园生活加以指导。
- 班级网络管理同步开展。班主任老师可以在此基础上,单独建立班级 QQ 群,和学生初步联系,开始班级管理。

例 1.8.3　"微生活,无微不至"

微信是目前男女老少都在使用的通信工具,"朋友圈"更是分享生活要闻、公共信息的重要平台。微信的使用，让师生没有时空阻隔地相互了解，彼此熟悉。因此，充分使用好这一软件，是网络思政教育平台的重要延展。

辅导员老师使用微信，不仅可以单独与学生建立对话，多了沟通渠道，而且还可以通过朋友圈内容，和学生分享自己的生活感受、个人乐趣，了解当下学生群体的思想潮流。一个热情洋溢、充满正能量、八小时之外的辅导员形象，一个个性格鲜明、活力四射的青年人形象就会在师生心中树立起来。

如果可以，辅导员老师可以从现实生活中的人、事、物多多分享正能量的信息，给学生以引导，起到思政教育润物细无声的作用。也可以特别关注不同时期需要重点关注的学生信息，从而找到更适宜的切入点，帮助解决实际问题。

总之，社交工具只是网络思政教育的抓手，辅导员老师既要充分利用网络，也要引导和鼓励学生走出网络、走出宿舍，融入现实生活的大环境。

辅导员工作是繁杂而忙碌的，训练一批优秀的学生干部队伍，既可以对班集体凝聚力起到事半功倍的作用，也可以为日后工作培养得力助手。在学生工作开始之初，梳理以下注意事项，形成符合自己工作需求的策略，会为辅导员工作产生事半功倍的效果。

例1.8.4　班级管理策略与方法

辅导员工作复杂、艰辛、繁忙，需要耐心、细致、认真、负责地付出心血和劳动。然而，精心的劳作，辛劳的汗水，换来的结果却常常收效甚微，甚至事与愿违。我们不得不在苦涩中沉思，思索管理中的科学，感悟管理中的艺术。确实，辅导员工作不仅要尽心尽力，尽职尽责，还需要工作的策略和方法。

（1）建立学生档案——要搞好班级管理，首先要全面深入地了解学生的思想、学习生活以及家庭状况，然后通过观察分析，建立学生档案。建档案，便于掌握学生的全面情况，减少辅导员工作的主观性、随意性和盲目性。

及时掌握和了解所带新生班级的基本情况，诸如班级人数、男女生人数、生源地区分布、有无走绿色通道的新生、宿舍安排及分布情况、手机号以及QQ号、微信号等。

所带班级	人数	男生数	女生数	少数民族学生人数	京内生	港澳台生	新疆西藏生	特体男女生人数	走绿色通道学生人数	…	分配宿舍楼号及楼层	党员人数	群众人数

例1.8.5　每个班级情况

班级	学号	姓名	性别	民族	生源地	楼号	房间号	床位号	是否走绿色通道	手机号	邮箱	QQ号	临时卡号	家庭地址	第一联系人姓名及联系方式

（2）制定远近目标——新学期一开始，就逐个找学生谈心，根据不同学生的实际情况，帮助他们制定近期和长远目标。近期目标要制定得很容易实现，有利于调动学生的积极性，如对照行为规范，改掉一个缺点等。长远目标增加一些难度，如体育达标、理想的实现等。帮助学生制定远、近目标，可激发学生的内驱力，从而达到自治自管的目的。

（3）培养得力助手——学生中的积极分子是班集体的骨干力量，也是辅导员工作的得力助手。要把有一定威信、能起模范带头作用的学生挑选出来，担任班干部，还要对他们进行"就职培训"，教给他们管理班级的方法，教给他们懂得如何协助班主任管理班级。这样做，一方面使辅导员从繁重的工作中解脱出来，用更多的时间去探讨工作方法，指导班级活动，另一方面也有利于培养锻炼学生的自我管理能力，全面提升学生综合素质。

（4）培养集体荣誉感——班集体是一个有机整体。看一个班级是否有生机，能否成为一个名副其实的先进集体，很大程度上取决于学生是否有较强的集体荣誉感。因为集体荣誉感是班级集体的精神动力。

（5）开展丰富多彩的活动——班队活动课是对学生进行理想信念和行为习惯教育的主阵地。配合学校主题教育，结合班级实际情况，有计划地安排好每一次的教育主题，用丰富多彩的活动形式调动学生的积极性，如朗诵会、故事会、小品表演等，让学生在活动中受到教育，对班上发生的事或出现的问题，可以在班上进行讨论。

9月是师生第一次见面，学生第一天开始大学生活，甚至是第一次离开家的里程碑样的开始。而新生们刚刚从高中长假中走来，行为思维模式还是一个后中学生模式，面对大学校园，角色转换是对他们最主要的冲击点。大一新生的根本特性，是自我能力弱势与自我意识强势的矛盾。因此一些如生活能力差、丢三落四、难以融入集体、互相冷漠等环境适应问题在大一刚开始时也就应运而生。前期为迎新所做的文案准备,此时将会发挥重要作用,帮助辅导员迅速认识学生,配合学校、学院完成初期的入学教育的同时,也及时帮助他们形成一个作风严明的集体,并在生活上予以关心指导,带领他们成为井井有条的新班级;9月的后半程,在校内或在军训基地完成军训工作,辅导员在带领军训时做好思想和项目上的准备,也会对军训效果起到良好的作用。

开学后要尽快针对学生情况帮助组织起适当的横向与纵向联系,让他们尽快了解自己的学院、专业、同学。将学院的优良风气春风化雨般烙印在他们的心里,潜移默化地培养一些良好的学习生活习惯以及意志品质。适当组织一些活动带领他们尽快熟悉环境。军训前的通气是一个组织联系的优良机会,组织经验交流以及互相熟悉。初步确定每个同学的特点以便对接下来的工作进行指导。

8、9月的时点性工作:迎新工作、调阅档案、军训、假期安全教育。

8、9月的节点性工作;重点在新生入学、军训教育;通过做各类学生事务性工作,来了解学生,通过初识阶段的密切相处建立信任关系。从这个月就开始在学生各项活动的出勤、军事化管理等方面严格要求,注重学生习惯养成教育。

1. 制定新生报到注册后一周的新生入学教育计划

内容包括学院领导与新生见面、专业教育、校园安全教育、学生管理教育、教务干事介绍选课系统等,安排制定新生家长会的具体时间、会议内容及到场院领导、专业教师名单。

例1.9.1 新生入学安排(随新生报到下发)

新生教育内容	时间	地点	出席人员或主讲	备注
家长会及新生心理健康	迎新当天	教室	院领导、辅导员、心理咨询中心教师	介绍学院情况、家长需关注学生的主要方面
看望新生	迎新当天	宿舍	院领导、辅导员	探望及慰问
学校开学典礼			(由学校统一安排)	
学院开学典礼		教室	院领导班子、辅导员	入学后一周内
班会及新生素质拓展		教室和户外	辅导员及学生会干部	入学后一周内
专业教育		教室	专业负责人及班主任	入学后一周内

(续)

新生教育内容	时间	地点	出席人员或主讲	备注
校园安全教育		教室	保卫处干事	入学后一周内
选课系统介绍		机房	教务干事	入学后一周内
学生事务管理		教室	副书记或辅导员	入学后一周内
军事理论课	（入学后两周内，校武装部统一安排）			
其他				

（具体时间、地点可根据实际情况填入表格，注意协调相关人员到场）

2. 迎新准备工作

细到准备诸如纸笔水等、合理安排报到注册当天前去帮忙的志愿服务学生，大到联络、协调院校各级领导参与新生教育活动，这些都是要在迎新前做好的准备工作。以下为迎新当天工作的具体安排，看看是否和你想得一样全面。如有条件可提前联系新生，了解学生具体报到时间，为报到注册当天的工作安排做好提前计划。

例1.9.2 迎新—报到注册当天需做的事情

（1）熟知新生报到流程与本专业的相关情况，以阳光心态热情迎接每一位来到学院报到的学生及亲属。

（2）可安排高年级学生干部2~5人帮助做迎新工作，一是可以引导新生报到注册，二是可以为新一届院学生会招新物色新人。在报到注册的同时注意观察学生情况，提前确定出班级负责人（男、女各一），做好初期工作布置；为班级组织架构做好初创准备；整个过程注意拍照留工作记录。

（3）按照【例1.9.1】新生入学教育各个环节做好相应安排。

（4）召开新生家长会，邀请家长继续关注孩子成长以及在大学期间孩子的发展。

（5）报到结束时，及时统计到校注册的学生情况。

（6）在注册当晚，对新生宿舍进行走访，并注意观察和了解学生的生活及心理适应情况。

3. 开展新生入学教育

这是包括学校、学院开学典礼，学生学籍、户籍、政治面貌管理，校史、院情了解,安全教育,班级建设,宿舍管理等一系列工作的总称。

（1）安排组织学生参加开学典礼。此时要强调严明纪律,因为这是一次在全校面前展示班风、院风的时刻,辅导员要在开学典礼前进行强调、督促。

（2）大学生活中大多数学生会选择过住宿集体生活,为应对各种突发事件,尤其是新生地处分校区或在夜间时段,要从一开始就加强学生安全教育,并安排好临时学生干部,及时进行宿舍晚点名,教育学生如何应对紧急突发事件(详见下图)。

例1.9.3　解决突发事件流程图

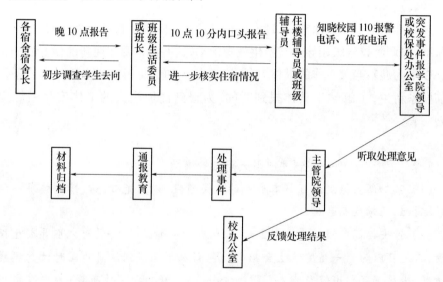

（3）配合校职能部门进行学生党团组织关系、户籍卡和档案的接转工作,并按照流程及时转交给学校相应部门。

例1.9.4　××学院××级学生党团组织关系(户籍卡/档案等)接转表

班级	学号	姓名	是否上交	备注

（4）针对新生进行校史、院史教育及安全教育,带领学生一起学习学生手册以及学校各项规章制度等,让良好的行为规范在开学初期就养成。

例 1.9.5 学生手册学习重点

正可谓无规矩不成方圆,大学是学生实施自我管理与自我成长的环境,在开学伊始就对在象牙塔里的生活进行介绍,让学生在享受大学自由学习成长的同时也尽早了解与其学习、生活息息相关的规则,在正确、健康、公平的环境中,形成良好的行为规范,为其顺利渡过大学生活奠定基础。学生手册从教育部对高校的要求到学生毕业离校都有较为细致的介绍,那么入校之初,对该手册的学习,应以全面介绍和重点研读的方式进行,并将诚信教育自始至终贯穿其中。

① 学生手册目录——让学生明确此手册使用范围,涉及内容,在不同时间节点、事件应如何查询。

② 教务类工作——具体课程选定、考察方案,辅修、交流等由教务干事讲解,在此重点强调教务管理条例,如课堂出勤、考试规定、不同类别学生(如特长生、少数民族学生等)学业管理办法等,让学生明确大学对教学工作管理的严格,使学生从一开始就从思想到行为认真遵守学校教学管理工作。

③ 学业、生活类管理章程——除了课堂学习,学校还有更广阔的学术研究平台,通过对有关工作的介绍,让学生形成学以致用的思想;宿舍、医疗、消防等方面是与学生生活最为密切的内容,即时学习即时应用。

④ 奖、勤、助、贷——并非当下对每位新生都有实用价值,但是可以从另一个侧面使学生了解到学而优可奖、学而困有助的各种政策。

⑤ 关于学籍管理——报到注册、休学、复学、退学以及违纪行为与学籍之间的关系,在此都可简要说明,使学生了解学校管理的严肃性。

学生手册不仅是学生大学学习生活的规章制度,更是辅导员在做学生管理工作中最常使用的工具书,通过一同学习,不仅让学生了解权利与义务,还可以通过提纲式的介绍,穿插往届学生的案例,对新生未来应有大学校园生活、学习风气予以引导。

(5) **班级破冰**。进行班级破冰教育,与班主任一起参加班级主题班会,引导学生正确认识自我,积极融入班集体的大家庭中。可结合【例1.9.6】中秋节案例进行。

(6) 进行贫困生的认定工作,开展勤工助学工作,积极加强学生的自立自强教育,引导贫困生树立乐观、自信的阳光心态。

(7) 了解和掌握班级学生的才艺特长,以筹备迎新晚会为主线,指导学生积极参与到大学校园的文体活动中来。

(8) 在大学生活第一个中秋节到来之际,慰问留在学校过节的同学。

> 例1.9.6　9月中秋节慰问

中秋节是新生入学后的第一个节日,新生们或在进行军事理论课、入学教育等每天对于他们略有冗长与无聊的生活,或在军训基地中打磨着自己的意志品质,尤其是外地同学,新环境没有太熟悉则难免睹月思乡,胸怀悲怆。因此,新生的中秋聚会就显得十分必需。

这个聚会的目的:旨在放松新生们的心情,同时加强新生与老生之间、新生与老师之间以及新生互相之间更多的了解,让同学们都有机会展示自己生活中的另一面,并在一些安排给新生的活动中考察筛选,通过侧面观察,掌握新生们的特长、优缺点,加以强化或克服,在日后的工作中便于继续开展发挥。

(此处可由学生组织设计形式多样的慰问活动。)

需要在计划中注意的是:

(1) 老生在节目中所占的比例不要太多,尽量给新生充分的舞台,选取一些能够吸引新生注意的人员、节目即可,让新生对多才多艺的学生活动参与者有一定的憧憬。

(2) 对于家在外地并且比较内向或者有一些思乡的同学,这个时候需要敞开他们的心扉,让他们意识到学院也是他们的第二避风港,比如指派其他与外地新生家乡不远的学生与其聊天谈心,利用"老乡效应"破冰,或者外地同学共同介绍各地中秋的风俗以娱众赏。

(3) 对于新生的参与都尽量予以鼓励,对有一定领导能力的外向学生及内向学生,都应加以锻炼,并考虑搭配。如活动的准备环节,联系场地、设备等可让有经验的老生带队,带外向、内向新生各一名,这样外向的新生会为今后可能接手的工作积累工作经验,而内向的学生也会对学院增加归属感,并学习如何待人接物。

(4) 避免出现新生恶性竞争等不良情况,在军训前与军训期间,整个学院需要强调整体,更适合以宿舍为单位而不是班级,使大家的横向联系更为紧密。

4. 配合进行军训教育的准备和实施工作

大学军事训练是新生入学以后第一门重要而关键的必修课程,它既是全面贯彻党的教育方针、推进素质教育、培养高素质人才的客观要求,也是国家开展国防教育、强化国防意识、为国防建设培养高素质后备人才的战略举措,更是深入开展爱国教育的良好契机。建议军训过程中加入爱国主义主题内容的教育活动，可与即将迎来的国庆节相关活动相结合。

辅导员在开展军训带队工作时，由于工作环境、工作要求发生变化，学生也往往是初入大学的新生，彼此陌生，因此需要从多方面做好工作准备，以便工作的正常开展。

（1）思想准备。

① 军事理论课前动员，动员内容主要为强调包括军容、军纪在内的各种军事化管理内容，可请上届学生与新生班级进行座谈交流作为辅助。

② 军事理论课期间，辅导员需要配合教官对学生进行军训的必要性、重大意义等动员工作，让学生在思想上提高认识，并利用点名集合时间及时对学生每天的精神面貌点评，通过日常规范严格管理，让学生开始适应军事化管理。

③ 军事基地训练期间，协助带队教官做好思想政治教育，每天做好军训点评，对表现出色的学生予以表扬，对出现个别影响集体荣誉的学生及时批评教育。在军事训练中期，学生对军事训练的新鲜感渐失，军训期间的各项争先创优评工作也进行到一半，容易出现纪律涣散的情况，更需鼓舞士气，以期军训成果汇报时表现出色。

（2）工作准备。

① 完成班连建制，遴选学生干部做训练班副班长。将各专业班学生人数、性别、民族、特长等数据汇总给学生负责人。

② 身体健康排查。军训前，需按武装部规定排查不符合军事训练体质要求学生，上交相关诊断证明。在军事训练初期，随时注意和发现贫血、紫外线、呼吸道等过敏体质学生，以及在训练中受伤学生，对这一群体应及时安排休息或站岗。

③ 学生干部培训。军训出发和返回都需要完成集结、授旗、送军等任务，学生干部应配合辅导员完成。军事基地训练期间通常要完成宣传、军容军纪等一系列评优工作，可在出发前对相关工作进行准备和布置，按工作内容提前交由副班长对工作进行分配，如军训简报小组、军队歌曲学唱、板报评比设计等。

④ 填写军训工作日志。日志内容包括日常管理，如记录学生就诊情况，及时发现的各种问题，问题解决情况；学生洗澡安排，要提前让学生做好在军训基地洗澡的心理准备（人多时短）；每天食堂值日安排；定期内务评比；板报设计制作；文艺汇演；日常通讯简报。通过日志填写，可相对快速解决问题，对表现突出学生随时记录，以便返校评优参考。

(3) 生活准备。

军事训练基地大都在郊区选址,早晚温差较大,需提醒强调学生带足保暖服装,根据个人体质备好药品,按照部队要求准备床单被罩、雨具、手电、水壶、脸盆等物品,注意不要随身携带贵重物品及过多现金。

5. "十一"假期爱国、安全教育

认知认同是培育和践行社会主义核心价值观的前提和基础。为更好地践行社会主义核心价值观,引导学生深入学习社会主义核心价值观,辅导员可以利用"十一"的机会,鼓励各班在微信、微博、人人网等新媒体上发出"我和国旗合影,向祖国华诞献礼"此类的互动活动,培养大一新生的爱国情怀。

在"十一"国庆节放假前,召开专题班会,对学生假期的出行安全进行教育和强调,并认真统计好"十一"期间留离校的学生名单,教育新生如遇突发事件应如何应对的方法,做好节日期间紧急突发事件的预案。放假前期辅导员要召开班主任会议,强调放假时间,发放安全教育通知,并填写出行情况登记及放假期间学生情况登记,参见【例1.9.7】。同时,需对假期突发事件预案准备,参见【例1.9.8】。

例1.9.7 假期安全教育(所有长短假期均可参考)

《关于开展"十一"放假期间安全教育及加强学生外出活动管理的通知》

各班级:

"十一"假期在即,为确保"十一"放假期间学生的安全,请各位辅导员在放假之前对各班学生进行一次安全教育,同时按照学校要求加强对"十一"假期期间学生外出活动的管理。具体事宜如下:

一、安全教育注意事项

(1) 放假前对学生进行一次安全教育,提高大家的安全防范意识。同时要特别强调按时返校。

(2) 叮嘱同学们一定要保护好自己的人身和财产安全,严禁参与非法传销活动,谨防在从事家教等勤工助学活动中上当受骗。

(3) 增强防火、防盗意识,学生离校前要把门窗锁好,"十一"放假期间留校的学生要严格遵守学校关于宿舍管理的规定,严禁私拉乱接电源线,严禁在宿舍使用各种违规电器,严禁抽烟、酗酒、燃用蜡烛、留宿外人。

(4) 外出参观、旅游、探亲的学生要注意交通安全,注意饮食卫生,妥善保管贵重物品。不到未开发的旅游点探险、游览、观光,不到未开放的江河湖泊游泳。如出现安全问题,要尽快争取当地公安部门的援助,并在第一时间报告学校。

二、外出活动管理注意事项

(1) 以集体名义组织的外出活动,须按原有学生集体外出审批程序逐级报批,即一个班集体外出,须提出书面申请并制定安全预案,经所在年级批准后,报学院审批;两个以上班级(含两个班)共同组织的外出活动,须提交书面申请并制定安全预案,由所属年级报主管学院领导审批。

(2) 各班要及时统计学生在校及离京情况,并一式两份填写《"十一"放假期间学生情况登记表》(附件1)和《"十一"放假期间学生情况汇总表》(附件2),辅导员签字后一份自存,另一份于9月29日上午10:00前交学院学生工作办公室备案。

三、其他注意事项

所有学生10月7日前必须返京,10月8日各班要严格考勤,对于未到校者,辅导员必须与本人联系,查清未到校原因。

××学院学生工作办公室
××年××月××日

例1.9.7 附件1 "十一"放假期间学生出行情况登记表

班级	姓名	学号	在校	离京	离京去向		离京出行的时间区段	手机	家长手机
					回家的地址	旅游或其他出行地点			

注:①"在校""离京"栏视个人情况划"√"即可;②离京回家及旅游要求注明具体地点;③登记表要求一式两份,一份辅导员自存,另一份交学院备案。

例1.9.7 附件2 "十一"放假期间学生情况汇总表

辅导员_____

各班级	学生人数	在校人数		离京回家人数		离京旅游人数		负责人及联系电话
		人数	所占比例/%	人数	所占比例/%	人数	所占比例/%	
总计								

注:汇总表要求一式两份,一份辅导员自存,另一份交学院备案。

例1.9.8 学生外出活动安全预案细则(参考)

为有效预防、及时控制和妥善处理学生外出活动(含组织)中出现的突发事件,提高快速反应和应急处理能力,建立健全学生外出活动的应急管理体制和工作机制,明确各有关单位、部门预防和处置学生外出活动突发事件的工作职责,确保师生员工的生命和财产安全,维护学校和社会的安全和稳定,依据学校××号文件,制定本预案。

组织学生外出活动的突发事件,按照"谁组织、谁牵头""谁带队、谁负责"的原则,建立职责明确、规范有序、反应迅速的工作机制。

一、适用范围

本预案适用于学院有关职能部门、教学科研单位、各级各类团学组织组织和带领我院学生外出参加各类活动对突发事件的预防和应急处置工作。

(一)组织学生外出参加活动

本预案所指的"学生外出参加活动"是指学校有关单位组织我院学生外出参加活动以及班级学生自发组织的外出各类活动。

(二)突发事件

本预案所指的突发事件主要指学生外出参加活动中突然发生,造成或者可能造成重大人员伤亡、财产损失、环境破坏和严重社会危害,危及公共安全,影响校园和社会的安全与稳定的突发事件,如交通事故、火灾、停电、建筑物坍塌、踩踏、斗殴、传递非法和不良信息、恐怖袭击、有人员伤亡或失踪等。

二、工作机构

学院成立学生外出活动突发事件处置应急指挥组(以下简称"外出活动应急指挥组"),组成如下:

组长		办公电话		手机	
成员		办公电话		手机	
		办公电话		手机	
		办公电话		手机	
		办公电话		手机	

××学院学生工作办公室
××年××月××日

6. 月末工作小结

在这个月末辅导员要对自己 8 月中下旬以来的工作进行盘点,对已完成、正在进行、下一步开展和需进行协调解决的工作进行梳理,汇成表格。

8、9 月已完成工作	正在开展的工作	下一步工作	需协调解决的工作
辅导员迎新事务性准备; 新生报到; 新生教育; 军训; "十一"假期安全教育	军训评优工作收尾; 班级建设初步展开; 假期出行情况登记	"十一"假期后返校统计; 对学生进一步熟悉,准备深度辅导; 选课辅导	选课工作与教学秘书沟通; 突发事件需联合院校各级力量共同解决

二、10 月时点、节点工作内容　　班团组织建设全面掌握学生思想状况

　　10 月是新生正式进入大学正常生活的伊始,标志着大学学习正式拉开序幕,学习是大学生活的永恒主题,也是大学生的本职,敬业在大学生身上的集中体现就是要好好学习,然而大学课程与中学大相径庭,课时安排和学习要求也有着很大区别,需要学生养成良好的自主学习习惯,因此优秀的班级学习风气、良好的宿舍学习氛围,是学生好的开始的一部分。在辅导员的引导下做好班级建设、宿舍建设,是这个月的重要工作。目前社会发展迅速,生活节奏紧凑,以往以高考为指挥棒的学习生涯,往往忽略和掩盖了学生心理问题,在本月可借助于心理咨询中心,对学生以心理测试方式对心理状况进行筛查;心理筛查结果并非完全准确,但却是很多时候的参考;真正了解学生,还需要更为长期和细致的工作,深度访谈是辅导员走近学生、进入学生心里的一种有效方法,此项工作也要从本月启动,进而贯穿学生大学期间的不同时期;对于学生的了解还应注意多渠道的开展,关注学生自媒体状态,有时对于评判学生思想情绪等有着很好的辅助作用。高考过后新生们基本处于休息状态,进入大学后学习、生活、心理、发展目标等都会出现各种适应问题,这些都亟需辅导员在了解发现的基础上进行教育、疏导、解决,否则会导致千里之堤溃于蚁穴。

　　本月的时点性工作:选拔班团委干部开展班级建设;开始深度辅导;测试网络

交流机制运行的可靠性和效率。

本月的节点性工作:课堂考勤抽查;可走访宿舍了解学生情况与学生进行深度辅导访谈,也可分层次与学生进行一对一初步深度辅导访谈。

1. 整理上月班级情况向主管领导汇报

整理上个月的班级学生情况,向学院主管学生工作领导进行汇报沟通。

2. 了解掌握学生思想状况

"十一"假期结束前一天的晚上到各个宿舍进行走访,及时了解学生返校情况,向学院主管领导汇报返校情况。

3. 班团组织构建

大一第一学期的开始总是繁忙、紧张,通常都是6周左右以后才真正开始大学常态下的学习生活。优秀的班集体和积极向上、和谐快乐的宿舍氛围是学生健康发展的重要的环境因素,通过前期由辅导员主导的班级活动和全员性质的军训,大多数学生已经认识,现在是搭建班级管理架构的时机了。架构搭建后,还应对新当选的学生干部进行班级管理的培训与引导。

例1.10.1 大学班级班团学生干部选举及职责(参考)

大学班团干部工作对学生而言是非常有挑战和有意义的工作,可以全面锻炼学生的组织、协作、交往、表达等能力,虽然有一定难度,但是对个人成长成才起到至关重要的作用。

一年级新生班首次选举班团委由辅导员组织开展。以服务集体、自我成才为激励,做好组织动员,对各岗位职责简要说明,可通过学生自荐报名参加班团干部竞选,也可由班级同学进行不记名投票,选出班团干部候选人,组阁后再进行岗位调整。竞选结束后,应立即召开班团委会,进一步明确各自职责所在。

团支部书记

负责做好本支部团员、青年日常思想政治教育工作;班长、支书配合,组织开展具有班级特色的主题团日活动;按照上级团委的要求组织开展好团员评议和"五四"表彰工作;严格执行推优流程,在支部中做好入党动员、党校报名、宣传、学习工作;按照上级团委要求,开展基层团组织建设日常工作,填写团支部工作手册;管理班级学生社团、组织策划社会实践活动。

团支部组织委员

负责本支部组织状况，按期完成团籍转移、注册等日常管理工作；协助支书定期组织开展班团主题活动的设计、组织、考勤工作；负责收缴团费，团员证注册的办理手续；协助填写团支部工作手册。

团支部宣传委员

负责班团活动宣传资料整理（图片、文字报道）；利用多种宣传平台，协助完成班刊、班级群、班级博客制作等宣传工作；协助填写团支部工作手册。

班长

负责班级全面工作的组织、协调，定期召开班委会，了解班委成员工作状况，发现协商解决班级问题；班长支书配合，组织全体班委组织召开班团日活动，组织完成班刊、班级群、班级博客制作；认真及时准确完成上级主管部门下达的工作任务，起到协调学生与学校之间沟通的作用；负责班级之间、学院之间的学习联谊活动；作为奖学金小组成员、困难生等级评定小组成员，集体活动出勤记录负责人。

学习委员

做好校院教学管理部门、教师与同学之间的沟通联系工作，积极向校、院教学主管部门反映同学在学习过程中存在的问题，及时向同学传达有关教务管理和学籍管理的通知以及文件；组织开展营造良好班级学风的学习活动（如英语角、英文周）；做好与学习相关的学习纪律（如课堂考勤、考前纪律宣讲等）、学术氛围（如晨读、科研立项组织协调、晚自习）等工作；协助任课老师选定各科课代表。

心理委员

负责关注同学心理动态（定期上交心理月报，随时与宿舍长保持沟通）；协助组织宿舍长开展宿舍、班级的心理辅导活动；参与协助校园年度心理文化月活动；参加心理中心相关辅导课程，认真学习心理健康知识，优先推荐心理辅修课程。

体育委员

负责早操考勤、各类体育比赛组织报名工作（注意和其他班级及时沟通报名、比赛情况）；务必完成以院系为单位的竞赛活动组织工作；协助班长、支书组织好班级活动。

文艺委员

负责各类文艺类活动的组织、报名、遴选工作（如短剧大赛、歌手大赛、女生之星、消夏晚会等）；组织、设计元旦晚会等丰富同学课余生活的健康文体活动。

生活委员

负责班费管理；协助奖勤助贷的统计整理工作；注意了解汇总宿舍动态，可适当组织宿舍长开展宿舍间活动；专业实习分组以及实习外出药品携带（院系开实习证明，班费购买常用药品）。

寝室长

寝室长要主动维护寝室的安定团结，使成员珍惜"同室之缘"，及时化解矛盾，关心寝室成员的生活和安全，遇到例外情况（如同学晚归、不归、参与非法、违规或有危险的活动等）应以对同学负责的态度立即向辅导员及上级部门报告。

寝室长要积极地为寝室营造良好的学习氛围，督促同学努力学习、按时上课，劝阻寝室成员不打游戏、不沉迷于荒废学业的活动中，对于劝阻无效或发现学习成绩明显下降的要及时报告班主任和学院学生工作办公室。

寝室长要全面负责本寝室的卫生环境，给寝室成员创造一个温馨舒适的休息、学习的家，制定《值日安排表》和寝室行为准则并监督执行。

寝室长要带动寝室同学积极营造健康向上的寝室文化生活。

寝室长要按时参加心理月报会议，对寝室中有作息反常、情绪波动较大等情况及时汇报。

4. 班团工作开展

配合校团委、院学生会进行招新招干工作，鼓励大家为班级、为学院尽自己的力量；配合进行爱国、爱校、爱院、爱集体的教育活动；引入高年级学生，组织朋辈交流活动。

例1.10.2 班级建设案例——校园定向越野比赛

活动目的：帮助新生熟悉环境，了解校园地形，让同学之间互相认识，增进彼此了解。

活动流程：

（1）定向比赛流程。

① 将各班的新生以三人为单位分成若干小组，并且由一名老生带领。每个小组分发一张地图。

② 每分钟出发一组，各小组计时完成比赛，用时少者为胜。

③ 各组按顺序找到每一个点（题目分为"探索题"和"特色题"），贴上本小组

的标志。

④ 每一个点都会有一个问题,新生从老生那里收集答案。

(2) 总结交流会。

户外比赛结束后,室内进行总结,以抢答两类题目的方式进行交流。

规则为:答对"特色题",小组定向时间减 30 秒;答对"探索题",小组定向时间减 20 秒;选取用时最短的参赛队,设奖,并颁发宿舍团体奖。

活动准备:出发批次表单(时间统计表)、地图、点标签、题集、秒表、地图印刷,奖品选购;点标签制作、安放、时间计算、分组、协调出发;相关问题制作、问答统计、分数计算;颁奖环节。

例 1.10.3　朋辈教育——新老生交流会

活动目的:介绍新生大学生活经验,让新生可以规划自己的大学生活。

活动流程:高年级各专业学生代表从本专业概况(就业前景、考研状况)、大学生活(校园及校园周边环境)、大学学习(专业学习、教师、公共课构成、选课等)、校园活动(学生会、社团)等几方面向新生传授经验。

活动准备:由学生会学习部进行交流会内容的设计,提前准备交流内容,避免重复。

活动记录:DV 拍摄和拍照——宣传部。

5. 宿舍卫生及安全

教育学生做好宿舍卫生及安全的自检自查工作,组织学生做好宿舍卫生清扫工作并定期进行卫生检查,特别强调用电安全,协助后勤宿管部门与学生签写安全协议书,深入宿舍开展走访和谈话;宿舍检查可设定 10 个检查内容,包括卫生、安全、舍风舍貌等方面,各项满分 10 分,由检查员根据实际情况予以给分。

例 1.10.4　宿舍卫生具体检查项目参考

宿舍	班级	宿舍长	卫生检查项目							附加项		总分	备注
			门	窗	地	桌	墙	架	床	阳台	宿舍安全	舍风舍貌	
...														

6. 开展深度辅导工作

深度辅导是质性研究、社会学研究常用的研究方法,可以借助科学的手段,做好了解学生、发现问题、解决问题、成长引导的工作,是辅导员可以借鉴的工作方法。做人的工作都是由浅入深的,因此,第一次访谈,一定是建立在阅读过学生档案基础上进行,要做好预习功课再开始。建议仍然以了解学生基本资料为主,通过日后长久的接触,发现一定问题后再做更深层次的交流。

例1.10.5　首次深度访谈提纲(参考)

(1) 请讲讲你的家庭情况,介绍一下家庭成员:
- 了解学生家庭教育背景;
- 是否是单亲、再婚、隔代家庭等特殊成长环境;
- 家庭经济来源是否稳定,是否有一起生活的病中家人,家人之间关系是否亲密,和哪位家人联系最为密切。

(2) 介绍一下自己中学以来的成长经历,有什么特长,擅长做什么,最大的爱好是什么,在成长中影响自己最深刻的事情是什么。
- 了解学生近年来的成长经历,对性格、兴趣、重大事件类型做初步了解。

(3) 为什么选择本大学本专业,是自己选择还是家人、老师指导?
- 了解学生是否为第一志愿来到本专业,是自主选择还是听从家人安排使然。

(4) 目前是否适应大学生活,感觉和中学差别在哪里?
- 了解学生对目前班级、寝室学习状态是否满意,是否适应大学生活节奏,生活是否规律。

(5) 宿舍同学相处如何?
- 了解宿舍关系,是否有潜在宿舍矛盾,家庭经济状况迥异、生活习惯差别较大、性格特性不同往往是宿舍相处好坏的微妙之处。

(6) 目前有何打算,是否想过未来4年的学业规划?
- 了解学生对专业学习的满意程度,是否开始进行自我管理;
- 是否有转专业想法,转专业原因。

(7) 政治面貌如何,是否有入党的打算?
- 了解学生的"三观",对政治追求予以适当引导。

通过初步了解学生基本情况，辅导员可能会发现无论是学习上还是思想上，新生对于现实的抵触情绪都来源于他们理想中拼搏考上的大学在现实中并不那么美好而产生的心理落差，从而导致的一系列问题。因此设身处地地与他们谈心是非常重要的，不要让这种悲观的情绪扩散到整个集体造成不良的连环效应。对于内部矛盾的处理也要公平及时，比如因竞争引发的误会、嫌隙要及时沟通，才能避免更严重的裂痕。

7. 新生学业辅导工作

例1.10.6 新生学业辅导工作方案

为切实加强学风建设，帮助新生尽快适应大学生活，养成良好的学习习惯，同时注重学生学习过程的监督和考查，激发学生的学习潜能，经研究，决定在学院2016级新生开展学业辅导工作。

一、学业辅导工作的实施

由辅导员、班主任和兼职学业辅导员共同完成对大一新生的学业辅导。兼职学业辅导员从高年级本科生（主要是保研学生）和研究生中选拔学习成绩优秀、学有余力、具备较强的责任心和良好表达能力的同学，利用课余时间指导新生的课程学习（主要是公共基础课和专业基础课），解惑答疑，传授学习方法和学习技巧。学院按照一定的标准给予学业辅导员适当的经济补助。

二、兼职学业辅导员的配备、选拔和使用

兼职学业辅导员选拔工作从×年×月底启动，×月中下旬结束。

（一）配备

学院2016级共有15个班，按照每门课程2名学业兼职辅导员的配备，拟配备兼职学业辅导员30名。

（二）选拔

1. 选拔资格与条件

（1）2014级保研学生和学院研究生。

（2）学有余力，保证有一定的时间从事辅导工作。

（3）责任心强，有耐心，具备良好的沟通和表达能力。

（4）身心健康，积极上进，乐观向上。

2. 选拔流程

（1）院系推荐和全校招募相结合。

（2）面试。由学生处组织面试，主要考查其学习成绩、沟通表达能力等。

（3）品行鉴定。由学生所在院系出具书面品行鉴定，对其责任心、平时表现等做出评价，以此作为是否录用的重要依据。

（三）使用

经征求多方意见，确定对学院2016级新生辅导的课程为《高等数学》和《工程制图》，同时，为进一步扩大兼职学业辅导员的作用面，拟对以上30名兼职学业辅导员作如下安排：15名兼职学业辅导员负责《高等数学》，15名兼职学业辅导员负责《工程制图》。

三、学业辅导员的工作职责

（一）答疑

根据新生课程安排和学业辅导员的课余时间，兼职学业辅导员答疑每周至少两次。辅导地点由学院统一安排。辅导时间、地点确定后向所带班级公布。

兼职学业辅导员要对每次的答疑情况进行书面记录，同时由答疑学生签字确认。

（二）集中讲解

兼职学业辅导员按照课程要求，集中讲解所带班级学生反映较难的知识点。每周根据情况进行1~2次集中讲解。

四、兼职学业辅导员的管理和考核

（1）学院对兼职学业辅导员进行直接领导，具体负责其日常管理、使用以及考核等工作。学院要注意发挥学业辅导员的优势，有效促进兼职学业辅导工作深入开展。

（2）年级辅导员负责兼职学业辅导员的联系指导工作，并定期组织检查。对于工作表现不积极的，要进行调查了解，加强教育引导，督促其按照职责要求，完成任职任务；对于中途无故退出任职岗位或出现违法违纪行为的兼职学业辅导员，学院将终止其任职资格，并不予补助或奖励。

（3）学期末，学院根据兼职学业辅导员平时答疑和集中讲解等工作，从"德、能、勤、绩"等方面对兼职学业辅导员进行考核，考核结果分为：优秀、合格和不合格。

五、兼职学业辅导员的补助及奖励

学院对考核合格的兼职学业辅导员给予一定的补助。补助标准参照学校教师答疑的教学工作量、学校勤工助学补助、学生家教市场价格、其他高校学业辅导员的补助标准等,结合学院自身实际情况确定。学院对考核优秀的兼职学业辅导员给予除正常补助标准外的适当奖励。

因此,学院的兼职学业辅导员月补助标准可基本参照校内勤工助学补助的标准每月×××元。

8. 月末工作小结

因是常规工作,按上月格式和步骤操作即可,以后此部分均省略。

三、11月时点、节点工作内容   心理筛查 党建工作 学风建设 深度辅导

当前,随着大学生主体特征发生的巨大改变,他们在资讯极度发达的社会背景下,受到更为多元社会文化的影响,个性张扬、崇尚自由的同时,也愈发匮乏对个人责任、集体意识等方面的关注,同时对学业、生活和个人发展等方面的成长需求日益迫切。为深入贯彻党中央16号文件、落实北京市《关于加强北京高校辅导员队伍建设的实施意见》,在高校学生中广泛开展深度辅导有着极为重要的意义。从与学生接触初期,即从生活、学业、心理、发展的各方面开展深度访谈,既是建立和谐师生关系的第一步,也是将学生管理工作逐步落实的开始,为避免今后突发学生问题隐患打下基础。

新生在入学两个月后,已经逐渐熟悉同学、大学作息,但是却很难迅速适应自我管理、独立生活、集体生活的实际环境,宿舍矛盾、迟到早退、沉迷网络等发生率便骤然上升。因此要通过检查宿舍、课堂考勤监督、心理异常情况排查等工作来把危害的频率和程度降低,在此基础之上,注意督促学生夯实学习基础并养成良好的学习习惯,从根本上杜绝网络沉迷等老大难问题,培养正确的自我管理观念。

学风建设不是开始于学习风气涣散之时,而是从学习开始即予以引导、督促,以习惯养成作为学习风气积极向上的方向,对于学生学业管理具有重要意义。

11月的时点性工作: 结合培育大学生社会主义核心价值观开展入党启蒙教育;心理筛查;学风建设;深度辅导展开。

11月的节点性工作: 注意学生宿舍生活、课堂学习、课余生活状态,根据学生实际出现的问题,以及心理中心心理筛查结果有针对性地开展深度辅导,用最短的

时间把访谈覆盖到学生整体。并在学习出现倦怠伊始,引入学业生涯规划,帮助学生在学习目标设定、学习习惯养成方面予以督促。

1. 整理上月班级情况向主管领导汇报

由于开学后密集的新生教育安排和紧张的军事训练,学生从10月才刚刚进入学习状态,观察和整理上个月的班级学生情况,跟学院主管学生工作领导进行汇报沟通,并根据一些特殊情况安排下一步工作计划是十分必要的。

2. 开展新生党建工作

新生入校后经过了严格的军训教育,接下来的一年,不仅是开展适应性引导、养成教育,也是在全体学生中广泛开展入党启蒙教育的最佳时期。由院党委主责,学生党支部执行,各团组织书记、组织委员配合,紧密结合社会主义核心价值观的培育工作开展入党启蒙教育。包括配合院二级党校整理统计入党积极分子,邀请高年级优秀学生党员组织班团集体开展入党启蒙座谈。辅导员可以通过召开班级党员积极分子工作会,要求发挥党员积极分子的先锋模范带头作用。

例1.11.1 入党启蒙教育——大一党建工作开展的整体思路

辅导员工作中非常重要的思想政治教育,需要抓住一切有利时机,在学生中推进。按照规定,满18周岁的优秀青年,即可申请加入中国共产党。大一新生正是对党组织向往、可以符合入党条件的新生力量,通过启蒙教育,激发学生政治热情,通过严格要求自己、加强学习、端正入党动机等途径积极向党组织靠拢。

入党启蒙教育可以邀请相关领域教师、优秀学生党员共同参与,也可以加入参观红色教育基地、组织社会实践等让学生把理论学习与社会实践有机结合,从而加强教育成效。

(1) 介绍《学院团委推选优秀团员加入党组织细则》《入党积极分子选拔标准》,在此基础上就入党动机、入党条件、入党程序等做详细讲解。

(2) 激励学生参加二级党校,较为系统地开展理论知识学习,在认真学习党的发展历程、相关理论基础上重新认识大学生入党的意义,要求学生"思想上入党""组织上入党""行动上入党"。

(3) 优秀党员事迹交流会。邀请学生中家庭成员的优秀党员、高年级优秀学生党员来到学生中讲述自己在向党组织靠拢过程中的思考、行动,让学生感受到榜样的力量,并且通过身边党员的言传身教,使学生感受到自己通过学习和践行也可以做到、做好。

(4) 在社会实践中渗透党性教育,树立积极分子的模范带头作用。

(5) 党支部为每一位递交入党申请书的同学配备一名联系人,联系人负责了解同学的思想动态,帮助其提高思想认识水平,并在各方面给予指导,联系人须填写联系人培养记录,定期向党支部汇报申请人的情况。

安排高年级党员担任新生入党联系人,既是朋辈教育开展的有效保障,也是新生从思想到学习全面与高年级优秀学生代表交流的好机会,可根据实际情况参考以下党建制度：

例1.11.2 ××学院学生党员驻班联系制度

学院学生党支部从新生入学后选派优秀学生党员进驻大一年级各班(简称"驻班党员"),联系班级开展各项工作。目的在于加强党员深入群众的意识,树立党员形象,带动大一班级的学生党建工作,并通过向大一年级辅导员汇报班级情况从而促进大一年级学生工作,通过党员指导班级的团建工作、班委工作,促进大一班级各项工作顺利开展。为进一步做好该项工作,特修改本制度。

一、驻班党员的职责

(1) 宣传党的基本理论知识,讲解入党程序和入党申请书的写法,宣传马克思主义、毛泽东思想、邓小平理论、"三个代表"重要思想和科学发展观,协助辅导员在班级开展社会主义核心价值观主题教育。

(2) 和班级党员、发展对象、入党积极分子保持紧密联系,通过谈话、侧面了解、委派工作等形式了解他们的思想动态,帮助他们进步,并在支部会议上如实反映他们的情况。

(3) 向组织推荐优秀的学生加入党组织。

(4) 和班团委保持紧密联系,指导班级的工作、如参加班团委的选举工作、参加主题团日活动或班会。

(5) 鼓励学生努力学习,促进班级班风、学风建设。

(6) 随时掌握班级情况,发生特殊事件及时向组织汇报。

(7) 关注特殊群体,包括贫困生、落后生、思想偏激学生、少数民族学生,帮助他们顺利适应学生生活。

(8) 帮助班级有困难的学生,个人解决不了的问题及时向组织、辅导员汇报。

(9) 随堂听课。每周到所驻班级听一节课,并就听课情况向大一年级辅导员以书面的形式反映以下内容:联系班级、驻班党员签名、日期;是否100%提前10分钟到教室;班级学生是否课前向老师问好;缺勤、迟到、早退学生名单;班级上课期间有睡觉、随意进出课堂、聊天、接打手机、发送手机短信、玩手机游戏、吃东西、看报纸、听音乐等与学习无关的行为的学生名单(对不知道姓名的学生应当在课间向班长或团支书询问,不能在课堂询问,以避免影响教学秩序)。

(10) 定期以书面汇报的形式,向大一年级辅导员和学院党总支副书记汇报班级近期的情况。具体时间如下:①大一第一学期每周向大一年级辅导员汇报一次情况,每月形成当月书面报告,第二学期每月向大一辅导员汇报2次班级情况并形成当月的书面报告;②大一第一学期入学后的第3个月和第5个月最后一天以书面形式向学院党总支副书记汇报各班期中和第一学期的各方面情况及驻班党员的工作;第二学期开学后的第5个月以书面形式向学院党总支副书记汇报各班级情况,内容要涉及班级的学风建设(课程安排、学习氛围、课堂情况等)、班团委建设、心理健康教育工作、贫困生工作、优秀学生情况、落后学生情况、存在的主要问题和办法等。

二、驻班党员选拔条件

(1) 党性强,严格遵守党的纪律,有较好的理论修养,没有受过党内处分。
(2) 坚持德、智、体全面发展,学习成绩良好,能起到模范带头作用。
(3) 责任心强,对组织交代的工作能按质按量完成。
(4) 担任过学生干部,做过一定的学生工作,有较好的工作经验。
(5) 大三、大四的学生党员及研究生党员。

三、驻班党员派驻原则

(1) 跨年级,有利于工作的开展并能取得实质性的成效。
(2) 同专业,有利于解决学习问题和保持专业的优良传统。
(3) 长期性,驻班党员分配后即固定在一学年内联系该班级。
(4) 搭配性,每个班派驻男、女党员各一名,以有利于了解班级的全面情况。

四、驻班党员改派办法

对于因主观原因或客观原因不能履行驻班党员职责的学生党员,经学生支部书记提出,学院党总支领导同意后,可改派其他党员。

五、驻班党员管理办法

(1) 为了使党员驻班制度实施不流于形式,切实起到好的作用,大一年级辅导员、党员所在党支部书记要定期对党员驻班的工作进行督促检查工作。

(2) 驻班党员每周日要将班级情况登记本交给大一年级辅导员检查。

(3) 所驻班级的同学如果认为驻班党员不负责任,可直接找辅导员或党支部书记对驻班党员提出意见。

(4) 对主观原因如不负责任、热情不够等而不能履行驻班党员职责的学生党员,学生党支部应在支部大会上提出批评教育。对批评教育后仍不能履行职责的,大一年级辅导员和党员所在支部的支部支委会成员沟通后,可报学院党总支予以必要的党纪处分。

3. 深度辅导访谈注意方式方法

深度辅导访谈是一种关注学生、了解学生、解决问题最基本和最直接的途径。虽然这是一项耗费时间精力的工作,但是我们相信通过这样扎实的沟通,会使日后的很多工作事半功倍,尤其在面临突发事件时,可以是解决问题很好的基础。

辅导员需注意以下几点:心理辅导不能浮光掠影,一定要深入了解背景,多方联系调查,换位思考并给出适当解决办法,争取早日完成心理阴影的摆脱,尤其是对于性格缺陷的学生以及调剂生更要注意。深度辅导根据学生所在年级、专业、个人特征及需求等,可分成不同阶段逐步展开,此处提供的提纲是按照学生在大一第一学期学习、思想、生活、发展、心理等方面大都会遇到的问题作为初步深度辅导的切入点,仅供参考。

例1.11.3　××学院学生深度辅导(本科)提纲

[访谈对象]

可提前了解学生基本信息,家庭背景(和父母的关系),成长背景,或请学生自我介绍。

[学习篇]

(1) 目前学习动力如何;

(2) 是否喜欢本专业;

(3) 最大的困惑是什么;

(4) 对学习的近远期目标是什么。

[思想篇]

(1) 了解社会主义核心价值观吗;

(2) 你觉得爱国、敬业、诚信、友善这几个方面哪些做得不错,哪些还存在不足。

[入党篇]

(1) 是否是入党积极分子;

(2) 为什么想入党;

(3) 你觉得党员和普通同学的区别是什么。

[生活篇]

(1) 宿舍关系怎么样;

(2) 同学关系如何;

(3) 生活费是否够用,有无其他经济来源。

[就业篇]

(1) 毕业去向(考研、出国、就业);

(2) 是否参加过有偿社会实践,是什么;

(3) 是否有明确的求职方向;

(4) 是否有相关准备。

[心理篇]

(1) 压力来源是什么(经济、人际关系、情感、健康、就业、学业);

(2) 对自己最满意、最自信的事情;

(3) 对大学毕业最大的期待是什么;

(4) 最关注的事情;

(5) 家庭、情感生活是否顺利;

(6) 身体是否健康。

[达到目标]

(1) 通过学生自己对大学以来最大的收获、最大的困惑等问题的描述,引导其形成对未来一年的近期规划、对毕业时的中长期规划;

(2) 结合实际、社会形势、就业等帮他们分析自身存在的问题,激发兴趣,提出解决问题的建议。

4. 心理筛查与深度辅导有机结合

开学后两个月是宿舍人际关系出现矛盾的时点,作为辅导员要配合学校及时进行心理问题高危人群的排查工作,深入了解学生的学习和生活状况,既要与排查对象本人面谈又要通过与排查对象的同学、朋友、任课教师等交流,侧面了解被排查对象的心理状况,注意学生的心理状态变化;通常发现的问题,会需要辅导员持续关注,这时除倾注个人努力外,很多时候还要借助心理辅导的技术以及学生群体、个案家庭的力量来帮助学生。

例1.11.4　乐(yue)由心生,乐(le)在其外——深度辅导工作案例

[案例背景]

野外实习,小雨情绪低落,我向班委了解情况,得知她大学以来一直不太合群,和宿舍同学关系也很一般,尤其是开始实习以来,情绪更为低落。

于是,约小雨坐坐,想通过面对面的沟通了解她的近况,试着发现问题的根源。问到她进入大学以后的感受,对以后有什么打算时,她突然开始落泪不止。询问详情,得知,小雨从7岁开始学习钢琴,能够成为钢琴演奏家一直是她的梦想和追求。但是升学时未能遂愿进入音乐学院深造,而本校音乐系开设的辅修课程并不能满足她对艺术学习的需要,每天在学校琴房练习,还要忍受给非音乐学院学生配备欠调试的钢琴;而野外实习更是让她半个月内都无法接触钢琴;同宿舍、同班同学没有她的知音,她感到没有共同语言,而回到家,她和父母之间关系也较为冷漠,长期缺少交流,这一切都使她倍感孤单。

[深度辅导开展]

(1) 发现问题:野外实习是全天候驻扎在异地的学习生活,辅导员和学生完全生活在一起,通过日常接触,容易暴露一些特殊情况。比如经过几天实习,我就发现小雨游离于群体之外,无论是课上小组讨论还是课下小组作业,甚至是食堂就餐,她都形单影只。

(2) 了解情况:因为不清楚小雨事事单独行动是由于外出实习想家、有突发事情在困扰她还是长期持续这种状况,因此我特别向班委和小雨同宿舍同学询问,了解小雨平时的情况。通过和这些同学简单的沟通发现小雨自上大学以来,就一直很少参加集体活动,对上专业课兴趣缺缺,只有说到钢琴,才会显得人特别有精神;在班里也很少跟同学交流,喜欢独来独往,给同学以内向、孤僻的印象,连同宿舍同学都感觉她为人甚至有点清高。

(3) 查阅档案:小雨是本地生源,毕业于一所重点中学,钢琴业余水平10级,入学录取时,调剂到本学院本专业就读;一家三口,父母身体健康,在事业单位从事稳定工作,能够为小雨的学习、生活提供较为稳定的经济来源。

（4）聚焦问题：小雨就读专业偏离先前既定规划，而且在当前环境中难觅知音，缺少通过倾诉缓解精神压力、寻求慰藉和帮助的渠道。因此，将了解并帮助小雨重新认识大学生活，重视建立大学中的人际交往，拟定为深度辅导初步目标。

（5）开展访谈：约小雨过来以后，我首先从实习生活开始聊起，问问她想不想家、这几天是不是吃得饱睡得香，身体状况如何。

然后让她对野外实习和课堂学习简单说说感受。小雨对于两种学习方式的差异感触深刻，她觉得在野外实习学习效率很高，对课堂上学习的理论知识有了很深刻的认识，对她而言更重要的是对专业产生了一点兴趣。

我就着"兴趣"二字，问她高考怎么报的志愿，为什么没去她最感兴趣的学校就读。她的第一志愿是中央音乐学院，但是竞争太激烈，虽然通过了特长考试，但成绩并不突出，在高考后没能如愿入学，被调剂到了本校本专业。小雨说拿到录取通知书的时候，她非常难过，几乎决定复读，但父母认为念完师范专业将来当老师，有一份稳定的工作很好，没必要再耽误一年时间，因此坚决不同意她复读，和父母交涉无果以后，她觉得自己在钢琴演奏这条路的发展已经被阻断，既然不能读自己喜欢的，那么念什么对她而言都无所谓了。因此，也就是抱着这样的心态，她开始了本专业的学习，没有兴趣，读起来也没有什么压力，所以她选了音乐学院的辅修专业。课上不怎么听，课下又都泡在琴房，她和班里同学自然就没有什么时间交流。我问她大学和谁关系比较好时，她说"没有特别好的，因为没有共同语言，我说的同学们不懂，他们说的我也不感兴趣，参加音乐辅修的同学也就一周上课时见一次，交流也不多，所以我习惯一个人，我每天弹琴的时候，觉得特别幸福，也特别快乐，我认为这对我而言就够了。"

我点点头，接着又问她那大学有什么打算呢，出来这几天不练琴会不会手生。她说不打算毕业教书，还是希望可以继续学习钢琴演奏，她不想也无法放弃，就连这几天不能摸琴，她都觉得自己快崩溃了。说到这里，她的声音越来越低，泪水也开始滑落，她说"老师，其实我不喜欢这个专业，我想弹琴，我只想弹琴，您不知道学校琴房其实条件特别差，但是我每天都去弹，一坐就是3个小时，我不能天天回家练琴，因为爸妈会认为现在的专业学习才是我的主业。我也不能带电子键盘在宿舍练，因为她们都不懂，会认为我打扰到她们……，"她的委屈像找到一个泄洪的闸口一样突然爆发。

我一边给她递纸巾，一边安慰她，过了十来分钟，她的情绪慢慢平复，我才开始谈我的想法。刚好我也练过几年钢琴，共同的特长，帮我们的沟通变得逐渐深入起来。首先,我和小雨达成了一些简单的共识,就是钢琴是一种用来诠释音乐的乐器,而音乐是诸多艺术表现形式的一种。虽然对小雨没能如愿在艺术院校就读表示遗憾,但其实现在就读的学科,是一个有很多机会接触大自然、接触生活的学科。而艺术的来源最多的就是大自然和生活。从中国现代年轻的钢琴家到古典钢琴演奏家、作曲家,没有一位是天天关着门练琴就可以把这美妙的音符演奏成艺术的化身的。他们都是把对生活、对大自然的赞美、理解、体验融于音符之中,跃动于琴键之上的。我说:小雨,咱们的学科是一门自然科学,它可能很客观,但是在客观的同时,还呈现出伟大和浩瀚,我们读星星、触岩石、望大海、观地貌,每个自然元素在你去享受品味的过程时,从你脑海里流淌的一定还有很多音符。只有热爱生活、热爱生命、热爱分享的人才能演奏出打动人心、打动自己的乐曲。

父母不是阻止你对钢琴演奏的追求,他们只是希望女儿在有一天独立生活时先有稳定的生活再去追求更高的理想;同学们也并非不懂音乐和不爱欣赏,只是缺少沟通的机会。我知道你们宿舍的××就会弹琴。其实走出自己的小世界,你也许会得到更多的快乐。我知道你现在是把钢琴演奏视作与生命同等重要的事情,但是无论今后是否会一直在这条路走下去,其实你都可以让自己的生活再丰满一些,我相信懂生活的人,才更懂得艺术。

小雨泪眼朦胧地听着,我们在这个问题上聊了很久。她说自己似乎真地是在自己的小世界里自怨自艾,忽略了生活中很多很美好的细节,而这些的的确确都可以为她的钢琴演奏注入新的活力。她有时只是焦急于看到浩瀚的星空,满腔的感动却苦于不能马上用钢琴演绎出来而忽略了,其实心境里有音乐,记住那份感动也是一种演奏。

谈话到后来有些欲罢不能,同时我也提醒自己在谈话时就某些观点达成一致。但是人际交往的建立、对专业学习的重新认识都是需要时间和过程的。因此,我和小雨约定有机会一起去听演奏会,有什么问题可以一起再探讨。

(6)后续辅导:把小雨对专业的认识和独来独往的原因,对班干部和宿舍同学简要说明了一下,澄清她并非自视清高而不愿与同学交流,而是对钢琴演奏过于执着,希望当小雨和同学们开始沟通时,大家可以尝试着包容和接纳她。实习结束后,我和小雨的妈妈也做了电话沟通,父母对小雨进入大学后的状态并不十分了解,只是以为她因为没能复读和家人怄气,所以也没有太过于要求她的学业。同时我还获得一个非常重要的信息:小雨在高考前夕因压力很大,有过抑郁倾向,曾就医检查,但是心理医生并没有进行过多的咨询而是直接开出方子,要小雨进行药物治疗,这一举动使小雨非常抵触再去进行心理治疗。

鉴于此,我在后来的深度辅导主要通过赏识、倾听、共情等陪伴式和小雨进行沟通,在得到她的信任后,再对一些主要问题予以引导。一年后,小雨和同学的交往明显多了起来,她的钢琴特长也在一次集体活动中得以展示,精湛的演奏和执着的追求赢得了大家的理解和敬佩,小雨也在这样的氛围中调整专业学习和钢琴演奏的平衡,人也逐渐开朗起来。

[案例分析]

小雨对钢琴的热爱,对梦想的执着,以及家庭关爱、同学间交往的缺失,迫使她陷入一道难以逾越的鸿沟。因为对艺术的追求近乎偏执,因此忽略了正常的人际交往,而在艺术学习的发展中又苦于没有方向和出路,因此陷入孤独无助的境地。这样的恶性循环,使小雨已有抑郁倾向。

通过访谈,走进小雨心里,发现并开解她所面临的苦闷,赏识并认可她对梦想的执着,引导并帮助她认识、建立良好的人际网络;通过家庭联系人,让小雨感受到来自亲人的关爱,一同帮助她走出心理的鸿沟。使深度辅导在解决学生的问题时,形成一种润物细无声的氛围。

[小结]为什么用本案例印证观点?

(1)辅导员工作过程中,在进行团体辅导的同时,容易忽略一些个体的细节,一旦发现有反常情况,要通过各种渠道来了解问题的严重程度,迅速判断问题根源。

(2)对调剂到本专业学习的学生,容易因专业与既定计划发生偏颇而产生厌学情绪,要在新生入学时,对此类学生予以关注,适时加以引导。

(3)辅导员工作面向群体服务、教育,而深度辅导则对个体展开更为适合,同时这一工作对辅导员本身素质要求较高,不求琴棋书画样样精通,不见得上得厅堂下得厨房,但是对生活乐观开朗、积极向上的态度,是我们在做学生工作时非常重要的心态。

(4)对问题较为严重的个案,需要及时和家长沟通,使其知情,必要时可以多方一起努力,帮助学生成长。

5. 学业生涯规划指导

此月是大一学生最容易懈怠的时点,是上课缺勤率最高的时段,如发现考勤问题严重情况,要就班风、学风问题展开大讨论,针对不遵守纪律现象进行严厉批评,并责成该班委进行整顿;引入学业生涯规划,帮助学生建立职业生涯规划发展个人档案,针对同学们规划里存在的问题进行一次统一的讲解,然后要求学生通过这一个学期的认知,并经过寒假的思考,与家人讨论后写出修正后的职业生涯规划初稿,第二学期开学初交作业;并在讲解后,针对有问题的学生进行个别咨询指导。

例 1.11.5 "手握地图,走 GIS 之路"——学业生涯规划书

[案例背景]

学业生涯规划书是职业生涯规划书在学期间的实施部分,主要指学生通过对自我探索、专业分析、职业定位、制定学业规划形成的具有一定可操作性的计划书。一个经过认真斟酌、多方探索、结合实际的规划书,可以切实帮助学生从大一初期迷茫的真空期——面对陌生的环境、初识的同学、自由的生活、缺失的学习目标等问题——迅速适应调整,引导学生制定合理的目标,在辅导员或小组监督的过程中予以实施。这是帮助他们解决问题的途径,在渗透人职匹配、规划职业生涯之前,可以先行开展规划以学生成长或以专业发展为导向的学业生涯,作为日后职业生涯规划的基础。

[案例简述]

小李是地理信息系统专业的学生,在大一时通过职业生涯课的学习,她制定了自己的生涯规划书。其内容从简历撰写、优劣势分析、性格评价的自我探索,到通过生涯人物访谈、专业领域企事业单位调研的职业分析,再到制定从本科到研究生期间的短中长期实施目标,得到一份长达 20 页一万余字的职业规划书,通过规划得到一张自己的职业地图作为学业生涯规划的发展方向:

[案例解读]

大学生学业生涯主要是指学生在学期间学习、生活的规划和设计,在"知己"——正视剖析自己,了解自身特质、性格、兴趣、能力、价值观;"知彼"——了解社会文化、政治经济、人力需求、专业方向、校园文化等的基础上,明确学习发展目标,为实现在学期间学习目标及毕业后职业目标确立行动方向,并在一定时间内实施行动。

知己——可以借助非正式测评的一些方法,如兴趣岛、价值观买卖、生命线、彩虹图、能力测评卡片等,在团体训练中,帮助学生澄清对自我的认知。

知彼——专业负责人、本专业研究生可以作为专业发展的主讲,走访企事业单位可以将学生理想中的工作远景落地,通过生涯人物访谈、头脑风暴等形式扩大学生职业认识度,邀请高年级奖学金获得者来谈学习方法和目标设定。

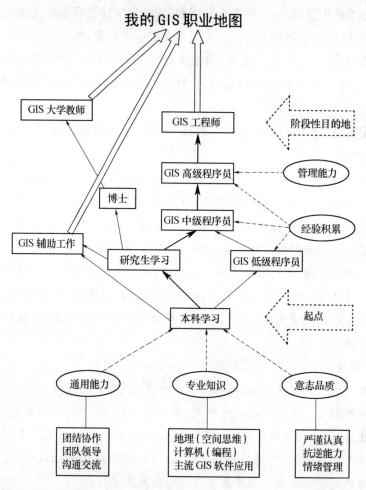

成长离不开环境因素，而成长的目标是实现自我成长与发展，更好地融入社会，听前人介绍，用眼看、用耳听，更重要的是自己思考，比如对比过去中学和现在大学在学习内容与方式、生活半径、人际交往、所需能力、经济需求等方面的区别，并设想毕业后这些方面的社会普遍要求和自我期待值。

成长目标	大学要求	中学要求	社会要求
学习			
生活			
家庭			
人际关系			
经济			

[小结]制定学业规划,学习动机是维持学习活动的原动力,会随着年龄的增长、知识的积累开始逐渐稳定并具有职业定向性,因此规划目标的设定按照时间近远都要依次设定。要根据自己的实际情况,运用SMART原则等帮助设定有意义、有可操作性、对自我有一定挑战,在短、中、长期的时间内可实现的目标。目标制定与实施的练习,可以通过团体训练的方式互相督促,做行为养成。

6. 以行为养成为重点进行学风督察

本月也是大一学生上网玩游戏聊天的最高时段,晚上要经常走访宿舍,可以将深度访谈通过宿舍集体辅导的方式进行,通过介绍探讨时间管理、目标管理等内容,和学生深入交流,以教育封杀宿舍不良风气。

7. 配合学校进行主题思想教育

开展和加强班级建设工作,引导学生正确的课余活动,如社团、兴趣小组等,关注他们关注的话题而不是一味封杀。

8. 月末工作小结

四、12月时点、节点工作内容　　学风考纪教育　寒假社会实践

大学是青年人发展至关重要的阶段,也是学生家庭和个人开始意识到今后发展和出路的基础,对于职业生涯规划有一个初步的设想是必要的,但在大一第一学期,更多地应结合学生的学习目的,对其学业生涯予以指导,这两者之间相辅相成;本月的教学任务也开始到了收尾阶段,学期末学生的心态大多都是对即将来临的考试存在恐慌心理,难以杜绝侥幸心理、依托于画重点或者作弊完成考试,因此加强教育和监督是必不可少的工作。

本月的时点性工作:以诚信为主题开展学风、考纪教育;假期社会实践工作布置。

本月的节点性工作:与任课教师沟通课堂出勤情况,关注学生复习状态,从纪律、目标成长等方面教育学生,将作弊思想遏制在萌芽中。

1. 整理上月班级情况向主管领导汇报

整理上个月的班级学生情况,跟学院主管学生工作领导进行汇报沟通(同上月)。

2. 以诚信为主题进行学风教育

期末将近,组织主题班会及时进行诚信教育,配合班主任进行优良班风、学风教育;并组织学生学习规章制度,在根本上严肃杜绝作弊的任何可能性,配合班主任进行学习方法的教授,讲解考试的特性并予以指导,让"考试不难"的印象深入学生心中,根深蒂固。可以组织上下级交流通气会,指导本学科考试复习技巧。特别关注平时学习兴趣不高的同学的复习状态,争取不挂科、不作弊完成本学期考试。

3. 社会实践教育

大一学生在培养自我管理能力的同时,还要使其有获取积极心态的能力、人际交往的能力。第一课堂的教学任务之外,要鼓励学生有选择地参加各种校园文化活动,如社团组织、品牌学生活动,利用寒假这第一个长假期走出校园,开展社会实践。

例1.12.1 关于开展校园文化活动的几点注意事项——寒假做职业调研,生涯人物访谈案例,生涯重要性的普及,明确职业目标

校园文化是指第一课堂之外的文化活动,通过学校文化氛围、环境、活动实施,以及学生共同的行为方式和学校管理制度,对学生身心健康、思维方式、思想观念形成和发展产生影响,其开展和影响范围可在校园内外。

辅导员在鼓励学生参加校园文化活动或校外社会实践时需注意:

(1)安全问题——无论是学校有组织的实践活动,还是学生参加校外兼职,或NGO(无政府组织)公益活动,安全都是第一要考量的,包括人身安全、交通安全、防火安全、财务安全等,集体组织学生开展外出活动时,一定要提前购买短期人身意外保险。

(2)项目选择——形式多样、丰富多彩的校内外活动,往往使学生眼花缭乱,此时需要提醒学生参加第二课堂活动的"度",一定要在自己课余时间和精力允许的情况下进行,不要过度参与,本末倒置。

(3)辅导员需要引导学生,所参与的活动都具有实践教育意义,而只是手脚麻

利、缺少思考,则不能达到成长的目的。因此,以一个活动项目为基础,开始前的准备和要求、活动进行的督导、活动结束后的报告,应提前告知学生。

例1.12.2 撰写社会实践报告的关键

(1) 报告内容必须真实,需要让学生了解社会实践报告是在切实完成社会实践以后,在对实践内容观察、思考的基础上形成的。

(2) 一份好的实践报告,应在前期做好资料的搜集和整理,既为实践开展打下基础,也为报告的完整性做一铺垫。

(3) 社会实践在报告中可能只能体现其一个层面,需要把细节表述清楚,触发思考的地方是什么。

(4) 要品味思考,每一次实践活动结束,都会获得新的朋友、新的知识、新的成长,想一想为什么酷暑严寒可以甘之如饴地参与这次活动。深层次的思考,是帮助学生提升参与实践活动价值的最好途径。

4. 月末工作小结

五、1月时点、节点工作内容   考风考纪督导 寒假安全教育

本月是进入大学第一个学期的最后一个月,所有课堂上的教学任务全部收尾,常规情况下元旦过后学生都要开始进行期末考试,这也是学生进入大学后的第一次规模式考试。此阶段辅导员的工作重点是进行考场纪律的监督,对学生在考场的行为进行规范,以期杜绝违纪现象的发生。

本月的时点性工作:考试期间的监考。

本月的节点性工作:掌握考试期间班级情况,发现问题及时解决。

1. 整理上月班级情况向主管领导汇报

整理上个月的班级学生情况,向学院主管学生工作领导进行汇报沟通。

2. 考场巡查和监考工作

因为是大学四年全校性考试的第一次,辅导员必须在考试期间进行监考或巡考,对考试各环节进行规范性教育,并达到给学生一个主观上的威慑力。辅导员对

于监考和巡考的认识务必端正,杜绝考试作弊行为的发生是目的,预防是关键。对于作弊行为绝不姑息纵容,一旦有违纪行为发生,也应该总结自己在监考过程中工作有哪些方面还做得不够。

3. 严格执行考场纪律

针对考试中出现的不良现象进行重点的严肃的批评教育,对出现的违纪现象绝不姑息,但要注意采取合适的方式方法,此时需要保护学生的自尊心。尽管前期已对考风考纪有了明确要求,但是一旦发生违纪个案,首先需要辅导员有积极、良好的心态来面对学生违纪情况,帮助学生在错误中吸取教训,使一次刻骨铭心的教训成为学生成长的动力。

例 1.1.1 违纪处理也是一次成长——处分作弊学生与深度辅导密切结合

[背景]

考试刚刚结束,办公室的门被敲开,小李垂头丧气地走了进来,身后跟着教务处老师。看着小李沮丧懊恼的神情和教务处老师递上来考场说明,我心里不由得咯噔一下,随即明白一定是小李违反考场纪律被发现了。

教务处老师简要说明了情况:在考试快结束巡场时,发现小李神情紧张,伏案的动作遮遮掩掩,走过去检查发现了他压在卷子下的复习资料。对被监考老师发现违反考场纪律的情节,小李供认不讳,在教务处老师的要求下,他在考场说明上签了字。

可以看得出小李对违反考场纪律追悔莫及。我很奇怪,小李学习成绩一向是不错的,为什么会抱着侥幸心理,以身试法。在询问下,他才惭愧地承认为了获得高分、提高学分绩点成绩,才犯了错。

[处理]

了解完基本情况,我对他进行批评教育,并把学校学生管理相关处理意见向小李做了说明。根据他自我反省做出的书面检查,可以看出他已了解违反考场纪律的后果,意识到事情的严重性,并对错误认识态度端正,决心悔改。遂将相关材料提交学院教学院长,签字后提交学校教务处。按照学校相关规定,给予他记过处分处理,取消授予学士学位。(学校对学生处理后,如有其他情况需要补充说明,设有申诉期,辅导员需将此规定告知学生;并有通过获得一定学分及获奖等途径,重新申请学位规定。)

[流程]

违纪事件发生后,由监考老师填写违纪通知单→违纪学生在考场违纪情况说明签字→批评教育,告知学校处理、申诉(重新申请学位)等相关对定→将书面检查、考场说明、谈话记录等材料报学院教学院长签字→提交学校教务处→由教务处、学生处备案后,按照流程通过校长办公会对学生违纪进行相应处理→密切关注学生心理动态,及时疏导,必要时与家长取得联系。

[深度辅导]

违纪的发生对小李可能是一念之差,但是作为同学、老师眼中一贯的好学生,出现这种违纪并被处分,对于他本人有很大打击。他在第二天流着泪来找我。

他的情绪显得非常不稳定,我耐心地听他把自己的担心全部讲完。我听到他除了悔不当初之外,还有很多很多因素引起他的焦虑,比如无法面对家长、处分结果对未来会造成什么影响,等等。对他的焦虑我表示理解,同时跟他强调老师不会因为一时的糊涂就对他的品质全盘否定,也不会因为一次违纪就对他另眼相看。每个人从小到大都会犯错误,包括我们的父母、老师、同学,而重要的是如何从错误中吸取经验、不会再犯是我们正确对待一次错误的态度。诚实是人一生中最美好的品质,不小心忽略了它,得到了一个处分,是为了让你重新记起它。学校的相关规定是从每个同学长远发展的角度来制定的,规定给了你努力的方向。正视已经发生的事情,积极反思,合理规划,可以帮助你从低落的情绪中走出来,相信你的学分在达到学校要求时,可以重新申请学位……

小李走后,我又联系了班委和同宿舍与他关系较为密切的同学持续观察到放假。随着时间的推移,小李情绪逐渐平稳。开学后,我们又展开一次详谈,他表示已经走出低谷,开始正常的学习生活,并为重新申请学位努力。我感到些许欣慰。

[需要注意的地方]

(1) 探其究竟——对于违纪,仅仅批评教育是不够的,正所谓治标更要治本,通过深度访谈,还要了解学生考试作弊的真正原因。一般会有几种情况:一种是担心通不过考试,需要参加补考,面子上不好看;一种是为获取高分,以便日后奖学金评定或是成绩单上学分高绩点;还有可能是考试前,有突发情况影响复习进度,使学生抱有侥幸心理,不惜以身试法。

(2) 对症下药——一次错误并不能对学生成长全盘否定,辅导员在就事论事、批评教育的同时,更重要的是需要对引起违纪的原因进行深入调查了解,对症下药,以使在接下来的深度辅导中,更好地帮助学生从违纪事件的情绪中走出来,重拾信心。

（3）情绪关注——违纪的处理，对于大多数顺风顺水长大的学生会是一次不小的挫折。学生通常在认识错误、了解处理结果后，情绪会发生较大波动。比如担心处分记录会进入档案，影响日后就业等一系列问题；带着这样品质的污点，无法面对同学、老师；当家长知晓无法获得学位，会怎样失望……

[思考]

作为辅导员，对学生群体不能按照学习好坏、能力高低来划分三六九等，因此在学生出现违纪时，辅导员是否能够以公正、包容、耐心、智慧的心态去面对，也是非常重要的一个方面。

教育本身就是一个长期的、螺旋式提升的过程，违纪事件的发生对学生当下的学习、生活、心理影响较大。但是相信通过辅导员的介入，可以帮助学生从中吸取教训，让他们从认识错误到反省自身，并能够有积极的态度来渡过这段时间。从某种意义上来看，违纪也是学生成长中一次难得的教育机会。

4. 考试后及时召开班会

考试结束后辅导员老师要及时召开学期末班会，在总结本学期班级各项活动的同时，对学生还要进行规范养成教育，重点进行假期安全教育，叮嘱学生注意人身、财物安全，统计留离校名单。最后不要忘了让学生在寒假期间，针对自己的职业生涯发展同家长或亲朋好友进行深层次沟通，以备开学时将自己的职业生涯发展规划初稿完成。

例1.1.2　寒假留校学生情况统计表

班级	学号	姓名	宿舍	手机	是否经济贫困	留校起止日期	春节是否在校	解决办法	解决情况	实践活动

5. 根据期末考试情况适时介入家庭教育

寒假前，期末考试成绩陆续公布，可根据学生表现情况、学习状况，以及本学期表现，和家长取得联系进行沟通，让家长及时了解学生在大学的适应状况，如有特殊情况需要家长协助调适,也可利用寒假期间开始介入。通过对学生具体情况的了解,个别情况可以通过家长介入,对学生适应大学生活辅以家庭教育。以下为家长信范本,仅供参考。

例1.1.3 寄发家长信范本

尊敬的家长:

您好!

　　感谢您一直以来对我校和我院工作的理解和支持!您的孩子在我校已经完成一个学期的学习,由于孩子当前还处于大学新生适应阶段,所以给您邮寄成绩单,通报基本表现,让您更好了解孩子的学习、成长情况。

　　孩子从出生到走进大学,每个家长都付出了很多心血,对孩子抱有较高的期望。大学四年生活,对于一个人的一生来说不是很长,但却是一个人一生最重要、最关键的成长期,关系到孩子能否树立正确的世界观、人生观、价值观,今后独立生活,立足社会。正是由于大学生所处的特殊阶段,为了让孩子更好地提高、成长、进步,希望您一如既往地关心、关爱孩子,协助学校一起做好对孩子的教育工作,使得家庭教育和大学教育融为一体。您的信赖和我们的努力,是孩子走向成功的桥梁。

　　(此处,根据学生不同情况与家长进行沟通,如需特殊关注的也可约见面谈)

祝您

身体健康,万事如意!

辅导员××

联系方式:13900000000　E-mail:××@××.××

××大学××学院

20××年1月

6. 月末工作小结

　　大学一年级的第一学期,是辅导员与学生初识,建立信任关系的关键时期,应尽可能迅速地认识学生、了解学生、深入学生,想他们所想,急他们所急,用心去关爱,帮助他们完善班级建设、宿舍关系,形成良好的班风学风,引导其开始自我成长与帮扶互助的良好风气,不仅对于学生未来四年的学习与成才起到作用,同时也是辅导员日后工作坚实的基础。

　　至此大一第一学期辅导员工作结束。

六、2月时点、节点工作内容　　寒假突发事件预案　春节慰问

这个月是大一新生入学后的第一个长假,我们的春节每年也都在这个长假中,大部分学生都会选择回家跟家人一起欢度春节,但也有极少的学生因各种不同原因留在了学校。作为班级辅导员不能因为是假期就认为可以和同学们一起放假了,假期发生什么事情都与辅导员没关了。作为一名高校辅导员要始终对你所管辖的学生进行管理,这是作为一名辅导员的责任和使命要求。特别是作为大一辅导员应该更加关注这个假期你的学生的情况,因为他们是经过紧张高考后进入大学后的第一个假期,如何合理高效地利用好假期的时间,合理安排自己的学习生活,大部分学生都是比较困惑的,作为辅导员应考虑给予他们良好的建议和指导。

本月的时点性工作: 关注寒假留校学生,做好春节慰问工作;注意学生假期安全。
本月的节点性工作: 假期突发事件预案的准备,关注慰问假期留校学生。

1. 假期突发事件预案准备

假期突发事件预案与学生在校学习期间的预案有所不同,因假期发生事件多是学生个体性事件,不用以班级为单位进行处理上报,采取的是学生个体直接向所在班级辅导员电话汇报,辅导员做出应急处理建议,并马上向主管领导电话汇报,主管领导根据辅导员处理意见做修正意见处理,并上报校相关部门,待开学后辅导员做好该事件材料的归档工作。在此过程中如果各级处理意见有待改进,需按上一级领导意见进行处理。

例1.2.1　突发事件预案工作流程

假期突发事件一般处理预案工作流程图

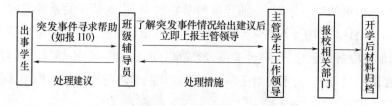

附件:辅导员电话、主管领导电话、所负责班级学生电话表

2. 重点关注、慰问春节留校不回家学生

每年的寒假学校或多或少地都会有学生滞留,有的学生参加社会实践,有的学生参加各种培训班,有些则是因为回家路费过贵而选择不回家……,大多参加社会实践和各种培训班的学生到春节前夕也会相继回家,只是滞留学校的时间长短问题。作为班级辅导员如何针对滞留在校的学生进行管理、如何做好春节期间的关爱工作是我们要进行思考的。不能因为大部分学生离校回家就认为可以不管,要知道关注这些细微之处可以让同学们更加感受到温暖,会使我们的班级工作更加顺畅。有关这方面的益处可以从下面的事例中看到。

例1.2.2 假期慰问

时间:20××年寒假

某校某学院一名大一年级的贫困生,因路程远不愿花费过多的钱在路费上,就选择了在大一寒假时不回家留校做寒假社会调查。他所在的学校地处北方,冬天比较寒冷。

辅导员在期末考试后进行班级学生留离校情况摸查,知道了他寒假不回家,就找到他了解情况,得知他家庭情况和寒假安排后,对其这种自立自强的精神给予肯定和支持,鼓励他将寒假社会实践做好。春节期间大年三十,辅导员打电话问这名学生实习情况,并表达了学院对其的关怀关爱之情,学生感谢学院及老师的关怀。春节辅导员来到了该学生宿舍,带来了水果等慰问品,学生很激动,没想到老师能来宿舍看他。辅导员对其前期的寒假实践情况进行了询问了解,并问有什么困难,当时看到这名学生有些感冒就叮嘱其注意保暖,利用春节好好休息休息,养好身体春节后好继续调研。

寒假结束了,同学们陆续返回了学校,第一周班级召开了寒假返乡座谈会,大家畅所欲言交流着各自寒假的所见所闻和感想,这名贫困生也谈了自己的感受。他说在寒假期间他跑遍了学校所在城市的300多家×××行业公司,搜集了此行业的一手数据,根据这些数据他进行分析,发现了此行业存在的问题,他计划开学后跟这些公司的老板们进行沟通,告诉他们目前存在的问题。他谈到做这些调研时的艰苦状态,为节省开支他是骑着自行车一家一家跑的,经常是冒着凛冽的寒风在工作,在他感冒一个人在宿舍休息时也想到过放弃,也冒出过做几家调研糊弄了事的想法,但没想到的是春节辅导员来到宿舍看他,并鼓励他克

服困难将寒假调研做完。老师的到来给了他精神上的支持,使他坚定了做好调研的想法,并一直坚持到寒假调研做完,搜集到了第一手数据资料,为他今后的学习奠定了坚实的基础。

后续:这名学生在大学毕业时早早地跟此行业的领军公司签约,在短短的一年里得到了公司领导认可,在任职三年半后职位升到了公司的中层。他在一次采访时说如果不是当年大一春节期间辅导员的问候支持,他那年的寒假实践调研不会做完,也就是说掌握不了行业的第一手数据材料,他就不会有今天这样的成绩。

[小结]从这个案例中我们看到,辅导员看似不重要的一个举动给学生带来的是终身的受益。

七、3月时点、节点工作内容 思想状态摸查 学风建设

这个月可以称为是大一学生经过大学时期的第一个长假后回到学校的"反思月",上学期的考试成绩在这个月初差不多已全部出来了,此月辅导员在做好日常常规管理工作的同时,要组织学生对自己上学期的学习生活进行盘点,总结得失,适时做好调整,了解掌握学生思想状况,做好学风引导教育工作,树立优良学风标兵,为形成良好班风打下良好基础。

本月的时点性工作:学生返校报到注册工作;了解、掌握学生思想状况;结合上学期成绩进行班级学风教育;结合职业生涯规划进行深度谈话;加强班级建设;配合本科生党支部做好班级入党积极分子的教育工作;安全教育。

本月的节点性工作:开学后两周的考勤抽查。

1. 学生返校报到注册工作

此项工作的重点是摸清学生返校情况,做好学生报到注册统计表。对于注册率达到100%的班级要给予表扬,对于注册率不足100%的班级要查明原因,做出分析。对因病、因事或其他情况不能按时返校的,辅导员要等其返校后有针对性地进行谈话,借助深度访谈进行集体荣誉感教育。针对未注册同学适时叮嘱补注册时间。

例1.3.1 学期报到注册统计表

××××—××××学年第×学期报到注册统计情况表

班级	应注册人数	注册人数	到校人数	未到校人数	注册率	到校率
合计						

例1.3.2 学期报到未注册统计表

××××—××××学年第×学期未注册名单

班级	学号	姓名	性别	是否到校	是否注册	是否补注册	未注册原因	未注册去向

2. 了解、掌握学生的思想状况

辅导员可以通过深度访谈、寒假返乡座谈会等方式，及时掌握和了解学生的思想变化，帮助学生尽快适应新学期的学习生活。做这项工作时辅导员一定要用启发教育法挖掘学生思想深处的东西，让学生将所思所想尽情倾诉。

在进行深度谈话前辅导员要做足功课，例如要掌握谈话学生基本情况，包括谈话学生是否是贫困生、上学期的考试情况、上学期总体表现情况、寒假社会实践报告、职业生涯发展规划初稿的内容等，这样在谈话时才会使学生不感到陌生，从而拉近与学生的距离，产生好的谈话效果。

例1.3.3 深入了解掌握成绩排名末位学生的思想动态，及时有效地做好帮扶工作

某校大一学生第一学期学习成绩排名为班级倒数第四名，辅导员找他谈话，了解到他在报考学院及专业时没有报考目前就读的这个学院及专业，来到这个学院后状态一直没有调整过来，不知道自己的发展方向是什么，感觉前途迷茫，所以学习上没有动力。辅导员对他进行了苦口婆心的说教，但他说这些道理他都明白，也想好好学，但就是提不起精神来学。这次谈话后辅导员同其家长取得了联系，将这

个学生的情况同家长沟通,家长也很着急,说这次寒假回家也发现他的精神状态不好,家长问他怎么了,他说期末考试成绩不好,问他什么原因,他说没兴趣学,家长也不知怎么办了。家长说他在中学时不是这样的,不管是否是自己感兴趣的课都好好学,特别是英语很好。辅导员和家长进行分析,在中学时,他的目标很明确,就是想考取理想中的学校和专业,他明白不能偏科的道理,目标明确,原动力支持他完成了高考这个环节。现在理想中的学校是考上了,但不是理想中的专业,孩子心中没有了前进的目标,自然就没有了像高考时那样的原动力了。辅导员从职业规划的角度同家长分析,目前的关键是帮助他找到自己今后发展的方向,帮他确立目标。辅导员和家长针对该生的情况一起研究对策,统一思想以鼓励为主。

辅导员再次找这个学生谈话。辅导员就从英语作为谈话的切入点开始同他聊了起来,顺其思路帮他分析自身的优势所在,虽然期末考试总绩不好,但英语的成绩很好,加上本身的学习潜质学好大学的课程根本就不是问题,鼓励他从现在起振作起来,确立目标,对自己今后的发展进行合理的规划,现在出现对课程不感兴趣实际上是对自身发展目标不明确造成的,目标一旦明确人就会振作起来。这个学生非常感动,没想到辅导员对自己的了解比他自己还清楚,于是就跟辅导员敞开了心扉,将自己的困惑告诉辅导员,还谈到了自己想出国深造的愿望,不知自己目前这个成绩是否还可以申请出国。辅导员继续开导他说对自己一定要有信心,目前这个成绩只是暂时的,你从现在起振作起来,老师相信这个期末你会给大家一个惊喜的。谈话后这个同学的精神状态有了明显的变化,积极主动地进行学习,之后辅导员与家长配合,对其进行跟踪指导,从目标的确定到规划的制定、完善、实施以及期末考试环节都给予其监督指导,等到第二学期期末成绩出来后辅导员进行全班排名,这学期的考试该生考到全班中等,两个学期的总绩点排名也提升了5个名次。之后这个学生学习更加主动认真,在大二时抱着试试的态度参加了外企总公司组织的暑期实习生招募考试,结果考上了,从而获得了暑期去美国带薪实习的机会。家长非常感谢辅导员老师,称是辅导员挽救了他们的孩子。

［小结］从这个例子我们可以看到辅导员及时掌握学生的思想动态,对学生今后的发展至关重要。

在这个月召开寒假返乡座谈会前辅导员还应注意把握几个要点:辅导员可以根据学生关心的问题或当前热点问题事先拟出返乡座谈会的几个主题内容,引导大家根据这些内容进行讨论。辅导员要特别关注那些平时内向、在众人面前羞于开口讲话的同学,引导鼓励他们谈谈自己的寒假实践体会,提升他们与人交往、与人沟通的能力。作为当代的大学生，单纯的学习成绩已经远远不是衡量学生水平和能力的唯一标准。作为辅导员应尽全力、全方位地在培养学生的综合素质方面入手，多利用平时举办的各种主题班会、主题团日等机会，为同学们提供提升自己综合素质能力的平台，真正使学生成为一名德、智、体、美全面发展的合格人才。

3. 结合上学期成绩进行班级学风教育

学风是治学、读书、做人的风气，是一所大学的灵魂和气质，也是一所大学的立校之本。优良学风是激励学生奋发向上、努力成才的无形而强大的精神力量，是学校全面贯彻落实党的教育方针，提高育人质量的重要保证。良好的学风是办好合格本科生教育的关键所在，因此辅导员特别是大一辅导员要将学风建设作为班级工作的重点来抓。

开学后将班级学生各科成绩进行归整，做出班级成绩排名表、班级挂科情况统计表。

例 1.3.4　学期班级成绩排名表

××学院××学年第×学期班级成绩排名表

学号	姓名	通过率	平均学分绩点	排名	不及格门数	课程名称1	……	课程名称N

例 1.3.5　学期班级挂科统计表

××学院××学年第×学期挂科统计表

序号	班级	姓名	挂科门数	挂科名称	平均绩点	班级排名	备注

同本班班主任一起研究班级学习情况，针对班级成绩排名后五名学生及挂科学生情况协同班主任分别与他们谈话，帮其分析原因，制定改进和帮扶措施。这是大一第一学期成绩出来后辅导员协助班主任做的关键工作，这个关键工作点一定要把握住，这也是在班级中端正优良学风的一个时点性工作。此外还要在此阶段

注意建立与学生家长的沟通渠道,让家长加入到这个帮扶团队中,协助将帮扶计划顺利实施。

这个月中旬是一个关键节点,学生在这个时间点往往会出现迟到、旷课的现象,辅导员在此时要警惕学生惰学的情况发生,可采取对班级课堂出勤进行抽查的方式进行监督管理,做到发现问题及时解决,对于表现好的班级和学生要及时给予表扬,对迟到、旷课的学生要进行批评教育。可通过制定学院考勤请假相关制度加强对学风的正向引导,在学生中开展一些诚信教育和遵纪守法教育。

另外,还可以召开学风专题班会等形式进行班级学风建设,树立班级学风标兵,经验交流,倡导"一帮一助学",营造良好的学习氛围。在年级或全院范围内开展"学风先进班级""学习标兵"等荣誉称号的评比活动,通过推优、评优活动,提高学生学习的主动性和积极性。从过去多年的工作我们已经看到各类奖助学金、优秀学生干部、优秀团员、优秀团干部、优秀毕业生、双优班级等荣誉称号,已经成为激励学生勤奋进取、追求卓越的不竭动力。推优、评优活动,为学生的健康成长创造了公平、公正、公开的环境,对形成良好的学风起到积极作用。

开展学风教育与宣传活动要采取多形式多途径的方式进行,可以通过举办以学院为单位的优良学风表彰大会、学长学姐经验交流会,也可以采取以班级为单位的主题班会的形式进行,其目的都是教育、引导学生端正学习态度,让同学们学会自主性学习和有效学习的方法。辅导员要给同学们营造积极向上的学习氛围,引导他们养成求实、思辨的治学态度。

4. 结合职业生涯发展规划进行深度辅导

针对上学期期末留的职业生涯发展规划作业,可以约请有需求的学生,以其职业生涯发展规划为切入点进行在大学期间如何学会做人做事为重点的深度谈话,并根据谈话对其规划初稿进行修改调整的指导,做好档案记录。

辅导员自己可尝试将学院网站建立成以学生成长需求为导向、以个性化成长发展辅导为主要功能的大学生成长成才服务网站,结合90后学生的特点,在网络与虚拟空间为学生成长发展提供支持,增强思想政治教育工作的实效性。

5. 做好入党积极分子培养教育工作

通过上学期院二级党校的学习,许多同学达到了思想上的提高,积极向党组织靠拢,很多同学递交了入党申请书。针对这些入党积极分子作为辅导员要与党支部密切配合,对这些同学进行培养教育,让他们积极参加到班级组织的各项活动中,发挥入党积极分子的骨干带头作用,为基层党组织打下坚实堡垒的根基。

可以有针对性地找被列入培养计划的积极分子谈话,给出指导性意见,指出其需改进的地方。

6. 结合清明节出游时点,做好学生的安全教育工作

4月5日是清明节,根据我国规定有一天的假期,但往往是进行调假跟周末两天一起休息,也就是说一般高校放三天假,大多数学生特别是大一新生会利用这三天假期组团结对到公园、郊外踏青,所以每年的3月末是辅导员进行安全教育的节点,要教给学生自我保护,出现意外如何进行处理的技能,并做好假期出行登记表(参见大一第一学期【例1.9.7附件1】"放假期间学生出行情况登记表")和预案(参见大一第一学期【例1.9.8】"学生外出活动安全预案细则"及本学期2月的【例1.2.1】"假期突发事件一般处理工作预案流程图")。

例1.3.6 黑车的教训

时间:20××年4月清明三天小长假

清明节学校一般放假三天,同学们借着这个小长假的机会一起结伴去踏青郊游。辅导员老师在放假前将假期需注意的问题跟全班同学进行了说明,并教给同学们在意外情况发生时的处理方法,在外发生任何事情不要跟人家动手,第一时间要打110报警,并及时与老师取得联系。

放假第一天班里有8名同学(2名男生、6名女生)一起相约去登八达岭长城,其中该班班长一同前往。因假期踏青的人很多,学校附近又没有方便到达的公交车,所以几个人合伙打一辆黑车前往。几位同学找到一辆面包车跟司机谈好了前往的目的地及价格就上车了,车行驶了一段时间把他们拉到了一个地方司机说到了让他们下车,他们一看不是八达岭长城,而是居庸关长城,就跟司机说这不是他们要去的那个长城。他们同司机争执了起来,言语可能有些过激,其中一名女生被黑车司机打了一个嘴巴,同学们的情绪很激动,事态比较严重,这时那名班长立即进行调解,稳定同学们的情绪,阻止大家不能跟对方动手,马上拨打了110报警,并及时同辅导员老师取得了联系,将大致情况进行了汇报,辅导员老师听了汇报后让这名干部在警察到来前一定要让大家保护好自己,安抚好受伤同学的情绪,千万不可冲动跟对方动手。警察来了后先问清楚事情的经过,接着安排受伤的同学去医

院验伤,然后将双方当事人一起带到了派出所,对黑车司机进行了处罚。一天的郊游计划就这样彻底泡汤了,大家心情都很不好。

小长假结束后,辅导员老师及时召开班会,就这个事件让班级同学谈谈感受。首先这个事件的当事人做了自我检讨,不该随意打黑车。接下来辅导员老师详细深入地分析了这次事件的经过,并且教育学生们以后遇到类似紧急情况时的相应处理办法,结合此次典型事件进行了及时生动的案例教育。通过这件事使同学们清醒地认识到平时看似不重要,甚至略显繁琐的安全教育是何等重要,也深刻地意识到平时辅导员老师的谆谆教诲并不是纸上谈兵,而是会应用到在学习生活中可能遇到的紧急事件中。此次事件中,老师在平时进行的自我保护教育在遇到事情时可以说是真正有了用武之地。

[小结]通过这个案例我们看到辅导员老师在此类小长假前对学生进行安全教育和应急预案措施的准备是何等重要。

7. 月末工作小结(常规工作)

八、4月时点、节点工作内容　　转专业思想教育引导　心理排查深度辅导

本月的时点性工作:清明节后课堂出勤检查;转专业工作布置;春季心理异常高发期的排查工作;还有一项常态辅助性工作——职业生涯规划的修正指导,这项工作是辅导员同学生进行的一对一的指导,贯穿一个学期的始终,辅导员要根据班级学生的具体情况安排好每个月谈话的对象。

本月的节点性工作:清明节后课堂出勤检查;春季心理异常情况排查。

1. 整理上月班级情况向主管领导汇报

整理上个月的班级学生情况,与学院主管学生工作领导进行汇报沟通。

这是辅导员常规工作,按照惯例在这月初向自己主管领导汇报上个月工作情况,听取领导对自己工作的指示,修改自己下一步工作安排表。

2. 清明节过后第一天考勤统计

虽说是只有三天的休息时间,但对于大一学生来讲经过一个月的学习苦读是

一个放松身心的假期,大多数学生会在这三天里选择外出游玩、聚会,一般不会拿起书本念书。三天的假期游玩对于一部分自律意识淡薄的大一学生会产生没玩够的感觉,有些则会出现小长假过后厌学的情绪,部分学生甚至会出现假期过后头一天的逃课现象。作为辅导员,针对这些容易出现的问题,除了在小长假前对学生进行教育外,还要在小长假后对学生进行监督,做到及时发现问题,及时将问题解决在萌芽中,不要让这些"萌芽"发展成不良的行为习惯。

3. 转专业前期工作准备

转专业有些高校是在大一第二学期后期进行,有些高校是在大二进行,本书是按照大部分高校在大一第二学期开展这项工作来谈辅导员如何做好转专业工作。

针对大一新生转专业工作开始,作为班级辅导员要协助院教学科研办公室组织进行转专业工作说明会,对不够转专业标准但想转专业的学生做好思想稳定工作。具体流程如下:

(1) 会同院教学科研办公室老师召开转专业说明会,将学校有关转专业的政策以及具体转专业规则向全体同学公布,同时宣布申报日期。

(2) 收取班级转专业申报表,申报日期截止后进行汇总,统计本班转专业的具体数据资料。

(3) 资料汇总核查无问题后上报学院教学科研办公室。

(4) 密切关注转专业学生情况,发现问题及时沟通。

(5) 转专业名单公布后及时统计本班转出及滞留情况,做好没有转出学生的思想工作。

(6) 针对转专业具体情况看是否需要进行班委的调整及改选。

4. 心理排查

这个月辅导员的第二个时点工作是心理危机排查。班级辅导员要在大一第一学期工作的基础上进一步对班级学生进行排查,特别是对上学期排查出问题的学生予以高度关注。

春天是个美好的季节,但对于部分人来说,4、5月又是心理疾患高发季节。春季日照和气温变化比较大,容易影响人的情绪,加上气温转暖,代谢进入旺盛期,影响人体内环境和内分泌活动发生变化,较易引起人的情绪波动,生活中一些本来并不起眼的小事,遇上这个季节便可成为不稳定因素,是心理疾病发作的时间点。在这个季节易高发的精神病症有慢性疲劳综合症、抑郁症、精神分裂症。为了便于工作，辅导员要对这些症状的典型特点了解。

慢性疲劳综合症的典型症状：困乏，周身不适，情绪低落，压抑郁闷，生活乏味，食欲下降，失眠多梦，烦躁不安，爱发脾气，不想工作、学习等。

抑郁症的典型症状：抑郁是心理的"感冒"，是一种常见的情绪失调病症，表现为平日里比较沉默寡言，喜欢沉湎在自己的精神世界里，不愿与外人交往。当平时性格开朗的人长时间出现情绪低落时应当引起高度的重视。

精神分裂症的典型症状：突然的头痛、头晕、心烦、多梦或失眠；无缘无故发脾气，情绪易激怒，见人见物常不顺眼，遇小事纠缠不休，敏感多疑；孤僻，不与人交往，对亲友冷淡；话多，好诡辩，爱管闲事；生活懒散，不讲卫生；记忆力下降；出现幻听、幻视；工作能力下降，办事丢三落四，记忆力明显减退等。

春季容易发生这些心理疾病的原因有三方面：①气压比较低，人感觉比较压抑；②周围的物体在这个季节会发出一种次声波，影响人的内分泌系统，导致内分泌紊乱；③春天气候变化比较大，影响人的情绪发生波动。心理疾病的易发人群主要是生活比较单调或内向、心理素质比较低的人。

专家建议大家在春天应该多做户外活动，适当参加体育锻炼，多参加社会活动和朋友聚会等，以转移注意力。

作为辅导员要了解这些"症"的特点以及容易在春天发病的原因，以便及时发现问题。辅导员不是医生，不能治病，但可以观察、判断是否存在隐患，做到防患于未然。4、5月辅导员要将心理疾患排查作为重点，对于发现有隐患的学生要及时与校心理咨询中心老师联系寻求帮助。对于班级学生要建议大家注意适当调节自己的情绪，多到宿舍外活动活动，适当锻炼身体。

例 1.4.1 失恋情绪的心理干预

在4月间，某班举办班级联欢会。在联欢会期间，一个叫上官的同学从外面进来，端着一个蛋糕，走到一位女生的面前，执意给这个女生祝福生日，并在全班同学的面前，向这个女生表达喜爱之情。当时这个女生有些措手不及，面对突如其来的自己并不喜欢的男生的表白，做出了拒绝的表态。这个男生也没有想到会被他爱慕的女孩子拒绝。他放下生日蛋糕，夺门而出。后来，据我们了解，由于当时事情发生时辅导员老师没有在现场，之后也没有对此事进行疏导、调解，致使这个男生直到毕业，都处于一蹶不振的低迷状态。

这件事起因是：叫上官的男生和这位女生都是班干部，平时经常在一起为班里组织各种活动，在一起的时候俩人有说有笑，工作配合也很默契。慢慢地，这位男生就喜欢上了这个女生，并误以为女生也喜欢她。并且知道开联欢会的那天是那位女生的生日，他想给那位女生一个惊喜。结果事与愿违，有了开始的那一幕情景。

这样类似的事例在学生中还是比较多见的。如果辅导员不积极介入干涉，就会出现这位男生之后的状态。

[小结]大一下学期，大学生基本渡过了大学生活的适应期，同学之间也由陌生到熟悉，男女生之间也开始萌发了相互的爱慕。由于男女生性格和生理的差异，一般情况下男生会主动表白感情，女生通常受传统观念影响，会处于相对被动的接受或者拒绝状态。还有一种情况就是男女生之间经常会因为仅仅是同学之间的交流被误以为是对方的爱慕，从而产生错觉。此时作为班级辅导员要适时进行心理解压工作。

5. 职业生涯规划修正

职业生涯规划的有无及好坏直接影响到大学期间的学习生活质量，更直接影响到求职就业甚至未来生涯发展的成败，所以帮助学生修正其职业生涯规划文稿在职业生涯指导环节是非常重要的。辅导员在收取上学期期末留的撰写职业生涯规划的作业后，要按照学生的学号建立班级学生职业生涯发展档案，为每位学生做职业发展档案记录表，并做好该学生发展档案中的记录，这样既方便记录大学生在校期间职业生涯规划教育的全过程，又可以在学生毕业走入工作岗位后跟踪了解已毕业学生的职业发展信息。

例1.4.2 职业生涯发展档案记录表

职业生涯发展档案记录表

班级　　　　姓名　　　　　　　学号

性格特点	
职业发展方向	
具体指导记录	（含指导时间及内容）

辅导员在指导学生初步制定了职业生涯目标后,还要引导学生将计划付诸实施,如果仅仅停留在口头上、白纸上,那只能是一个摆设,只有在计划付诸实施后才能发现问题。职业生涯规划不是文字游戏,辅导员要在学生实施规划的过程中,鼓励他们不断加以修正、总结、完善。因为在大学学习期间,世界的变化和国家的发展都可能影响到职业生涯规划的制定和实施,已经制定的目标会出现不合理的地方,或者具体实施的内容不能适应社会发展的需要,等等,所以及时修正和调整是为了更好地实现制定的人生目标。辅导员要根据每个学生不同的职业规划目标和实施细则进行监督指导,也就是我们现阶段提出的个性化指导,根据同学们遇到的问题随时进行指正、调整。

例1.4.3 就业难背后隐含的内容

当前大学生就业难的问题已经成为社会的普遍现象,特别是在金融危机的严峻形势下,进入大学校园招聘的企业数量明显减少,大学生更是面临着空前的就业压力。

某高校××级学生周某、王某,在入学时都是没能进入自己报考的第一志愿的专业被调剂到就读的专业学习的。两人刚入学时都感觉茫然,开学不久班级辅导员组织了一场关于职业生涯规划的讲座,虽没有硬性要求大家必须来听,但因为是新生大家都很自觉地来到了教室听讲座,听讲座的学生有的非常认真而有些学生则是充当滥竽。讲座结束后辅导员老师建议同学们回去好好思考一下,对自己进行盘点、分析,好好规划一下自己的未来。

周某听讲座回来后没有进行深入的思考,但看到同宿舍的其他同学写规划,自己也就照着同学写的规划写了一份给老师交差了事了。日子一天一天过下来,她早已忘了当初自己写的规划是什么了,对于自己毕业后做什么脑子里没有一个成型的概念。后来,看到身边的同学都是忙忙碌碌的,她也开始着急,但又不知干什么好,所以只能是仿照同宿舍的人做。先是忙于考注册会计师、BEC剑桥商务英语、银行从业证等,后来又跟着同寝室的同学一起复习参加研究生考试和公务员考试,但每每到头来均是以失败告终。等到毕业找工作时,觉得眼前一片茫然,周边的同学一个一个都找到了理想的工作,她非常着急,频频面试,但眼高手低,一般的工作看不上,好的工作和单位人家也没看上她。最后只想找到一份能保证衣食住行赖以生存的工作,但往往面试这样的部门或单位时,由于自身的综合能力较低,到毕业时她也没有找到一份工作。

王某听讲座回来后,对自身进行了盘点分析,并从老师、学长那里对自己所在的学院及专业进行询问、了解,从而对自己目前就读的专业有了比较清晰的认知,也了解到社会对此专业人才的基本需求是什么,自己就读的专业虽然有发展势头,但目前还不被社会认可,要凭借自身的实力来获取别人的认可。了解到这些后她就根据自己的兴趣、爱好、性格等个体特征进行自我分析,初步构思自己的职业生涯规划,并经常同辅导员老师沟通,在辅导员的指导和帮助下,科学、合理地安排规划的实施。她通过制定长、短期目标,合理安排了大学生活,积极参加丰富多彩的社会实践和校园文化活动,既开阔了视野,也增强了素质。大二时,她评估和修正了自己职业规划,形成自己更明晰的职业发展规划,广泛阅读专业书籍,关注本专业在市场上的发展动态,主持和参与了国家大学生创新型实验项目和学校多项科研课题。大三时,她利用业余时间,走访和参观了多家企事业单位、管理公司等,并在假期参加了奥运会的志愿服务工作,随后到一家产业公司实习。大三的第二学期,她认真准备求职简历,并增强自己的面试技巧,及时了解当年就业形势及相关政策,最终通过层层选拔和面试,以优异成绩进入自己理想中的单位工作。正所谓"种瓜得瓜,种豆得豆",没有前面精心的职业规划和辛勤的付出,自然不会结出胜利的果实。

　　[小结]从上面的例子中可以看出,王某较早地确立了自己的职业发展目标,特别是能够在老师的指导和帮助下,正确认识自己,及时调整职业规划,并切实、有利地贯彻、执行了自己的规划,因此取得了成功。学生自己重视固然重要,但大多数学生没有这个意识,需要我们辅导员监督辅助其实施规划,从而让更多的学生实现自己的人生目标。

6. 月末工作小结(常规工作)

九、5月时点、节点工作内容　　学风检查关注学生心理健康

　　5月是一个学期的中期阶段,对于大一学生而言易出现学习倦怠感、课堂出勤不足、宿舍卫生变差等情况会发生。作为辅导员此月要对学生进行全方位的监督指导。这个月转专业的学生已基本确定,会出现部分没有转成功的学生继续留在本班学习生活,这部分学生的思想稳定工作至关重要,稍有疏忽就会诱发许多问题。所以作为辅导员要对这些没有转成的学生进行谈话,帮其解脱烦恼,防止弃学

厌学本专业的现象发生。

本月的时点性工作:转专业学生思想稳定工作;期中学风督查;心理危机干预。

本月的节点性工作:课堂出勤检查;宿舍卫生情况抽查。

1. 整理上月班级情况向主管领导汇报

整理上个月的班级学生情况,与学院主管学生工作领导进行汇报沟通(同上月);

2. 做好转专业没有转成学生的思想稳定工作

到这个月初,转专业基本已尘埃落定,班级里一般会有没有转成的学生,他们将继续留在本班继续学习,这些学生或多或少地会出现沮丧情绪,辅导员可以从职业生涯规划的角度开导学生,不要因一次的不顺就气馁。从另一个方面看这也许是好事,所谓没有压力就没有动力,转专业没成造成了心理上的挫败感,但我们可以此为动力更加认真地规划自己。现在我们的大学教育是大众化的教育,强调的是重素质宽基础,是把以人为本、人的全面发展作为高等教育活动的最高目标,作为大学生要培养自己良好的适应能力和开拓精神,只要目标明确按照计划去实施,自己各方面素质都具备了,前途自然就光明了。

3. 配合学院进行期中学风督查,督促学生端正学习态度

班级辅导员要积极加强学风的教育引导,帮助学生明确学习目标,端正学习态度,严谨学习作风,掌握科学的学习方法,严明学习纪律,改变学生不良的学习、生活行为习惯,提高课堂教学效果和课外学术活动的质量,提高学生的文明素质和人格品质。

要与班主任一起协同作战,对学生的学习习惯进行监督,如抽查上课考勤、班主任每周深入班级听课等,对学生在课堂上的学习行为与学习纪律进行监督和检查,同时可以加强教师间在教学上的相互交流,推动优良教风的树立和传播,形成良性循环。另外可以建立院领导抽听课制度,学院领导班子深入学生课堂实际,做到经常性了解学生的课堂学习行为和学习效果,及时提出相应的整改方案,真正将树立优良学风、院风工作落在实处。

例1.5.1 学生上课情况统计表

××学院××学年第×学期×班学生上课情况统计

班级		上课时间	
课程名称		缺勤人数	
上课学生签名			
缺勤学生名单			

4. 缓解心理危机，及早进行心理干预

按照惯例，每年的5月是各高校集中开展活动的月份，班级辅导员要利用这个机会组织班级学生参加，这也是缓解心理危机、释放压力的好办法。

对于各类心理异常情况各院应做好预案，按照以学生为本、及时控制、协调配合、系统联动、保障权益、维护稳定的原则开展预案工作。学院应成立处置学生心理危机事件指挥组（以下简称指挥组），负责处置学生心理危机事件及其后续工作。指挥组负责统一决策、组织和指挥学院学生心理危机事件的应急响应行动；决定信息报送及请求上级部门指示、援助等事项；研究对外公布、公开的口径及发布时间、方式；制定心理危机事件关联人及群体的心理救助与个体、团体心理辅导方案等。

按事件严重程度，一般将心理危机事件分为三个等级：一级即早期发现并需干预可能存在心理问题或心理压力过大学生的事件；二级即发现并需及时干预有严重心理问题或有自杀倾向和危险的学生的事件；三级即有自杀或他杀等恶性情况出现的事件。

一级的干预对象一般为新生心理普查和心理问题高危排查中发现的心理问题和心理压力过大的学生，如：家庭发生重大变故、失恋、受到自然或社会意外刺激的学生等。学生所在班级辅导员、班主任、任课教师、学生骨干或学生宿舍管理人员等发现心理异常的学生，需及时告知学校心理咨询中心，对心理异常的学生辅导员需全面了解其状况，迅速确定问题的严重程度，将情况及时反馈学校心理咨询中心，并做好相关记录，然后在校心理咨询中心的指导下开展相应干预工作。

二级的干预对象是严重心理障碍的学生，如发现符合精神疾病诊断标准的抑

郁症、精神分裂症、网络成瘾、有明显的自杀征兆等,但并未实施自杀行为的学生。学生所在班级辅导员、班主任、任课教师、学生骨干或学生宿舍管理人员发现严重心理障碍的学生,需及时告知所在单位负责人及学校心理咨询中心,待学校心理咨询中心明确情况后,共同研讨干预方案,并通知学生家长及做好相关监护工作。家人未到达学校之前,一般情况下,看护工作由学生所在学院负责。出现下列特殊情况时,看护工作由保卫处和学生所在学院共同负责:患病学生转诊前可能出现自伤、自杀、伤人行为或极度躁动,不宜继续在原宿舍住宿,需另找住宿地点单独住宿,由保卫处和学生所在学院组织人员对患病学生进行24小时特殊看护,并采取措施使学生远离有危险性的药物、自杀工具或危险地点。若短时间内难以与学生家人取得联系,而学生的心理问题已严重危及到自身或他人生命安全,可联系999紧急救援中心送学生到医院就诊;同时,通过长途电话、特快专递等方式与家人取得联系。

三级的干预对象是发生自杀或他杀等恶性事件的学生。学生所在班级辅导员、班主任、任课教师、学生骨干或学生宿舍管理人员发现此类事件,需在第一时间及时报告所在单位负责人及学校主管部门,并按照相关程序进行处理。

与之相对应的是学校心理咨询中心需对与学生密切接触的学生和老师开展辅导工作,帮助学生和老师正确认识学生的心理问题,缓解紧张情绪,消除歧视心理。

例1.5.2 心理干预愈早愈好

小明是某高校在读学生。在大一第一学期时跟宿舍同学关系处得不是很好,经常发生口舌之争,慢慢演变成同宿舍同学关系紧张,给班级同学留下了性格怪异、不合群的表征。在大一第一学期同宿舍同学碍于面子没有跟辅导员老师说,以致辅导员老师没能及时发现。到了大一第二学期,辅导员老师发现小明上课经常迟到,而且神情萎靡,上学期成绩也不是很好。发现了这个情况后,辅导员老师及时找到班长了解情况,班长大致将上述情况跟辅导员老师进行了汇报。辅导员老师找到小明跟他进行了单独谈话,从谈话中辅导员了解到小明家庭关系不是很好,特别是对他的妈妈抱有成见,感觉不到家庭温暖。在谈话过程中小明一度情绪激动,话中带出不想再学习的念头,感到目前这种生活没有意思,一切都是他妈妈安排,不是他自己的想法,这样下去根本实现不了他自己的理想。辅导员了解到小明喜欢下棋,他只想一辈子当个棋手或当教练。辅导员也同其妈妈进行了电话沟通,得知她妈妈觉得如果小明一辈子光下棋是没出路的,还是想让孩子务实些,想让他的儿子像其他孩子一样有个"正当"职业。了解到这些情况,辅导员老师感觉母子双方都存在问题,首先要做好家长的工作,这样才能慢慢帮小明从上述状态中"解脱"出来。于是辅导员老师耐心地跟其母亲进行心与心的沟通,让他的妈妈不要下命令式地让小明实现这实现那,要多跟孩子交流,了解孩子内心深处到底在想什么,应多从生活上关心小明,让小明从心里体验到家的温暖。找到母子间存在的隔阂,辅导员老师对其母子做了大量的思想沟通,并经常找小明为学院做事,从做事中让小明感到老师非常"器重"自己,从而将老师视为知己,心中有什么想不通、想不明白的都愿意跟老师说说,性格也逐渐变得开朗了。在这个过程中,辅导员老师也跟小明探讨如何实现个人理想的问题,逐渐使小明懂得什么是职业、什么是爱好,理想和现实的差别等。慢慢地小明懂得了实现理想和学习不是矛盾体,自己目前在校学习是为了以后能更好、更顺利地实现人生目标。他的妈妈也经常关心小明,从这以后小明心情变得舒畅了,同学们也反映小明现在喜欢跟同学们一起聊天、活动了,宿舍关系变得和谐了。到第二学期末小明的期末考试成绩大幅提高。

[小结]从上面这个例子中我们看到由于辅导员老师及时发现小明的心理问题,并找到问题症结所在,做出了及时的干预治疗,致使小明的情况没有进一步发展,说明早期心理干预工作的重要性。

5. 月末工作小结(常规工作)

十、6月时点、节点工作内容　　考风考纪暑期社会实践班团委工作总结

6月是考试诚信教育的关键月,辅导员要针对上学期期末考试中出现的问题进行考风考纪诚信教育,对上学期违反考试纪律的学生要进行个别谈话。

本月的时点性工作: 暑期社会实践工作布置,考风考纪教育,班级工作总结。

本月的节点性工作: 了解考前个别学生的复习状态,将作弊思想遏制在萌芽中。

1. 整理上月班级情况向主管领导汇报

整理上个月的班级学生情况,与学院主管学生工作领导进行汇报沟通。

2. 协助院团总支做好推优入党的推选工作

这个月初各高校基本开始进行推优入党工作了，这项工作大一学生入学后第一次遇到，各学院团总支会在这项工作开展前对大一学生进行讲解说明，作为辅导员要做的工作是协助院团总支把自己班级的推优工作做好。

例1.6.1　推优基本程序（参考）

（1）让班级学生明确有关"推优入党"的条件：

递交《入党申请书》的时间超过半年；

思想政治上与党中央保持一致；

遵守校规校纪，成绩优良，关心集体，帮助他人，在各方面起到先锋模范作用。

（2）"推优入党"步骤：

领取推优表；

召开团员大会，班团支部委员会介绍申请入党团员情况，团员经过充分讨论，进行民主评议，产生推优的建议名单并提交上级团组织；

各团总支和同级党组织就推优建议名单进行充分酝酿、讨论，认真考察被推优同学的全面情况，确定被推优同学的候选名单；

召开二级团组织扩大会议，对推优建议名单进一步讨论，确定被推优对象名单；

在本单位范围内对推优对象名单进行公示，公示期一般不得少于3天；

经公示无异议的推优对象填写推优表格并由所在团支部审核，撰写本支部《推优决议书》，上报上一级团组织；

上一级团组织审核填写意见后按规定时间上报校团委。

（3）"推优入党"工作要求：

各基层团组织要保持和同级党组织的沟通顺畅，保证"推优入党"工作在同级党组织领导下进行；

各基层团组织要认真组织落实，严把"推优"质量关；

各基层团组织在推优工作中要切实做到"公开、公正、公平"。

3. 鼓励、引导学生开展暑期实习实践活动

暑期社会实践非常重要，这项工作对大一学生也是第一次，辅导员要配合院团

总支布置此项工作,要向同学们阐明暑期社会实践的意义,要使同学们懂得参加社会实践活动是培养自身创新精神和实践能力的重要途径,有助于自身心理的健康成长和自我价值的实现,有助于广大学生进一步构建真实的自我认识,有利于缩短"理想中的自我"与"现实中的自我"的差距,最重要的是有助于培养大学生的社会责任意识。要让同学们懂得参加社会实践是推进其职业生涯发展的必经之路。要让同学们懂得大学生活不仅仅是一个学习专业知识的过程,而且还是同学们自己的价值观、人生观形成的过程。在他们从不成熟走向成熟的过程中,会学到如何做人、如何做事,如何让自己在群体里健康的成长,逐步成为对人类和国家有用的人才。要让同学们知道作为在大学期间培养锻炼自己的重要途径之一——社会实践,将提供给每个学生了解国情、接触社会、增强自己对社会的责任感和对未来的使命感的一个机会,并且是将所学专业理论知识和现实社会的复杂情况很好结合起来的一种形式,要让每位同学都重视这次的实践机会。

例1.6.2 参加实践的感悟

一位同学在他的实践报告中写到:"参加了今年的暑期社会调研活动,让我磨炼了品格。以前在与人交流时总不敢开口说话,这次活动,我结识了很多新朋友,他们给我提出了很多有益的建议,我的性格变得开朗多了,也敢发表自己的看法了。同时,还发现了自己的长处和弱点。学校为我们创造了这个舞台真的不错,感觉真正接触到了社会,了解了国情。深深感到责任重大,任重道远。在这里我们真正地锻炼了自己,为以后踏入社会有了一个良好的铺垫,以后如果有机会我会更加积极地参加这样的活动。"

"我真的很受激动,这是我长大以后第一次到农村去参加社会实践活动,在我面前一切都是那么新鲜,农民朋友没有把我们当陌生人,他们热情地和我们谈他们对幸福生活的感受。虽然他们的生活还不富裕,但他们的脸上带着充满希望的微笑。我被他们的朴实和热情深深感动了。同时,我也发现,农村的医疗条件还很落后,文化生活还很贫乏。从他们的话语里和目光中流露出对进一步发展当地经济的迫切希望,我觉得作为大学生我们有义务帮助他们做些什么。这次社会实践给我震动很大,不是'收获'两个字能概括的,如果有机会,我还会再来。"

这是一位大二的同学在回到学校后在总结中写到的。类似的感受还很多,希望同学们都能在每次的社会实践中在思想上得到升华,在知识上得到补充。

辅导员老师要指导班级同学在参加社会实践之前把准备工作做好。针对大一学生来讲准备工作主要是思想上的准备。我们很多社会实践是在边远地区的基层和乡镇农村进行的,生活条件不如大城市;要接触各个行业的各方面人士,可能会遇到意想不到的困难。这些都需要我们的同学做好思想准备。要把社会实践当作锻炼自己身体和心理素质的绝佳机会。另外我们每个同学在参加社会实践时要注意,我们出门在外不仅仅代表的是自己,无论你到任何地方、任何单位,你都代表的是你的母校,所以每位同学都要时刻注意自己的形象。

辅导员老师还要告知同学们在暑期社会实践结束后,写出一份记录你对生活体验的感悟和工作能力的评价的实践报告。在写社会实践报告时,告诉大家要注意以下几个方面:首先必须保证报告的真实性。真实性就是尊重客观事实,以事实为依据。这就要求学生在写作实践报告时一定要带着认真严谨、求真务实的科学态度去创作,这样才能写出真实可靠、有指导价值的报告来。还要注意要有针对性地写作,其内容中心要突出,明确提出要说明的问题,事实材料要围绕问题展开,并指出问题的症结所在。在事实材料的选取过程中,注意所采用的事实材料要具有代表性,以及所反映的问题带有一定的普遍性,而且要抓住事物的实质点和主要方面展开论述。

4. 期末考试诚信教育,端正学风考风

让学生养成良好的行为习惯,大一是关键,特别是大一两个学期期末考试环节的教育尤为重要。作为班级辅导员要对班级学生进行诚信教育,抓考风建设,严格考试纪律。除带领大家学习学校有关考试规定和要求外,每逢期中、期末考试前,辅导员、班主任再分别召开班会,强调考试纪律,做到警钟长鸣。

同时针对个别学生因一念之差,造成违反校纪校规后果,除按有关规定依法处理外,还要告知家长,形成合力,共同帮助学生正确认识错误,帮助他们走出阴影,重新树立进步的信心和勇气。同时,对学院其他学生进行警示教育,配合学院完善班级的学生管理制度,规范学生考勤、考评和请假制度,组织全班学生学习有关学生的规章管理制度,特别是学习有关处分的规章细则,要求学生严格要求自己,严格遵守校规校纪,在学生中将遵纪守法的观念转化为一种内在意识。

例1.6.3 严肃考风考纪班会流程(参考)

辅导员组织召开并主持考风考纪班会。

基本班会流程如下:

(1) 指出近年的学生考试违纪现象；
(2) 带领班级学生学习学校有关考试违纪的处罚规定；
(3) 引导大家讨论关于消除作弊现象的措施；
(4) 引导大家就此次班会对本班同学提出要求；
(5) 辅导员对此次班会进行总结。

5. 召开期末班委会成员述职总结会

一个学年的班级工作就要结束了，在本月下旬辅导员要召集班委会成员对班级工作进行总结。这么做一是对班级一学年工作有个交代，二是帮助班委会成员养成做事善始善终的好习惯，从而带动班级同学学会如何做事，这种做事能力是大学生毕业后走向工作岗位必备的条件。

6. 月末工作小结（常规工作）

十一、7月时点、节点工作内容　　暑期安全教育期末考试

这个月是这个学期的最后一个月，也是大一学年的最后一个月，在这个月学生基本已结束课堂学习而转入复习考试了，同学们在这一年里的学习情况如何也会在这个月有分晓。作为班级辅导员要在这个月协同班主任关注班级学生复习情况，及时给予学生关怀和帮助。

本月的时点性工作：假期安全教育；期末考试巡考；大一全年工作盘点总结。

本月的节点性工作：加强对学生考试的巡视；暑期安全预案准备。

1. 假期安全教育

统计学生假期去向、留离校名单，帮助他们计划自己的假期生活、合理安排学习生活。大一生活即将结束，同学们马上就要开始暑期生活了，这是同学们来到大学后的第二个长假，但这个假期和第一个长假寒假相比有所不同。寒假由于是春节含在其中，大多数同学都是回家过春节去了，基本谈不上进行实习实践；而暑假的这个长假假期没有法定的节假日在内，学生自己掌控的时间长达一个多月，如何有效地管理时间，如何管理好自己，将这个长假过得有意义，就要求我们辅导员对

其进行前期的指导教育了。暑期社会实践的环节在6月已经动员布置了,这个月辅导员对长假教育的重点内容应放在假期的安全教育上,辅导员要做好暑假留离校统计及暑期活动安排记录,要适时地对班级学生的暑期实践给予必要的帮助和指导,并做好假期突发事件预案准备(参见【例1.2.1】"突发事件预案工作流程")。

2. 杜绝作弊行为的发生

期末考试期间,要巡考到学生的各个考场,杜绝作弊行为的发生。

3. 月末工作小结(常规工作)

4. 全学年工作小结汇集

将每月月末工作小结表进行汇总,全学年的工作就汇集齐了,你一学年所做的工作一目了然,从中很容易做出全年总结,找出不足,以便在下一年度里加以改进。

至此大一期间辅导员工作结束。

第二章 大学二年级

　　大二是大学生开始确立大学目标的关键时期,在四年大学生活中处于选择阶段。经过一年的学习,大二学生基本上适应了大学的学习、生活、工作,并开始确立自己的学习目标。对于绝大部分大学生而言,这是他们人生中第一次开始选择自己的发展道路。大学生的选择目标主要包括工作、考研、出国三种方式。这一时期辅导员的主要工作是教育引导学生根据自身的实际情况选择适合自己的发展目标,并开始为实现自己的目标和理想做好各项基础性工作。在学习方面,经过一年的学习,有的学生会因为学习动力、学习基础或学习方法等原因导致学习成绩较差,辅导员要针对性地开展帮助学习后进生的工作,帮助他们树立自信心;在工作方面,大二学生也开始逐渐理清个人的兴趣、爱好、特长,开始选择性地放弃一些社团工作或者强化自己某方面的工作能力,辅导员要根据学生的特点帮助他们认识自我,教育引导学生有意识地强化优点优势,形成个人独特的品质和能力;在生活方面,少数学生还没有完全适应大学生活,特别是如何处理人际关系、如何管理时间等,辅导员需要耐心做好细致的教育引导工作,通过朋辈辅导等多种方式帮助他们。

　　目标是我们行动的出发点和归宿,对目标的追求使人精神上有寄托,行动有动力。选择不同的目标,为之奋斗的方式和内容也随之不同。大二是大学生人生选择的关键时期,辅导员在这一阶段要教育引导学生加强社会主义核心价值观的学习,认真做好选择,确定自己大学目标,并开始朝自己选择的目标前行。

　　大二一学年辅导员的工作时段为每年8月至次年7月,以下是从宏观角度上对大二阶段辅导员工作重点的梳理:

月份	时点和节点内容
8月	对学生大一时的状况进行总结和评估;分析期末考试成绩,关注考试有不及格现象的学生情况;了解学生暑期社会实践情况;制定新学年计划
9月	利用班会、返乡座谈会,引导学生规划大二的学习和生活;做好班团干部换届选举工作,帮助担任社团、班团干部的学生协调好工作与学习间的关系;了解考试不理想的学生情况,对症下药,做好深度辅导

(续)

月份	时点和节点内容
10月	做好大二学年第一批团员推优工作；开展各项奖学金评定工作；召开暑期社会实践总结会；开始各项学生秋季文艺活动季的筹备工作
11月	开展各类创新竞赛活动；通过"朋辈互助"、团体辅导、深度辅导等形式关注学生心理健康，提高团队协作能力和抗挫折能力
12月	根据大二阶段的学生特点开展考风、诚信教育；结合本学期的状况有针对性地进行深度辅导，并进行年终总结与表彰；"12·4"法制宣传日开展法制宣传教育活动
1月	关心学生考试期间的身心健康；布置寒假社会实践，假期安全教育
2月	关注寒假留校学生，做好春节慰问工作；注意学生假期安全
3月	关注学生寒假返校后的思想动态和学习情况，抓好学风建设；关注期末考试不理想的学生情况；制定本学期工作计划
4月	依托各类学生组织、学生社团，开展丰富多彩的主题教育活动；加强对学生的教育，提高学生综合素质；继续开展学生深度辅导工作；开展网络思政教育
5月	通过个别辅导和团体辅导相结合的方法，对学生进行心理健康教育和职业规划教育指导
6月	充分利用班会、高低年级学生交流等方式做好专业教育引导；做好期末复习、考试动员工作
7月	进行假期安全教育、暑期社会实践活动工作布置

一、8月时点、节点工作内容　　大一状况总结评估　制定新学期计划

大一的暑假是学生们自我沉淀的一个重要时期，他们会回顾这一年来的方方面面，对大学有更深的认识。但事实上，此时的他们正处于"似懂非懂"的时期——似乎已经感觉到大学是个什么样子，但又无法确定到底应该选择怎样的方向和路径。因此，对于辅导员来说，在大二开始之前全面了解所带班级学生的状况尤为重要。

本月的时点性工作：对学生大一时的总体状况进行总结和评估；对上学期期末考试成绩进行分析，关注"挂科"学生的状况；了解学生暑期社会实践情况；制定新学年计划，筹备迎新。

本月的节点性工作：本月学生尚未回校，辅导员要在总结、回顾过去一年大一

新生各方面情况的基础上,制定新学年计划。

1. 大一总体状况总结与评估

为便于新学期工作的开展,此时应对上一学年大一学生的情况做个全面总结,要覆盖思想、学习、生活等方方面面,评估他们在大一一年里的融入及适应情况,了解他们的需求。

为帮助新生适应大学生活,我们对大一学生开展了"朋辈互助"项目。所谓"朋辈互助",就是由同年龄者或年龄相当者、有类似的生活经验和价值观的学生自愿参与,由心理咨询专家或教师指导,在心理学理论指导下,采用心理咨询的方法,结合自己的生活经验去影响和帮助他人,解决其心理困扰,并与其共同成长的具有心理咨询功能的活动过程。它具有两个特性:①成员之间拥有共同的生活场景;②成员彼此之间存在强大的互动性。

"朋辈互助"项目的志愿者从大二学生及以上年级的学生中选拔,组织他们与大一新生一一结对,一名学长对一名大一新生的学习和生活进行指导,使刚刚入学的学生快速适应大学生活,在彼此进行交流的过程中增进他们人际交往的能力。

对这些志愿者来说,他们可以将所学的理论与实践相联系,培养对所学知识运用的能力,同时体会帮助他人的快乐。"我携手带你走过我曾经走过的岁月"。今天我被他人帮助,明天我也要帮助别人,这种良性循环使得"朋辈互助"项目充满活力地继续下去,对大一新生的融入与适应起到了积极的作用,也有助于大二学生综合能力的提升。

"朋辈互助"项目一般在每年4月开始启动。招募志愿者、志愿者培训、结对等前期准备均在每年8月前完成。同时,上一批志愿者将在8月提交上一期的项目总结调研报告,报告内容包括本期"朋辈互助"项目开展情况总结、项目实施效果调查问卷、对志愿者报告的定性分析等部分。此报告也是大一学生状况总结最好的来源。

例2.8.1 "朋辈互助"调研报告之效果调查问卷部分数据

(一)问卷基本情况概述

……

本问卷结构由"基本情况部分""互动情况部分"和"项目评价部分"三部分组成,以选择题为主,内容涉及互动频率、互动方式、收获、项目评价和满意度等变量。

本次调查发放问卷93份,回收75份,有效回收72份,其中男生22份、女生50份,有效回收率77.4%,能较好地反映一年来"朋辈互助"项目的实施效果及××

级同学对本项目的评价情况。

本次问卷分析采用专业统计分析软件 Stata 进行录入和统计分析工作。

(二) 统计分析结果(部分)

2.1 互动基本情况部分

……

2.1.4 项目实施效果分析

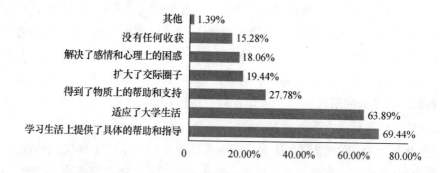

从上表可以看出,大一同学在本期"朋辈互助"中的收获主要集中在:对其学习和生活上提供了具体的帮助和指导、适应了大学生活并得到了物质上的帮助和支持。

这说明,"朋辈互助"项目在帮助大一同学适应新的大学环境、解决他们遇到的学习生活问题上具有明显的效果。

2.2 项目评价部分

……

2.2.2 对"朋辈互助"工作的满意度

(单位:%)

		非常不满意	不满意	一般	满意	非常满意
你对与你结对的"朋辈互助"志愿者是否满意		0	2.94	14.71	45.59	36.76
你对"朋辈互助"项目小组的工作是否满意		0	1.47	16.18	63.24	19.12
你对"朋辈互助"项目在一年中开展的集体活动是否满意	校园定向越野	1.47	1.47	16.18	48.53	32.35
	集体出游(颐和园)	1.52	1.52	43.94	39.39	13.64
	趣味运动会	1.56	3.13	45.31	39.06	10.94
总体而言,你对"朋辈互助"项目是否满意		0	1.54	12.31	63.08	23.08

从上表中可以看出,大一同学对本期"朋辈互助"活动总体上持满意态度,说明本期"朋辈互助"活动取得了较好的效果,活动目的基本实现。

[小结]从上面的报告可以清晰地看到大一学生一年来在思想状况、生活习惯、性格特长等方面呈现的状况;也能从中分析出他们的需求,便于下一步开展工作。

2. 对期末考试成绩做出分析

了解学生考试成绩情况,是否有不及格学生、每科目不及格学生门次等,并进行横向、纵向的对比,找出问题症结所在,与任课教师、班主任沟通,有针对性地对这些学生开展帮扶工作,利用微信等新媒体渠道辅导学生,鼓励学生勤学求真。

例2.8.2 学生考试成绩摸排表

××××—××××学年第×学期学生考试成绩摸排表

班级	姓名	学号	科目1	科目2	科目3	…	平均分	平均绩点	班级名次	不及格科目数

例2.8.3 班级科目成绩分析

××××—××××学年第×学期班级科目成绩分析表

科目	60分以下人数	60分—69分人数	70分—79分人数	80分—89分人数	90分—99分人数	满分人数	不及格率	优良率	备注
科目1									
科目2									
科目3									
…									

3. 了解学生暑期社会实践活动

为了帮助学生更好地准确把握自身特长与兴趣所在,我们会在学生参加完暑期社会实践之后,通过对学生在暑期实践过程中完成的调研报告、团队活动总结、每位同学的实践感言以及实践活动照片或视频等材料,来全方位掌握学生在暑期的社会实践情况。例如通过对调研报告是否按照学术规范撰写的摸查,了解学生的学术能力水平;通过团队活动总结了解学生实践活动的行程、活动开展情况、团队收获和社会效益等情况,从而帮助我们获知学生在整个实践活动开展过程中的实际情况和遇到的难题;实践感言可以真实记录学生在实践过程中的所见所感,便于我们准确掌握学生是否有学术方面的兴趣和热情;而实践活动照片和视频的呈现,则能真实地反映学生在实践过程中与当地实践调查对象的互动情况。

4. 开展"朋辈互助"结对工作,对志愿者进行专业培训

在大二这一年,大一时被帮助的人要成为去帮助别人的人——"我携手带你走过我曾经走过的岁月",这是我们对学生的一种情感教育,也是"朋辈互助"项目的另一层意义——不仅仅是得到,也要给予。辅导员要配合学生工作办公室做好志愿者招募和与新生结对的工作。通常情况下采取同性别随机配对的方式。

结对后,要根据学生工作办公室的要求对所负责班级的志愿者进行培训,具体培训内容可参见下面这个例子。

例2.8.4 第×期"朋辈互助"志愿者培训内容

时间	地点	主讲人	形式	内容
8:30-9:20	公共教室	××	项目简介、志愿者	介绍项目的一些具体情况、运作方式、考核机制,发放一些材料,使志愿者了解整个项目的相关背景知识和运作情况,介绍志愿者的基本工作原则
9:30-10:30		××	大学生心理发展状况	介绍当今大学生(尤其是大学新生)的身心发展状况,让志愿者们了解他们面临的是怎样的服务对象,这些对象都有哪些特点,他们最需要帮助的是什么地方等。课后可以提问和交流

（续）

时　间	地点	主讲人	形式	内　　容
10:45－11:45	公共教室	××	志愿者工作方法	以专业社会工作者的视角讲述如何面对服务对象,如何解决他们的问题,以及在志愿服务的过程中,如何调整心态及角色扮演的问题。课后可以提问和交流
14:00－15:00		上一期项目优秀志愿者	经验交流	交流在上一期"朋辈互助"中的经验或教训,或是以社会工作的理论和知识作为依托,从同龄人的角度谈一些理解或给本期的志愿者一些建议
15:10－16:10		全体志愿者	集体讨论	总结和新同学一个星期接触的感受和收获,然后大家畅所欲言,一起讨论培训的感受,以及今后在志愿服务中的打算,共同研究一些服务方案等

5. 制定新学年工作计划

新学年工作即将开始,大二辅导员要根据大二学生的特点以及针对大二学生要做哪些工作先期进行筹划,要根据时点、节点按时间顺序做出安排表以及预算经费开支等。

例2.8.5　工作计划及预算

（上 学 期）

		9 月			
项数	活动时间	活动内容	活动组织	预算/元	备注

小计：　　元

6. 月末工作小结

二、9月时点、节点工作内容　　思想引导　换届选举

新学期伊始,大二学生处于各方面的调整时期,辅导员要结合上个月的分析总结报告,尽快将学生从放假状态中转回学习状态中来,要有的放矢地引导学生规划好大二一年的学习和生活,有针对性地开展深度辅导。辅导员还可以学校的返乡座谈会为契机,对不同的学生开展个性化的教育引导。

本月的时点性工作:利用班会、返乡座谈会,引导学生规划大二的学习和生活;做好班团干部换届选举工作,帮助担任社团干部、班团干部的学生协调好工作与学习间的关系;了解考试不理想的学生情况,对症下药,做好深度辅导。

本月的节点性工作:结合大一的分析报告,引导学生规划未来。

1. 召集新学年第一次班会,选举新一届班团干部

对上学期全班同学的成绩做一个总体分析。通报学生成绩的整体情况,并在班会上公布。帮助学生了解自己的排名情况,督促和鼓励其在大二期间进一步提升学习能力。

根据上一学年的总体状况协助学生做好大二期间的个人规划,提升个人价值,感受专业魅力。

新班团干部的选举应在自我推荐、宿舍推荐、班级推荐的基础上,秉承"平等"的原则,鼓励乐于奉献的同学参选,开展民主选举。要做好干部换届后两项工作:①安慰落选的学生,让其认识到不能因此而否定自己,要在不断的学习中证明自己,比如说:"当年老师也跟你一样,但后来我用我的才华赢得了同学们的了解和尊重,老师知道你也是多才多艺的人,所以我相信你也能行,并会做得比老师还棒,对吗?"通过类似的话语,使其正确面对此次落选;②新一届班团干部(包括社团干部)谈话工作,主要从工作思路、工作方法及处理工作和学习方面进行辅导,培养干部的敬业精神,树立良好的班干部形象,以身作则,做好本职工作,善于总结,提高业务水平和干部形象,积极和班主任、辅导员联系,主动争取班主任的支持和领导;此外,要合理分配工作和学习时间,在不耽误学习的同时,把班级和社团工作做好。

2. 以"学生返乡座谈会"为契机,进一步引导学生树立正确的"三观"

在学生返乡座谈会中,同学们结合返乡的所见、所闻、所感,交流家乡建设情况,关注祖国之富强,培养社会关怀,激发继承社会主义事业的热情。同时结合对国内外形势的关注和认识,对当前国内外热点问题进行讨论,对学校建设和发展提出意见和建议,同时可以深入了解返校学生的思想动态。

一般来讲,学生返乡座谈会的形式比较简单,开场时由主持人提出一些热点问题,学生有针对性地自由发言,最后由主持人做总结。座谈会结束后,一定要认真整理会议记录,认真分析会议内容,认真对待学生提出的意见和建议。

例2.9.1 一名参加返乡座谈会学生的发言稿

每次回家,我都会因家乡与城市的差距之大而深感忧虑和震惊,这次也不例外。

我家在陕西商南的一个山村。火车24日早6点20分到达西安车站,我马上坐上长途汽车直到下午5点多钟才到达我所在的县城,回家的客车已经没有了,于是不得不在县城投宿一夜,25日一大清早便乘车往家赶,到达我所在的乡已是下午4点,下了车,又步行十多公里,才终于在深夜赶回了我生活了十多年的家。

父母还跟以前一样心疼我,甚至迁就我,可是这个春节,我怎么也高兴不起来。从北京回到家里,俨然置身于两个截然不同的世界,城市和农村差距之大令我难以接受。

先说说交通。农村交通条件之差从我回家的艰难历程中便可见一斑,事实上,我家那边很少有柏油路,大部分公路是乡民自己组织起来修的土路,这种路既窄又险,平时也只有少量农用三轮车敢于在上面跑,客车,大、小汽车是不敢来的。正月我本想骑摩托车去看同学的,可是走不多远就吓得回来了——实在太危险了,我不敢拿生命开玩笑啊!后来只好安步当车了。

再说说农村人普遍重视的"过年"——大团圆的节日。且不说有多少人外出打工无法回家,就说每家在这个中国最隆重的节日的花销,也让人多少有些寒心!富裕一点的能拿出二百来块钱过一个年,中等的一百多,差点的也就几十,最贫穷的甚至一分都没有,只好拿几个鸡蛋什么的换点"过年"必需品。可是想想,即使是二百多块,够城里人干点什么呢,买件衣服?一双鞋?还是吃顿饭呢?

……

当然,我也看到了一些可喜的变化,这些变化让人感到了希望。

其一:前些年村里的财神庙每当大年三十的时候,震耳欲聋的鞭炮声就会从黄昏响到凌晨3点多,从不间断,因为前来烧香拜神的村民太多太多。可是近几年,尤其是今年,却很少有人去了,鞭炮声稀稀拉拉,庙里也冷冷清清,以往的热闹景象荡然无存。我想,这可能就是人们开始醒悟的标志吧!

其二:以往过年其实不是3天,而是至少15天,人们围坐在麻将桌旁,从清早到深夜,从大年三十到正月十五,不看到正月的龙灯,不吃到十五的元宵,他们是绝对不会散场的。可是今年,除了几个老头老太太还在重操旧业、孤独地撑着场子以外,我看到大年三十的饺子刚刚吃完,人们便走出了家门,进城打工,下田干活的,出门做生意的……人人脸上都带着喜气,透着希望。

我生活的农村,希望你来年更美好!

[小结]大学生有着强烈的社会责任感,通过返乡的所见所闻所感,树立自己"立学为民,治学报国"的远大理想。这种社会现实的教育与我们的课堂教育互为补充,不可或缺。

3. 对考试"挂科"的学生进行一对一深度辅导

深度辅导应以学生为本,从明确辅导的目的、营造辅导的环境、注重辅导的技巧等方面突出深度辅导的实效性。

针对"挂科"这个主题和相关学生进行谈话,谈话前需制定访谈提纲,做到有规划地谈,有的放矢地指导学生,让学生真正从深度辅导中获得需要的信息和帮助。根据这些"挂科"学生的性格特点选择合适的时间和地点,尽量选择学生课余时间比较富裕的时候,准备进行较长时间的沟通,地点选择在没有其他人打扰的相对安静的环境。

在谈心过程中,要以真诚、柔和的语气,贯彻"友善"的原则,认真耐心地听学生讲话,使学生说出自己的真实想法,找出造成成绩不理想的原因所在。在与学生谈心过程中,一方面要善于观察学生的反应,揣测其内心感受,及时调整谈话的方法和进度;另一方面,表情、手势和动作等肢体态势语言的运用,要配合考试不及格这个谈话主题,恰如其分地表达交流目的,以便真正找到考试不及格的原因,并做好谈话记录。

同时,辅导员也可以尝试联系教师和班主任参与到学生的学业辅导,发挥老师的作用,减缓学生压力,指导学生的学习,帮助学生取得满意的成绩。

此外,还可以通过 QQ、微信、MSN、邮箱等多种沟通媒介,实现与学生的网上对话,在一个更为宽松的环境下把深入辅导的主题融入其中,作为面对面访谈的必要补充。

例 2.9.2　深度访谈记录表

班级	姓名	学号	班级名次	不及格科目数	不及格科目

谈话时间：	谈话地点：

分析原因：

首先确定出现问题的原因,如下:

(1) 因恋爱耽误学习;

(2) 沉迷于网络和游戏;

(3) 存在厌学情绪;

(4) 家庭问题影响学习;

(5) 学习负担过重,压力过大;

(6) 没有合理分配学习和社团工作时间。

给出建议:

(1) 树立正确的恋爱观、人生观、价值观;

(2) 引导学生积极主动联系朋辈;

(3) 强调学习的重要性,培养专业兴趣;

(4) 引导学生科学地、合理地进行职业生涯规划;

(5) 正确面对压力,积极调整心态,劳逸结合;

(6) 学会时间管理,合理分配课余时间。

本学期预期目标:

(1) 消除不及格科目;

(2) 提高学习成绩排名。

4. 学业辅导工作

例 2.9.3　大二年级学业辅导计划书

一、背景及意义

自 20××年 10 月以来,能动学院针对 20××级本科生的学业辅导工作已接近开展一年,在20××级学生的学业辅导工作中,学院取得了一定的成绩,也仍存在一些需要改进的地方。总结归纳上半学期的工作经验,根据大二的实际情况,现做出20××级本科生新生本学年的学业辅导工作计划。

二、开设辅导的具体课程

上学期末,辅导员向20××级学生征求学业辅导意见,据统计有211名学生认为需要在大二上学期的大学物理课程上进行学业辅导。因此,20××级本着自愿原则,由专门的学业辅导员对其进行辅导。

对于学习自制力差、挂科比较严重的20××级学生,学院强制要求其参与自主自习(地点跟20××级新生一起),要求这些学生每天晚上必须到指定地点报到,并安排学业辅导员向学生讲授挂科率高课程的重点(每周一次,地点为主楼601。每次学习课程不同,具体方案在本学期成绩下发时完成),通过这种方式督促后进生学习。

三、其他特色活动

1. 高年级学科答疑

学院从这学期开始会在期末针对本学期较难科目进行考前突击辅导,根据学生上报需要辅导的科目,高年级辅导员从自己年级选拔学习成绩较好(针对不同科目)学生,考前一周每晚在主楼F601进行集体答疑并完成各学科知识点解析,帮助考前困难学生,提高后进学生成绩。

2. 科技竞赛

学院学生会科技创新部总结之前各类比赛获奖经验,在每次比赛前会让有获奖经验学生对本次比赛队伍进行经验交流,对比赛队伍遇到的问题进行解答,以帮助他们更好更快的进入角色,争取取得满意的成绩。

3. 后进生的团体辅导

针对挂科较多的同学,学院将通过组织各类充满正能量的活动,让后进生在现实生活中找到自信。并邀请学生处心理中心老师对网络成瘾的学生进行专业的团体辅导,帮助他们早日戒除网瘾。

四、学业辅导员与相关工作人员名单

学业辅导员由能动学院研究生担任

负责人:研动1414 姓名+手机号

物理科目负责人　　研动1416　　姓名+手机号

科技竞赛科目负责人　　研动1416　　姓名+手机号

高数,工图科目负责人　　　研动1418　　　姓名+手机号

学习活动组织工作由20××级党支部成员担任,负责人:姓名+手机号

××学院

年　月　日

5. 月末工作小结

> 三、10月时点、节点工作内容　　奖助学金评定　"十一"假期安全

这个月可以说是辅导员最繁忙的月份之一,即将展开的奖助贷工作等每一项都与学生息息相关。辅导员不仅要坚持原则,做到公平、公正、公开,还要顾及每一个学生的心理。

本月的时点性工作:更新贫困生数据库,评定助学金;评定奖学金,推荐各项表彰人选;做好首次团员推优工作;暑期社会实践总结;关注长假安全。

本月的节点性工作:奖助贷工作。

1. 整理上月班级情况向主管领导汇报

这是一项常规性工作。辅导员应就上月学生情况向学院主管学生工作领导进行汇报沟通,以获得上级领导的指导与帮助,并制定本月工作计划。

2. 认真做好各项助学金的发放、评定工作

大学是一个培养学生综合素质的大舞台,每个学生都应该平等地享有学习、锻炼和发展的机会。助学金的发放,关系到贫困学生的切身利益,需要辅导员深入了解、细致工作,不漏发一个,不错发一个,把助学金真正奖励到需要的同学手中。

贫困生数据库的管理是一个动态的过程。学生每年的经济状况是不一样的,有些刚进校时贫困的同学很可能通过兼职等方式改善了自己的经济状况,而有些刚进校时并不贫困的同学也有可能因为家庭的突然变故而面临经济困难。同时,为避免出现"会哭的孩子有奶吃"的现象,辅导员要充分听取班委会和班主任的意见,对每个人上报的经济状况调查表都尽可能地核实。这样做的好处是,对于所有学生的经济状况都可以心中有数,助学金工作可以有的放矢,真正发放到需要的同

学手中。

助学金的申报流程如下：

（1）家庭经济困难学生提交助学金申请书，要求写明家庭经济困难情况、家庭月收入等相关信息。

（2）除已经纳入贫困学生数据库（含原来获得过助学金或申请过助学贷款的同学）的学生外，其他同学还需提交家庭经济困难证明材料。

（3）学院将组织各班相关人员组成初审小组对申报材料进行审核，初审结果将在一定范围内公示，无异议后将报学院评审小组，经审核通过最终上报学校。

3. 公平、公正、公开地做好评奖评优工作

评奖评优包括两项工作：评定奖学金和推荐优秀学生参评各项校内外表彰。这项工作因为涉及学生的切身利益，因此，评定过程必须做到公平、公正、公开，一定要秉持公正的原则做好评奖评优工作，力保公平以达奖励之效。特别是大二的学生此时是第一次参加评奖评优，对政策及实施方案还了解得不够，对自己能拿到一个什么样的奖项也没有一个清晰的定位，在这种情况下，辅导员就更要细心、耐心，尽可能多地为大家解释清楚相关事项，尽可能深入地了解班里的情况，帮助大家客观地认识自己的位置，申报合适的奖项。

奖学金的项目每个学校各有不同，但评定的流程和标准差别不大，都比较看重学生的综合测评成绩。综合测评应该是定性评价与定量测评相结合；是自我考评、群众考评和各级组织考评相结合。

例2.10.1 某校综合测评实施办法学

……

三、具体内容

学生综合测评成绩由两部分组成：一部分为基础分，由思想品德、学习成绩及体育成绩三方面成绩组成；另一部分为附加分，是依据学生本人的现实表现而给予的加分或减分。

综合测评总成绩 = 思想品德成绩 + 学习成绩 + 体育成绩 + 附加分

（一）思想品德成绩

着重测评学生在理想信念、集体观念、公共道德、学习态度四个方面的表现。

思想品德成绩满分 20 分。

（二）学习成绩

学习成绩以学年的平均学分绩为准，按下列公式计算：

学年平均学分绩 = $\sum$ 课程成绩 × 课程学分 / $\sum$ 课程学分

课程包括必修课和专业限选课，不含体育课。课程成绩按百分制计。

凡课程成绩不及格的，均以 0 分计算。补考及格的仍按 0 分计算。

学校不鼓励缓考。缓考课程成绩 80 分及以上的按"课程成绩乘系数 0.8"计算学分绩，缓考课程成绩 60 及以上至 80 分以下的按"课程成绩乘系数 0.7"计算学分绩，缓考课程成绩 60 分以下的按 0 分计算学分绩。

重修课程需在重修学年学分绩计算中予以体现。

（三）体育成绩

学生的学年体育课成绩占 60%，达标成绩占 20%，锻炼习惯占 20%。

没有体育课的年级，体育成绩按照满分计算。体育成绩满分 10 分。

（四）附加分

附加分加减分细则由学生处根据实际情况每学年修订一次，在计算综合测评总成绩时最高取值为 10 分。但是在申请社会工作奖、文体奖等单项奖学金时，可以参考附加分中该类别实际得分。

……

评奖推优名单确认后，辅导员要做好落选学生的心理辅导工作，进一步深入开导学生合理客观地看待结果。

4. 做好大二学年第一批团员推优工作

推荐优秀团员作为党的发展对象是共青团组织的一项光荣而重要的职能，是扩大党在高校青年知识分子中影响力的重要举措。辅导员要引导团支部开展好此项工作，并借此机会对同学们进行理想信念教育。

例 2.10.3　各团支部推优工作办法

第一章　总则

……

第二章　推优条件

……第五条　申请推优入党的团员必须认真学习马克思列宁主义、毛泽东思想、邓小平理论和"三个代表"重要思想,学习科学发展观,扎实掌握科学文化知识,提升专业素养,努力提高为人民服务的本领。

第六条 思想政治素质过硬,坚决拥护党的路线、方针、政策和决议,自觉维护党和国家的团结统一,发扬社会主义新风尚,带头践行社会主义荣辱观。

第七条 模范地遵守国家的法律法规,自觉遵守党的纪律、团的章程,不得违反校规校纪。服从组织分配,积极完成党组织、团组织布置的任务。

第八条 品德优良,为人忠诚、正直,学习成绩优秀,德智体美劳全面发展,能够在日常学习、生活和工作中发挥先锋模范作用,深得老师同学好评。

第九条 密切联系同学,热爱班集体,为建设"和谐校园"贡献力量。能够切实开展批评和自我批评,敢于承认和改正自己的缺点、不足。

第十条 关心社会时政,有较强的社会责任感,与党和国家同呼吸、共命运。

第十一条 积极参加各级团组织的活动,积极参加学校、学院、班集体活动。对学校、学院有突出贡献者优先考虑。

第十二条 入党动机纯正,入党信念坚定,经常向党组织汇报思想。预计被推荐为党发展对象时,递交入党申请书超过一年,学院党校考核合格超过半年。

推优前期准备

第十三条 各班团支部必须认真学习本工作办法,积极参加院团委组织的培训活动,熟悉推优程序,了解推优工作的各项要求。

第十四条 各班团支部应根据不同年龄团员的思想特点,做好推荐前的思想政治教育工作。组织学习党的理论知识,积极开展主题团日等团员意识教育活动。

第十五条 各班级团支部应对本支部全体团员负责,与学院团委保持沟通,定期向年级党支部了解本支部团员申请入党的人员名单和申请人的有关情况,认真制定推优入党工作培养规划。

推优程序

第十六条 各班团支部组织申请推优的入党积极分子填写《申请推优入党团员情况登记表》,简要汇报近期学习、工作、生活和思想等状况,说明入党动机,表明入党决心。

第十七条 团支部委员会参照推优条件,对填写《申请推优入党团员情况登记表》的团员进行资格审查,形成候选名单,供支部团员大会讨论表决。

第十八条 召开支部团员大会,会议实到团员数不少于应到人数的2/3。先由支部委员介绍推优条件和大会流程,再由候选人自我介绍,最后由全体团员进行民主评议,并经无记名投票产生推荐人选,被推荐者必须获得到会1/2以上赞成票。唱票人、记票人由被推荐对象以外的同学担任。

第十九条 各团支部委员会按照团员大会表决结果,提出拟推优对象名单,组织被推荐的入党申请人填写《推荐优秀团员作为党的发展对象登记表》,报学院团委审核。每年5月15日和11月15日之前交到学院团委。

第二十条 院团委常委会就推荐名单进行讨论,在《推荐优秀团员作为党的发展对象登记表》上签署意见,并将审核结果公示一周。

第二十一条 团支部委员会按照审核结果撰写《关于推荐×××同学为发展对象的意见》,从政治思想、入党动机、学习成绩、群众基础、参加团学活动的情况等方面对被推荐者进行全面考察,并将《关于推荐×××同学为发展对象的意见》上报到年级党支部。

……

5. 开展暑期社会实践总结交流活动

学生社会实践评审工作结束之后,组织学生社会实践成绩优秀学生开展论坛交流活动,不仅能使还未参加过社会实践活动的同学对社会实践有一个全面的认识,为他们解答疑惑,也能吸取社会实践成绩优秀学生的经验和教训,同时也为已参与过社会实践活动的同学提供了一个相互之间进行交流分享的平台。

例2.10.4 论坛流程

暑期社会实践交流论坛主持人开场白后,对论坛宗旨进行简要介绍。

选六七个社会实践成绩优秀团队轮流上台进行PPT演示,对参与的整个实践过程情况进行介绍,并且对后期调研报告的撰写提供自己的思路,与在座的同学分享真切的实践感受,分享自己的收获。

在每组社会实践团队演示之后,在座的同学可以就演示的内容向该队的同学进行提问。

在所有社会实践团队演示完之后,同学们还可以就社会实践活动的各种疑问,向团队同学提问。

主持人宣布暑期社会实践交流论坛圆满结束。

6. 配合校、院开展好各项学生秋季文体活动

一年一度的运动会、合唱比赛、健美操比赛、辩论赛等均是学生秋季活动的重点,从10月开始,辅导员就要配合学院党团委着手开始进行人员选拔、训练等工作。这是一个增强班级凝聚力、增强学生责任感和团体意识的好时机。

7. 开展中秋节、国庆节假期安全教育工作

切实做好中秋节和国庆节放假期间各项安全稳定工作,确保学生渡过平安欢乐祥和的节日。通过专门会议、课堂、班会等形式,对学生进行安全教育,切实增强学生的安全意识,防止交通、治安、消防以及其他涉及学生安全的事故发生,增强对自然灾害的防御能力。放假前应组织检查学生宿舍的安全用电情况,提醒学生长时间外出应关闭电源,妥善保管好自己的贵重财物,重点排查假期无人的宿舍。

8. 月末工作小结

四、11月时点、节点工作内容　　心理健康

繁忙的10月过去,辅导员要静下心来做一些细致深入的工作。通过各种方式进行心理排查,有重点地进行深度辅导,特别是对在上个月奖助贷遴选中出现问题的学生,要格外关心,正确引导。

本月的时点性工作:心理健康教育;开展科技创新竞赛活动。

本月的节点性工作:通过朋辈互助、团体辅导、深度辅导等各种形式关注学生心理健康。

1. 整理上月班级情况向主管领导汇报

整理上个月的班级学生情况,向学院主管学生工作领导进行汇报沟通。

2. 通过多种方法做好心理排查工作

辅导员可以通过工作坊、团体辅导、深度辅导等各种形式,结合大二学生思想、角色转变,开展心理健康教育。尤其要提高学生的抗挫能力和团队协作能力。

例 2.11.1 以"时间管理"为主题的工作坊

阶段	主题	目的	预期学习成果
第一阶段	重视我的时间	让学生通过对实际案例的分析、讨论,体验时间管理的重要性	第一阶段完成后,成员能够在 10 分钟内说明什么是时间管理,为什么管理时间很重要
第二阶段	管理我的时间	通过参与者之间、参与者与成功时间管理者之间的讨论交流,学生在主持人(领导者)的引导下,学会掌握管理时间的方法	第二阶段完成后,成员能够列出 3 种或以上有效进行时间管理的技巧
第三阶段	我的时间我做主	制定出适合自己的时间管理方案并加以实施,从而更好地协调安排社团活动、学习和生活	成员能够制定出一份适合自己的管理时间方案并加以实施

评估:

(1)结合主持人(领导者)对工作坊过程的观察和分析。

(2)出席率以及成员参与和投入的程度。

(3)在工作坊第一阶段和最后一阶段时,成员将完成同一份时间管理量表,以比较在参加工作坊前后对时间管理的认识和方法是否有变化。

具体操作方法如下:

第一阶段:集体讨论。25 位参与的同学围坐在一起,邀请事先沟通好的、愿意分享自己因管理不好时间而出现生活节奏紊乱的两位同学,分别描述自己的生活现状。讲述过程中,主持人适时插话,提问同学,引导他们思考现象背后的问题,同学们就问题在限定的时间里展开自由讨论。主持人引导他们认识时间管理的概念以及管理时间的重要性,同时配有相关的 PPT 展示。随后,将同学们分为 5 人小组,要求小组内再进一步讨论分析造成两位同学生活紊乱的原因和解决方法,将分析结果写在纸上,轮流向大家展示并解释。目的在于让同学们通过对真实案例的分析和讨论,认识到时间管理的重要性,引起参与者对问题的反思。

第二阶段:技能学习。每组讨论 5 分钟,各小组成员分别陈述自己管理时间的方法,然后选派出全组公认的、最科学有效管理时间的一位同学上台发言,介绍自己的方法。每介绍完一种,主持人便引导大家一起总结出要点写在黑板上,所有小组发言完毕后,黑板上已经记下了 5 种管理时间的方法。全体人员开始讨论,找出最适合自己的时间管理方法,或以此5种方法为基础提出自己认为更加科学的方法并列出。这些,也就是管理时间的技巧——来自于生活,来自于我们身边。

第三阶段:实际应用。首先,引导同学们总结回顾在第二阶段中学到的管理时间技巧。其次,让同学们将自己的生活事件一一列在纸上,运用这些技巧为自己设计一份时间计划书。与小组内成员讨论各自的时间计划书,结合其他成员对自己提出的建议和意见对计划书进行修改,形成最终的时间管理计划。然后,让每一位同学为自己定下的计划写下保证书,一式两份,成员自己保留一份,工作坊保留一份。最后,主持人带领大家一起喊出:"我的时间我做主!"工作坊结束。

通过前两个阶段的活动,成员已经从知识层面上认识到时间管理的重要性,也从技术层面上掌握了一定的时间管理技巧。因此,在最后一个阶段,目的就是要让成员将学到的东西真正运用到生活中,解决自己的实际问题,协调好生活、学习、社团活动之间的关系。通过这样的三个阶段,对于时间管理,同学们从线性地了解到立体地体验,最后再通过整合形成新的线性理解。

工作坊结束一个月后对成员及其同学进行回访,了解该成员实践方案的情况。

例2.11.2

友善心团体辅导策划模板示例

(一) 团体名称

手牵手　心连心

(二) 团体性质

封闭性、同质、发展性团体

(三) 团体目标

本团体活动旨在建立同学之间的友爱之心,培养互助理念,增强团队凝聚力,引导学生与人为善、互利互惠,形成积极向上、团结友爱的健康心理。

终极目标:协助学生改进自我,引导参与者培养团结友爱、竭诚互助的理念。

过程目标:个人探索,了解队友,合作共赢。

(四) 团体对象

在校大学生

(五) 团体规模

16(不包括领导者)

（六）团体活动地点

活动室、明德楼群

（七）团体活动设计方案

活动	内容	时间
一、简单介绍	领导者对此次团体辅导做简单介绍	10分钟
二、练习一	名称：穿针引线 目的：活跃团体氛围，培养成员间信任感 材料：苹果，针线若干 操作： 1. 将成员分为4组，每组4人。 2. 成员A头顶苹果，手拿细针，其余B、C、D三位成员手持细线依次尝试将细线穿入A手中细针的针孔中。途中若A头顶苹果掉落，则游戏重新开始。用时最少者为获胜。 3. 让成员谈感受，领导者总结	30分钟
三、练习二	名称：奔跑吧，小鸟！ 目的：建立成员间互助理念，增强团体凝聚力 材料：名牌 操作： 1. 首先将成员分成4组，每组4人。 2. 将四个队伍分别安排在明德楼四座分楼某处。 3. 游戏开始后，不同组别寻觅其他组成员，撕下对方背后名牌，被撕者淘汰。 4. 当某队最后一名成员被淘汰后，该组淘汰。 5. 最后以淘汰顺序决定名次与惩罚。	50分钟
四、结束会面	签定团体辅导协议书 结束此次会面	20分钟
五、备选练习方案	名称：你"画"我猜 目的：增强团队成员默契，获得成员间信任 材料：写有各种词汇的纸牌若干 操作： 1. 将成员分为4组，每组4人。 2. 选择A、B作为比划动作者，C、D作为看动作猜词者。游戏过程中，A、B只能比划动作，不能发声。 3. 每组5分钟时间，时间用完，猜词多的队伍获胜。	20分钟

3. 鼓励学生积极参加大学生课外各类创新竞赛活动

在各高校每年都会组织学生参加各级各类的创新竞赛活动,这些活动的开展对大学生各方面能力的提升都会有极大的帮助。作为辅导员要针对不同学生做好创新竞赛活动的动员工作,要鼓励学生积极参与其中,从而锻炼自己的创新思维能力。对每年的课外竞赛活动的流程、比赛办法、实施细则等方面要有所了解,这样才能有针对性地给予学生帮助和指导。

4. 月末工作小结

五、12月时点、节点工作内容　　考风、诚信教育

进入12月,离考试就不远了,各种大小活动也都逐渐收尾,学生回归到相对单纯的学习生活中来,开始紧张的备考复习。此时,辅导员要疏导好学生的心理压力,一方面对学生进行鼓励,另一方面也要进行必要的考风考纪强调。年末,还是各种大小活动总结表彰的日子,辅导员要利用好这次总结,结合深度辅导,让学生在回顾与反省中成长。

本月的时点性工作:根据大二阶段的学生特点开展考风、诚信教育;结合本学期的状况有针对性地进行深度辅导,并进行年终总结与表彰;在"12·4"法制宣传日开展法制宣传教育活动。

本月的节点性工作:与考试相关的各项工作。

1. 整理上月班级情况向主管领导汇报

整理上个月的班级学生情况,向学院主管学生工作领导进行汇报沟通。

2. 根据大二阶段的学生特点开展考风、诚信教育

经过一个学期的学习,期末的考试几家欢喜几家愁。大二的课程专业课开始占据主导,因此辅导员要根据大二阶段的特点鼓励学生,正确面对考试,心情调试要得当。同时,要对考试纪律再三强调,这样有利于学生严肃态度,避免因侥幸心理酿成大错。此时的教育应避免夸夸而谈大道理,可以多举一些实际的例子,让学

生做到警钟长鸣。

3. 做好年终总结与表彰工作

例2.12.1　××学院新年晚会暨年度盛典策划书

一、活动目的(略)

二、活动基本信息

时间:××

地点:××

主办方:××

活动内容:将表彰和文艺表演相结合,对学院一年来的学生活动进行回顾和盘点,在表彰优秀团体的同时,为传统新年晚会增添新的亮点,为大家奉献一场精彩的文艺表演。

三、奖项设置

本次颁奖盛典共设置"学生团体类""学术实践类""活动类""班级类""宿舍类""创新类""活宝类""特殊贡献类"共七大类参评单元、十个获奖名额,所以奖项都针对团体设置,不设个人奖项。其中"学生团体类"将评出三个获奖团体,其余类别各评选出一个获奖单位。

四、评选细则

"学生团体类":由学院团委、学生会、青协负责人推荐各自组织内的部门参与评选,每个组织最多推荐三个部门。参选部门需准备简短参评资料,介绍部门的基本情况、所组织的活动以及部门趣事等,材料以文字形式为主,可添加图片、短视频。

"活动类":由学院团委、学生会、青协负责人推荐各自组织所承担的特色活动参与评选,推荐名额不限,活动包括各组织的常规活动和非常规活动。推荐的活动,需由该活动的具体负责者提交简短参评资料,介绍该活动的基本信息、活动意义以及活动趣事等,材料以文字形式为主,可添加图片、短视频。

"宿舍类""班级类":由全院各班、各宿舍自愿报名参加。班级应为一个行政班;宿舍共评出男、女生宿舍各一个作为一个团体获奖(每间宿舍颁发一个证书)。自愿报名团体需要提交参评材料,班级材料要介绍班级基本信息、班级活动、班级特色等信息,宿舍材料包括宿舍特色、宿舍活动、宿舍成员感言等内容。材料以文字形式为主,可添加图片、短视频。

"学术实践类":凡参加过创新杯、挑战杯、创新试验计划、暑期社会实践、实习调研等校内外正式学术实践的院内队伍皆可自愿报名参加。自愿报名队伍需提交参评材料,包括队伍成员信息、学术实践成果信息等内容。材料以文字形式为主,可添加图片、短视频。

"活宝类":该奖项设置对象为以团体身份出现在院内外文艺表演及其他活动中的同学。团体要求有自己的名称,风格活泼,为院内学生所公认和喜爱。院内符合条件团体均可自愿报名参加,提交参评材料,包括团队名称、团队成员、活动照片、成员感言等。

"创新类""特殊贡献类":由学院学生会根据团体或活动的创新度、对学院的贡献程度分别确定候选团体。

五、评选流程

本次评选活动的基本流程安排如下:

(1) 报名阶段:报名及确定各奖项候选团体,候选团体上交材料以作为第二阶段评选的参考材料。

(2) 宣传阶段:事先由学生会分奖项将各候选团体信息通过院网、校内网等多种渠道介绍给大家。

(3) 评选阶段:以班级为单位,由各班委组织班级同学对各奖项候选团体进行投票。每班对"学生团体"奖项可投三票,其余奖项每类别每班只能投一票,投票的选择由班级多数决定。由学生会负责人到每班统计投票结果。

(4) 确定获奖团体:根据投票结果最终确定各奖项的获奖团体,并通知获奖团体。

(5) 颁奖材料准备:由活动主办方拟定各获奖团体的奖项名称、颁奖词,组织各获奖团体自愿准备汇报展示。

(6) 晚会现场:×月×日

在年度颁奖盛典上对各获奖团体进行表彰,进行文艺表演。

……

[小结]通过对学院中优秀团体和个人的表彰,有利于增强学院的凝聚力,增强学生的荣誉感。同时,也向学院的其他老师汇报了一年来学生各方面的成绩,有利于老师们更加客观全面地了解学生。

4."12·4"法制宣传日开展宣传教育活动

例2.12.2 ××学院"12·4"法制宣传日活动策划

（一）活动背景

社会主义核心价值观的提出为中国人民实现民族复兴的"中国梦"提供了理想模型和明确方向。核心价值观中"法治"一词是对全社会发展提出的要求。在法律体系不断建立和完善的过程中，每一个中国公民，尤其作为国家未来希望的大学生，应当树立法制观念，培养法制意识，了解法治内容，为今后更好地实现自身价值，成为国家栋梁打下牢固的思想基础。

（二）活动目的

向学生传播法律知识，弘扬法治精神，让学生了解法律，树立法律意识，保障自身权益。

（三）活动人员

全体学生、辅导员

（四）活动内容

活动形式	活动时间	活动内容	备注
法制讲座	上午 1.5小时	1. 邀请法学专家或知名律师举办法制讲座，增强学生对基础法律体系的认识； 2. 通过对以往案例的展示和分析，让学生亲身感受法制的重要性； 3. 教育学生如何使用法律，保护自身权益不受侵害	
观看电影	上午 1.5小时	通过观看相关法制电影，使学生对法制建设形成更为形象、深刻的认识	推荐电影：《全民目击》《12怒汉：大审判》《林肯律师》等
案例分析大赛	下午 1.5小时	1. 将已有的司法案例设计成为题目，供学生思考分析，鼓励学生积极思考如何在已有情况下运用法律知识保护自身； 2. 对表现优异的学生予以奖励	例：呼格吉勒图案、念斌案等
讨论会	下午 1小时	1. 对已有司法案例进行讨论分析； 2. 对如何利用法律武器保护自身权益进行讨论； 3. 对如何树立法治观念进行讨论	

5. 月末工作小结

六、1月时点、节点工作内容　　心理健康　假期安全

新的一年开始,学期也即将结束。学生们在紧张地考试,却也对即将到来的寒假充满向往。此时,辅导员要着重关注学生考试期间的生活,帮助他们调整好身心压力以及作息时间,健康顺利地完成考试,平安快乐地回家过年。

本月的时点性工作:关心学生考试期间的身心健康;布置寒假社会实践,假期安全教育。

本月的节点性工作:关注学生考试期间的身心健康。

1. 整理上月班级情况向主管领导汇报

整理上个月的班级学生情况,向学院主管学生工作领导进行汇报沟通。

2. 关注学生考试期间的身心健康

相对于平时,此时辅导员要更加细心地关注学生的身心健康。要适时帮助学生调整心态,正确面对考试。一方面要鼓励他们争取考出最符合自己水平的成绩,另一方面也要意识到,还有比考试更重要的——身心健康。要保证考试期间的睡眠质量、饮食健康。对于因突发状况不能按时参加考试的学生,要及时为他们办理相关手续,解除他们的后顾之忧。

3. 做好放假前各项工作,加强假期安全教育

按照惯例,辅导员要做好寒假留校学生的情况统计,对因为家庭困难留守学校的学生,要给予特殊关照。进行假期安全教育,特别是学生往返途中、假期旅游吃住行等各方面的安全,要再三强调。协助院团总支做好寒假社会实践的工作布置。

例2.1.1　寒假留校学生情况统计表

学号	姓名	宿舍	手机	是否经济贫困生	留校起止日期（×月×日—×月×日）	春节是否在校	大年初一是否在校	解决情况	解决办法

4. 月末工作小结

> **七、2月时点、节点工作内容**　　春节慰问

2月一般处于寒假期间,绝大部分学生返乡回家过年,也会有小部分学生留校。

本月的时点性工作: 做好寒假留离校学生统计工作;注意学生假期安全。

本月的节点性工作: 要注意了解寒假期间不回家的学生情况,有针对性地做好慰问工作。

1. 关注寒假留校学生,做好春节慰问工作

每年寒假都会有部分学生因各种原因不回家过年,选择留校。对于辅导员,要摸清楚学生不回家的原因,是经济原因、家庭原因,还是民族习俗原因等,采取有针对性的措施帮助他们平稳、快乐地渡过寒假。对于因经济困难不能回家的学生要安排好假期勤工助学工作,做好春节慰问工作。

春节是中国人最重要的节日,不管出于何种原因选择留校过节,在春节的时候都会想家。辅导员要主动关心留校学生的身心状况,特别是在过春节期间,如有必要,甚至可以和学生一起过节。

2. 注意学生假期安全

寒假期间,天气寒冷,春节期间亲戚朋友之间走动较多,要叮嘱回家学生和留校学生注意个人安全,注意学生宿舍防火、防盗安全等,过一个祥和、快乐的春节。

3. 月末工作小结

> **八、3月时点、节点工作内容**　　学风建设　工作计划

3月是新学期开始之月,一年之计在于春,新学期,新气象。

本月的时点性工作: 总结分析上学期学生成绩;关注学生返校思想状况,做好

学风建设;对重点学生进行深度辅导;制定本学期工作计划。

本月的节点性工作:重点对成绩不理想的学生开展深度辅导;在了解、掌握学生返校思想状态的基础上,重点对思想起伏变化较大的学生开展深度辅导。

1. 总结分析上学期学生成绩

认真整理一学期以来各方面的工作,注重数据和实际工作效果,及时总结,筹划新学期工作,并主动向学院直属领导汇报沟通,以得到领导的支持和指导,对开展工作起到积极的作用。

2. 关注学生返校思想状况,做好学风教育工作

学风建设是高等学校永恒的主题,刚走进大学时,学生都在摸索适合自己的学习方法,在摸索和调整的过程中慢慢适应大学生活。大一时候,由于刚进入大学,对一切都充满好奇,并对于大学的学习也处在适应阶段,因此不会有太多的放松,成绩都还比较理想。从大二开始,随着对大学生活的适应,有的同学认为大学的学习比较简单,单纯地追求"及格万岁"的思想开始萌芽,学生计算机数量也会急剧攀升,有的学生沉迷网络,有的学生沉迷游戏等,学生之间学习成绩差距的拉大也是从这个阶段凸显。所以在大二下学期一开始加强学风教育尤其重要。

例2.3.1 如何开展学风教育工作

(一)建立长效机制,突出工作重点

学风建设不可能一蹴而就,需要长期不懈的努力,才能达到持久的效果,要通过具体扎实的活动,边实施、边提炼、边总结,并一以贯之,持之以恒。建立学风建设的长效机制要从加强思想政治教育入手,以教风促学风,以制度建设和队伍建设为保障,建立竞争激励机制,充分发挥学生的自我教育和自我管理作用。充分发挥学长"传、帮、带",以及浓厚的学术氛围熏陶,稳扎稳打,突出各阶段的工作重点,了解可能出现的问题,列计划、定方案,开创学风建设的良好局面。

(二)召开主题班会,全员重视学风

针对大学生初来大学出现的迷茫、不知所措、浮躁、自信心缺失等问题,要结合理想信念教育、诚信教育、大型活动开展主题教育,围绕学生学业规划、职业生涯教育和成才发展指导等专题教育,培养学生形成科学的学习观和正确的成才观。例如,通过开展"我的大学"主题班会,使学生明确每个阶段学习、生活的重点。了解试探期、定向期、发展期、实现期的大学阶段构成。使学生从进入大学的第一天起就胸怀理想，找准定位，珍惜时间，努力拼搏，在大学结束之时不后悔、不彷徨，并在四年的大学生活里激发自己的潜能，培养自己的领军、领导潜质，做一个对国家、对社会有用的人才。

（三）大力宣传动员，营造严谨氛围

利用宣传栏、展板、条幅等宣传媒介，加大宣传力度，营造"人人讲学习，班班创学风"的良好氛围，使广大学生充分认识到学风建设的重要意义，从而推动学风建设的深入开展。通过广泛的宣传，引导学生注意培育人文素养，自觉、主动地获取知识。在实际工作中，应该引导学生尽早适应大学学习方式，积极主动地利用各种资源，如讲座、图书馆等，充实提高自己，全方位地提升自己的知识水平，掌握相应的职业技能，为今后参与激烈的社会竞争做好充分的准备。

（四）制定规章制度，规范学风管理

学风建设是一项系统工程，需要有科学化、制度化、规范化的制度保障和管理。在加强教育的基础上，必须树立用制度规范和约束学生不文明行为的观念，做到奖惩分明，严明校纪，建立学风建设的长效机制。制定班团委工作规章制度及班级总体建设方案，通过制定科学、合理的学风建设制度，激发学生内在的学习动力。引导学生树立优良学风意识，规范学生的行为习惯，完善教学质量评价制度，采取优秀学生奖学金、优秀志愿者评比、科技竞赛奖励、优秀班级团支部评比、榜样在身边等引导和激励措施，创造积极向上的学风氛围，切实达到培养有创新精神和实践能力的人才的目的。

（五）狠抓课堂教育，教风学风共建

课堂教育是教学中的一个中心环节，首先要严抓课堂纪律，狠抓出勤率，实行课堂考勤与期中、期末考试成绩挂钩，对迟到、早退、交头接耳、接听手机等现象，给予及时批评和制止，维护良好的课堂纪律。其次班主任和辅导员需与老师多沟通，及时反馈学生需求，使教师结合专业发展前景，不断丰富教学内容，改进教学方法，完善教学手段，加强课堂师生互动，激发学生的学习兴趣，引导学生将学习压力转化为动力。

（六）净化宿舍风气，舍风带动学风

宿舍环境对于学生成长成才有着很大的影响，是学生管理、成长的重要阵地，要通过开展"金牌宿舍"卫生评比、"最佳舍名、舍徽、舍歌"文化评选等活动，表扬先进、积极倡导、鼓励宿舍间比拼，推进学风建设。针对学生使用计算机情况，制定计算机管理规范及相应的惩罚措施,辅导员应不定期抽查记录,使计算机使用规范、合理、有用,避免学生沉迷游戏,荒废学业。

(七)落实诚信教育,严肃考风考纪

学生的诚信教育,重在过程管理,即让学生从大学生活之初就树立起诚信意识,通过诚信养成来进一步加强学生的诚信意识,树立良好的个人品质。诚信教育效果明显化,即通过诚信教育的开展,杜绝考试作弊现象的发生,继承与发扬学院的优秀传统,为诚信教育工作树立良好的开端;诚信教育模式多样化,即诚信养成由各种途径来进行,如建立大学生诚信评价体系、建立大学生诚信档案等;诚信教育主体多元化,即从学生身边入手,调动起各层次的教师、专家,辅导员及老生们对学生进行诚信教育。

(八)发挥骨干作用,党团模范带头

加强学风建设,首先加强学生干部队伍建设,建立一支学风建设的骨干队伍,充分发挥学生工作队伍的引导与监管作用。通过班团干部,加强对学生学习过程的管理和监督,了解和掌握学生的学习情况。结合大班实际情况,教育引导并激发学生学习的主观能动性,端正学习态度,明确学习目标,养成良好的学习习惯;充分发挥学生党团组织的战斗堡垒作用,充分发挥学生党员和班团委干部的模范带头作用,要求广大学生党员充分体现共产党员的先进性,成为学风建设的排头兵。以学风建设为中心,大力开展班级风气、宿舍风气的建设,营造浓厚的学习风气。同时,落实、完善学生党团干部联系学习困难学生的制度,扎实有效地开展"一帮一"结对子活动,引导优秀学生拟定帮扶对象,使后进学生在互助友爱的氛围下重新树立学习的信心。

(九)加强专业教育,注重学科交融

结合学院的情况,专业教育方面更加注重资源的共享与融合。开展形式多样的教育,充分调动各个专业的力量,将学生对于本专业的兴趣调动起来,把"要我学"变成"我要学",树立远大学习目标。加强学科融合,开展各类专业知识比赛;树立学生科技竞赛方面的先进典型,充分发挥任课教师和班主任老师的主导作用,以教风带动学风,努力增强课堂吸引力和感染力,激发学生的求知欲。

(十)开展经验交流,扩展沟通渠道

学习经验交流活动是针对大二学生开展的学风教育活动的重要组成部分。各优秀学生结合自身实际情况,联系当前的就业形势,主要就学习态度和方法、学习与社会活动等方面强调养成良好习惯,做好学业职业生涯规划的重要性,增强高年级学生与学生间的交流互动,搭建起沟通的桥梁。围绕创建优良学风这一中心,开展专业报告、名师论坛、模拟四级考试、考研经验交流等活动,活动内容涉及学生学习、生活、考研、专业指导、科研等多个领域,旨在提高学生自我教育、自我管理、自我服务的能力,帮助他们以更好的状态投入大学生活。

(十一) 丰富课余生活,提倡科技创新

结合各专业的学科特色,突出学风建设、充分利用第二课堂,搞好基础部品牌活动,繁荣校园文化,促进精神文明建设和学风建设。充分发挥教师的力量,邀请学生参与课题研究,在科研过程中,激发学生的学习兴趣,从而提升学生的科技创新能力。要充分调动各学生团体的积极性,围绕加强学风建设的情况,开展活动并进行评比表彰。

(十二) 落实深度辅导,树立规划意识

深度辅导,是关注学生成长成才的重要方式。落实深度辅导工作,可以及时有效地了解学生的思想动态,解决学生实际存在的困惑,是将思想教育和解决学生遇到的成长问题结合并落到实处的有效手段。深度辅导,重在有针对性地开展工作,结合建设"大学成长记录",记录大学生活的开始和延续,使每位同学认真总结自己的学习和成长过程,及时解决成长中的问题。其主要方向包括学生对大学生活的适应、学习方法的改进、生活习惯的改变、思想观念的改变,甚至人生观和价值观的改变等。

3. 对重点学生进行深度辅导

经过一年半的大学生活,会出现一些需要关注的学生,如网络成瘾的学生、人际关系处理不好的学生、感情问题困惑的学生、对大学生生活缺少规划的学生等,对于这些学生出现的问题,辅导员不可能通过大班会、座谈会等形式解决,而是需要采取"一对一"深度辅导的方式,有针对性地解决学生的问题或困惑。

例2.3.2 学生网络成瘾处理案例

现在很多学生上了大学以后,由于缺少像高中一样家长和老师的严格管理,自我控制力也不好,又随着网络的飞速发展,网络成瘾成为学生中的常见问题。某学生在大一期末考试中有两门不及格,辅导员通过调查发现,该生学习成绩不理想的主要原因是网络成瘾问题。辅导员把学生请到办公室了解情况,一开始学生由于紧张焦虑,不太愿意倾诉,辅导员通过引导,鼓励他表达自己的想法和顾虑,学生逐渐在谈话中慢慢放松,并且开始主动分析自己的问题并积极寻找相应的解决方法。通过几次的谈话,辅导员摸清楚了该学生的性格和上网原因,主要是上大学后失去了学习目标,学习生活没有规划,遇到困难后选择逃避,到网上消磨时间。于是辅导员和学生一起制定了初步的"战斗计划"。

学期初,由于补考科目多,压力大,辅导员帮助学生分析了各门课程的应对之策,并且鼓励和肯定学生近来的积极态度,从精神上为其减轻压力,增强信心;之后,采取了班级骨干结对子帮扶的办法,分科目进行辅导、监督,学生个人也积极准备,所有专业课补考都以较好的成绩通过,从而找回了学习的兴趣和动力。

但随着专业课的增加和学业难度的增大,学生的情绪又出现了波动,觉得自己无法彻底改变目前的学习状态。由于基础知识不够,专业课学习明显感觉吃力,一度又产生了自暴自弃的想法。

辅导员及时与班级骨干了解学生情况,发现学生近来又开始出现上课睡觉、自习效率低下、上网游戏时间变长的现象。在之后进行的谈话中,辅导员注重引导学生正视目前学业上遇到的困难,借助职业生涯规划的相关理论和测评工具,挖掘他的职业兴趣取向、技能探索,让他学会思考自身所具备的优势和劣势,通过访谈找到了问题是出在学习方法上。于是,辅导员表扬了学生前期所取得的进步,肯定了他的付出,让学生对学习重新树立信心。并帮助学生分析了各门专业课的学习方法,鼓励他积极与任课老师沟通将自己的问题和学习情况如实反映,以获得专业课老师的更多帮助。辅导员帮助他一起制定了本学期的学习计划,并督促他制定每周的学习计划,务求详细,要求他隔周汇报一次学习进度情况以及存在的问题,一起探讨解决的办法,并且不定期抽查学生上课和自习的情况。学生逐步养成制定学习计划的习惯,从开始时只能完成计划的一半到基本完成再到之后能够超额完成既定目标,慢慢获得了成就感,学习状态得以改观,整个人的精神状态都变得更为积极,愿意主动和舍友及辅导员交流沟通,班级和学院的活动也能够积极地参与其中,最终学习成绩达到班级的中游水平。

【小结】辅导员对于学生要保持关注,如果能"早发现、早辅导",有的学生的问题也许能更圆满地解决。辅导员在这个案例中,首先是找到学生出现问题的原因,并且得到学生的信任,一同开始制定计划;其次是对这类学生长时间的关注,戒除网瘾需要辅导员长期的关注和时刻的要求。面对迷途的学生,辅导员更要积极发动班级骨干的力量,不抛弃不放弃每个学生,当他们体会到何谓责任感以及助人的快乐时,会激发他们更多的潜力和能量,关心他人,帮助他人共同成长、成熟。

4. 制定本学期工作计划

一年之计在于春,在学期之初,辅导员应根据学校、学院的学年工作重点,制定出相应的学生工作计划,这样才能更好地把握本学期工作的方向和重心,做到心中有数。

5. 月末工作小结

九、4月时点、节点工作内容   主题教育活动

4月春暖花开,正是开展学生活动的大好时机,辅导员要因势利导,抓住时机。

本月的时点性工作: 开展丰富多彩的主题教育活动;检查指导学生科技竞赛工作;继续开展学生深度辅导工作。

本月的节点性工作: 依托各类学生组织、学生社团,开展丰富多彩的主题教育活动,加强对学生的教育,提高学生综合素质;开展网络思政教育。

1. 整理上月班级情况向主管领导汇报

整理上个月的班级学生情况,向学院主管学生工作领导进行汇报沟通。

2. 开展丰富多彩的主题教育活动

辅导员要依托党支部、学生会、学生社团、班团干部等组织,以春季运动会、辩论比赛、演讲比赛、读书月等形式开展各类主题教育活动,进一步加强学生爱国主义教育、爱校情怀,提高学生身体素质、道德修养,达到提升学生综合素质的目的。

3. 检查指导学生各类实践工作

4月中,学生的各种实践竞赛项目过程过半,辅导员对参加这些竞赛项目的学生要进行中期检查,了解进展情况,及时帮助学生解决困难。了解情况之后,进行汇总,填入下表。

小组名称	参与成员	研究课题名称	指导教师	项目负责人	进展情况	主要困难

通过鼓励引导本科生参加各级各类竞赛实践活动,对于提高学生专业兴趣、掌握科研方法技巧都有很好的促进作用,会对学生生活产生深远影响。

例 2.4.1 鼓励引导学生参加科技活动案例

某学生自大学入学开始,就表现得很积极,并担任小班班长。在年级学生干部培训中,该生表现得非常认真主动。在工作中,他遇到问题会主动找辅导员沟通,工作能力提升很快,得到了同学们的一致好评。

大一年级下学期,辅导员召开专题班会,介绍大学科技实践活动的重要性和开展的情况,还请高年级的同学介绍经验。班会之后,该学生找到辅导员,表示自己对科技制作有浓厚的兴趣,希望在这方面能够进一步提高。辅导员肯定了该学生的想法,并建议他先参与科技社团的工作,从那里得到最初的历练。该学生参加了学院学生科协,开始了科技制作的征程。到了大二,辅导员推荐他参加了学院一名教授的课题组,开始尝试自己的科技制作活动。

辅导员在每学期的第一次班会上都会介绍本学期学习内容和能力锻炼的侧重点,并在本学期的活动中对这些内容有所体现,同时请高年级优秀学生进行经验交流。在交流会期间,该学生总是非常认真地聆听,并诚恳地向学长请教。由于力学成绩很好,他大二报名参加"全国周培源大学生力学竞赛",辅导员积极联系参加过此竞赛并取得好成绩的同学,给参赛学生介绍参赛经验,并找了一些参赛资料供其暑期学习。这些都为他参赛取得好成绩提供了极大的帮助。

经过该学生的不断努力及指导老师、学长的帮助,他在学校的科技竞赛中获得了一等奖并参加了全国的"挑战杯"科技竞赛。同时还担任了学院学生科协副主席一职,积极指导并培训新的成员,为同学们的科技活动提供指导和帮助。经过不懈努力,该生自己取得了很好的成绩,同时,他和其他学生干部一起,逐步带动了整个班级学风的大幅提升。后来,作为高年级优秀学生,该生也多次参加学院的经验交流会,为低年级学生讲解自己的学习工作经验,成为新的"榜样"。

【小结】科技实践活动的开展是大学生培养的重要方面。每年涉及电子、计算机、航空航天技术、机械等各个方面的大学生竞赛是学校一道靓丽的风景线,对于很多参与其中的学生来说,这已经成为他们生活的重要部分。辅导员通过对学生的辅导,首先使学生坚定了自己的信心,提高学生自身自学、融会贯通的能力,这些都是非常重要的学习和科研能力。其次,辅导员很好地发挥了学生的榜样作用,营造了良好的班级学习实践氛围。通过这个案例,说明了优秀学生的榜样作用,通过优秀学生的经验交流和宣传,就能够一步步带动更多的学生,促进学院、学校的学风建设,完善传统的"传、帮、带"。

4. 继续开展学生深度辅导工作

在大一工作内容中,全面介绍了深度辅导工作应把握的几个原则,深度辅导就是在深入、动态了解学生情况的基础上,依据学生成长发展的需求,运用科学的知识和技能,对学生进行有针对性的辅导,帮助学生解决思想、学习及生活等方面问题的过程。是对学生的个性化辅导,需要较高的技巧,可以说,深度辅导工作是贯穿辅导员从带学生大一到大四必须每月坚持的工作。

大学生活中学生的大部分时间是在宿舍渡过的,经过一年的熟悉和了解,宿舍同学之间感情越来越紧密,但同时也会逐渐暴露出不少问题。辅导员在大二时尤其要关注学生宿舍人际关系的情况,及时发现问题,解决问题。

例2.4.2 学生宿舍人际关系处理

在大学里,学生来自全国各地,从性格到生活习惯都有很大的差异,聚集在同一个宿舍,朝夕相处,难免会出现一些摩擦。如果处理得好,那么这些摩擦就会变成他们大学生活中的一个小插曲,并且经过摩擦之后同学之间更能够相互理解包容;但如果这些摩擦没有处理好,日积月累,就会在同学之间产生隔阂,甚至变成矛盾。

某日,学生 A 找到辅导员反映要调换宿舍,说宿舍同学都对他有偏见,态度很冷淡,每次回宿舍他都觉得很压抑,宿舍里很多事也让他不愉快。在此之前,辅导员也听说学生 A 与同宿舍其他同学关系不融洽。于是,辅导员利用几天的时间分别找了同宿舍的其他同学谈话,从每个人的角度了解问题所在,辅导员发现了学生 A 主要有几方面的问题:①处事功利心较强,宿舍有困难时不挺身而出,而有成绩时又喜欢占有,让宿舍同学比较反感;②生活习惯与其他同学差异较大,经常不考虑其他同学感受,并且在同学们屡次提出意见后仍不改正;③性格孤傲,在家是独生子女,来大学前没有集体住宿的经历。同时,辅导员也发现宿舍其他同学对学生 A 没有足够的包容,言语上常有嘲讽的态度,导致问题恶化。接下来,辅导员首先找到 A 学生进行引导,委婉地从各方面分析了 A 学生自身存在的各方面问题,让 A 学生认识并能接受问题的存在;另外,在征得宿舍所有人的同意后,辅导员召集该宿舍全体同学举行了宿舍集体会议,大家把问题摆到桌面上来,敞开心扉,畅所欲言。当然,事前辅导员也专门找到宿舍其他同学叮嘱集体会议上要注意方法和态度等。通过会议,大家把话说透了,也都认识到了自身的不足和问题,表示以后要互相帮助、共同进步,宿舍团结和谐的氛围逐渐好转。

【小结】宿舍是学生生活的地方,舍友之间产生一些矛盾是很正常的,关键在于当矛盾产生以后,辅导员该如何解决这样的问题。一般情况下,学生问题一定要及早发现,及时处理。有些问题看似简单,但容易出现日积月累、矛盾加深的情况,一旦出现这样的情况,再想解决就十分困难。另外,要关心每一个学生,善于发现学生中存在的问题。最后,在解决问题前一定要多方面获取信息,小心谨慎,深思熟虑后再进行处理,否则会适得其反。尤其在组织学生交流的时候,事前一定要做充足准备,掌控好现场的气氛和方向。

5. 深入开展网络思想政治教育

当下网络社会的兴起,为学生提供了新的生活交流平台。网络思想政治教育(以下称"思政教育")在辅导员思政教育工作中所占比重不断增大。时刻了解学生思想动态,深入分析学生思想需求,以"平等对待""深入交流""合理引导"的原则,运用科学有效的方法引导学生形成正确的价值观、人生观、世界观。在思政教育工作全面展开同时,针对性的引导教育也必不可少,以个性化辅导配合群体心理引导应成为网络思政教育的基本思路。

随着网络交流的方式不断翻新,思政教育的途径越发多元化。以微博交流、博客引导、微信讨论、论坛沟通等方式及时发现、解决问题,不断传递正能量,维持学生心理健康,引导学生形成正确的思想价值观念。

例 2.4.3　辅导员博文写作

微博、微信、论坛等网络平台是大学生主要的交流场所。手机、电脑的普遍化,网络的扩大化使得信息传递显得更为方便快捷。与此同时,网络中虚假信息、煽动言论、负能量文章也沉渣泛起。处于"三观"正在不断形成,但还未定形阶段的大学生容易受到蛊惑。若不能正确引导,日积月累下,大学生的心理健康和价值观念会受到严重影响,更有甚者思想波动激烈,做出过激行为。

某日,辅导员发现微信群里同学之间对"腐败"问题讨论热烈,同时也有同学将自己在网上看到的境外势力所写文章分享出来,文章以"解密还原历史"的由头,针对中国国家建设、政府运作、国家历史等内容进行评论。同学们结合自身经历以及谣传听闻,展现出失望、沮丧、愤怒等消极情绪。辅导员结合同学的言论评价,发现大家的消极情绪主要集中在以下几个方面:①政府腐败风气严重,人民劳动成果遭到窃取,同学对国家发展的未来感到无望;②国家经济发展速度下降,无法再持续以前的势头,民族复兴的愿望难以实现;③社会风气不断恶化,人与人之间的信任越来越不可靠,人情味儿淡薄,功利性太强。

辅导员针对同学们所提出的疑惑和表达的思想情感,以国家真实统计数据,并结合自身经历,以讲故事、写日记的形式展开博文写作,并将文章分享至朋友圈。就同学们对政府腐败无望的消极情感,辅导员结合国家真实历史和自身经历,合理引导同学们认识到任何一个时期都存在腐败的现象,但是党和政府的自身净化性是时刻存在的,国家法制建设也在不断完善等;就国家经济增速下降现象,辅导员将各位经济学专业的解释展示出来,提出国家产业结构转型期间,经济周期性的衰退是正常现象,同时以以情动人的方式重树学生对国家的信心;就社会风气问题,辅导员利用社会良性新闻,引导学生对社会阴暗面进行客观认识,以一种自我倾述的方式和共同探讨的心态,构建与学生的情感联系,帮助学生形成正确的价值观。

除了解决突发情况以外,辅导员还经常写一些内容积极向上的日常生活随感,分享对社会热点的看法,潜移默化地对学生进行思想政治教育。

【小结】网络平台是大学生现今主要的交流平台。在信息优劣共存、渠道多元化的情况下,辅导员应以"实事求是、平等沟通、深入交流、合理引导"的思想观念进行思政教育,以朋友的身份出现在学生身边,提供正确的思想引导,帮助学生形成辨别是非的能力,而非沿袭老一套的填鸭式思想灌输。真诚沟通才是建立辅导员与学生之间信任桥梁的基础。

6. 月末工作小结

十、5月时点、节点工作内容　　职业规划　心理健康

5月是开展心理健康教育和职业规划辅导的重要月份。

本月的时点性工作: 继续深化学生职业生涯规划指导;做好学生心理健康教育。

本月的节点性工作：主要在心理健康教育和职业规划教育指导，要通过个别辅导和团体辅导相结合，将学生的心理健康和职业规划抓好，做实。

1. 整理上月班级情况向主管领导汇报

整理上个月的班级学生情况，向学院主管学生工作领导进行汇报沟通。

2. 继续深化学生职业生涯规划指导

职业规划是指个人发展与组织发展相结合，在对个人和内外环境因素进行分析的基础上，确定一个人的事业发展目标，并选择实现这一事业目标的职业或岗位，编制相应的工作、教育和培训行动计划，对每一步骤的时间、项目和措施做出合理的安排。

辅导员在大学四年的辅导中要不断强化全程化、全方位、分层次的指导理念，在日常管理中加入职业生涯发展与就业指导的内容。在学生进入大二学习之后，辅导员要加强学生职业生涯规划指导，职业生涯规划转入第二个模块"专业与职业探索"，即帮助学生尽可能多地开展职业调研，分析和确定那些符合自身条件的专业与职业，并且列出一个想要从事的工作的目录，逐一找到个人特征与职业特征之间的合理匹配。在这个阶段，辅导员并不用催促学生立刻决定将来从事哪个行业，而是引导学生对所有相关职业的优势和劣势进行剖析，从而获得对于职业的初步理解，基本确定自己喜欢的工作领域，从而进一步做好学生发展辅导。

辅导员在为学生进行职业规划时要注意的元素：①志向选择；②自我评估；③职业的选择；④职业生涯路线的选择；⑤设定职业生涯目标；⑥制定行动计划与措施；⑦评估与回馈。

辅导后，根据学生情况填写下表，便于汇总和查阅。

姓　名	学　号	班　级

大一时的自我认识和了解：
符合自身条件的专业和职业：
想要从事的工作的目录：

3. 进行心理排查,适时做好团体辅导

大二是学生心理问题的碰撞期,一是个性差距造成人际关系冲突,二是学习压力造成心理焦虑,三是异性交往产生心理困惑,四是社会公平缺少心理认可。因此,大二年级的辅导要侧重于人际关系辅导、压力调节及自我塑造和管理。另外,辅导员除了加强个体辅导外,还可以通过团体辅导加强学生自信心、沟通能力、团队合作、创新实践能力等素质,在此过程中引导学生与人为善,加强道德修养,用社会主义核心价值观凝聚团体,营造团结的氛围,鼓励学生勇于开拓,共同进取,谱写动人的青春乐章。辅导员在这个阶段有意识地设计一些团体辅导,对增强学生的综合素质有重要促进作用。

团体辅导是在团体情境下进行的一种心理辅导形式,它是以团体为对象,运用适当的辅导策略与方法,通过团体成员间的互动,促使个体在交往中通过观察、学习、体验,认识自我、探讨自我、接纳自我,调整和改善与他人的关系,学习新的态度与行为方式,激发个体潜能,增强适应能力的助人过程。

例2.5.1　自信心团体辅导策划书(参考)

(一) 团体名称

自卑与超越

(二) 团体性质

封闭性、同质、发展性团体

(三) 团体目标

本团体希望帮助在大学校园中感到迷茫的学生认识自我,通过为组员营造一个真诚、尊重和温暖的小组气氛,引导他们回顾过去的经历,思考自己的性格、价值观、优缺点、人际关系和人生目标等内容,引导和小组其他成员的沟通、探讨,使组员认识自己、了解自己、自我接纳,增强自我尊重和自信,不但深入地了解自己的个性,而且学会欣赏自己的长处,勇敢面对自己的短处。帮助组员澄清自己的价值观,增强自我方向感和自己解决问题并抉择的能力,在探索自身的同时思考自己的生涯规划。同时还希望组员在团体中培养一份归属感和被接纳的感觉,在体验与他人亲密交流、彼此信任的同时,学会关心、倾听和体察他人,提高自己与人交往的能力。

终极目标:自我认识、改进自我,协助当事人发展成为一个自我实现的人。

过程目标：个人探索，了解自己，接纳自己。

（四）团体对象

在校大学生

（五）团体规模

8（不包括领导者）

（六）团体活动地点

活动室

（七）理论基础

1. 阿德勒的理论

阿德勒认为人天生就有一种自卑感，这种自卑感促使个人不断地追求优越。他认为自卑情结的发现是个体心理学的重大贡献。对抗自卑感的主要方法就是"补偿"，即力图补偿自己的不足，克服缺陷以求达到优越的目标。由于补偿方法的不同，儿童形成了"生活方式"，即在生活中不断加以总结、归纳和概括，逐渐固定下来，形成一套特殊达到行为方式，以此作为对付环境的基础。在阿德勒看来，各种心理疾病或障碍都是"生活的失败"，是由于错误的生活风格导致的。而错误的生活之所以产生，是由于个人专注于夸大了的个人优越感并缺乏足够的"社会兴趣"。如果一个人缺乏对社会的兴趣和与他人的合作精神，而自己的生活目标又遇到困难不能达到，人的心理就会失衡。

2. 埃里克森的理论

埃里克森认为，青年期主要面临的问题和困惑是自我同一性，同一性混乱具体表现为自我认识不全面、不客观，自我目标不明确，自我与环境适应不良，由此导致了自我认识偏差、自卑、人际关系不良、生涯规划不明等一系列迷失性问题。因此这一阶段的主要发展任务就是要建立同一性和亲密关系，即帮助青年人认识自我、了解自我，思考自身角色和责任，以及自己与周围环境的关系，确认自己的正确位置和发展方向。

3. 马斯洛的理论

尊重的需要可分为自尊、他尊和权力欲三类，包括自我尊重、自我评价以及尊重别人。与自尊有关的，包括自尊心、自信心，对独立、知识、成就、能力的需要等。尊重的需要也可以如此划分：①渴望实力、成就、适应性和面向世界的自信心，以及渴望独立与自由；②渴望名誉与声望。声望为来自别人的尊重、受人赏识、注意或欣赏。满足自我尊重的需要导致自信、价值与能力体验、力量及适应性增强等多方面的感觉,而阻挠这些需要将产生自卑感、虚弱感和无能感。基于这种需要,愿意把工作做得更好,希望受到别人重视,借以自我炫耀,指望有成长的机会、有出头的可能。显然,尊重的需要很少能够得到完全的满足,但基本上的满足就可产生推动力。这种需要一旦成为推动力,就将会令人具有持久的干劲。

自我实现的需要是最高等级的需要。满足这种需要就要求完成与自己能力相称的工作,最充分地发挥自己的潜在能力,成为所期望的人物。这是一种创造的需要。有自我实现需要的人,似乎在竭尽所能,使自己趋于完美。自我实现意味着充分地、活跃地、忘我地、集中全力全神贯注地体验生活。成就感与成长欲不同,成就感追求一定的理想,往往废寝忘食地工作,把工作当是一种创作活动,希望为人们解决重大课题,从而完全实现自己的抱负。

（八）团体活动设计方案

单元	单元目标	活动流程及内容
一	(1) 小组成员相互认识并初步了解； (2) 组员对基本情况更了解； (3) 培养和谐的团体氛围； (4) 建立团体规范	(1) 简述团体辅导以及对领导者做一定的介绍； (2) 棒打薄情郎以及滚雪球； (3) 同舟共济； (4) 签定契约
二	(1) 建立团体成员彼此之间及对团队的信任感； (2) 增强团体凝聚力； (3) 了解并协助成员解决各自的一部分困惑	(1) 自我激励； (2) 解开千千结； (3) 热座
三	(1) 帮助成员从不同的角度看待问题； (2) 帮助成员悦纳自我； (3) 增强成员自我方向感； (4) 发掘一些深层次的问题,并做相应处理	(1) 自我激励； (2) 分享家庭作业； (3) 信任之旅； (4) 天生我才
四	(1) 在自我认可的基础之上增强自信； (2) 帮助成员适当展望未来； (3) 总结团体	(1) 自我激励； (2) 戴高帽； (3) 毕业歌大比武； (4) 填写自我评定量表

第 一 单 元

活动	内容	时间
一、简单介绍	领导者对此次团体辅导做简单介绍	10分钟
二、练习一	名称：滚雪球以及棒打薄情郎 目的：活跃团体氛围，让成员在短时间内尽可能地认识其他每一位成员 材料：用报纸做成的一根纸棒 操作：(1)成员围圈而坐，从其中的任意一个人开始，每人用一句话介绍自己，这句话中必须包括姓名、家乡、专业，例如：我是来自××的××专业的××。规则是：每一个人在介绍自己的时候必须将之前已经做过自我介绍的人的信息依次全部讲出来，例如：我是坐在来自××的××专业的××的旁边的、来自××的××专业的××旁边的……来自××的××专业的××。如果其中任何一位成员没有记住其他成员，他将受到来自被他忘记的人的当头一棒。 (2)让成员谈感受，领导者总结	40分钟
三、练习二	名称：同舟共济 目的：建立团体成员间的信任，增强团体凝聚力 材料：每组一张报纸 操作：(1)首先将成员分成两组，每一组4人。 (2)要求将报纸铺在地上，代表汪洋中的一条船，现在需要团体成员4人经过共同想办法同时站在船上，必须同生死共命运，一个也不能少。 (3)将报纸面积减半，继续按照上面的方法进行游戏。 (4)让每个成员谈感受，领导者总结	50分钟
四、结束会面	签定团体辅导协议书 结束此次会面	20分钟
五、备选练习方案	名称：成长三步曲 目的：体验成长的快乐 操作：鸡的成长分为鸡蛋、小鸡、大鸡三步。只有和成员划拳赢了时，才可以从低一级成长为高一级，否则退为低一级。直到成长为大鸡才算赢了，可以坐下来	10分钟

第 二 单 元

活动	内容	时间
一、自我激励	全体成员围圈而坐,由其中一个成员开始,按照顺时针或逆时针方向每人说一句激励自己的话	5 分钟
二、练习一	名称:解开千千结 目的:让团体成员了解到努力可以战胜困难,也能战胜自卑 操作:(1)领导者让全体成员手拉手站成一个圈。 (2)让每位成员看清楚自己的左手和右手分别是谁,确认后再松手。 (3)让成员随意走动,指导者叫停,成员定格,位置不动,伸出右手拉住开始站自己右边的人,伸出左手拉住开始站在自己左边的人,这时形成了一个复杂的结。 (4)手拉住不放开,然后通过集体移动将结变成与开始一样的圈。 (5)分享感受	30 分钟
三、练习二	名称:热座 目的:通过相互提供意见,协助成员解决个人所面临的困惑 准备:每人一个信封,若干纸条(比人数少一张) 操作:(1)给每个成员发几张白纸、一个信封,在信封上写上自己的名字,然后将自己目前最困扰最想得到帮助的问题写在纸条上,每张纸条写同样的问题,并留有足够的回答问题的空间,每张纸条上写上姓名。 (2)然后把写好的纸条发给每一位成员,请他们回答,每位成员拿到他人的问条时,认真思考,根据自己的经验及体会怀着真诚助人的心情以自己的方式回答,没有什么对与不对之分,把自己对某一问题的真实看法写出来,回答者不用署名,信封放在小组中央地上或桌上。回答完毕,把每个人回答的问题装进信封内,每个成员取回自己的信封一一阅读。 (3)最后,每人谈自己阅读完他人意见后的感想。由于得到多人的帮助,丰富了个人有限的经验,常常使受益者感动不已	60 分钟
四、结束会面	结束会面	10 分钟
五、备选练习方案	名称:扮时钟 目的:活跃气氛 准备:三根长短不同的纸棒,一个时钟模型 操作:(1)在白板或墙壁上画一个大的时钟模型,分别将时钟的刻度标识出来。 (2)找三个人分别扮演时钟的秒针、分针和时针,手上拿着三种长度不一的棍子或其他道具(代表时钟的指针)在时钟前面站成一纵列(注意是背向白板或墙壁,扮演者看不到时钟模型)。 (3)主持人任意说出一个时刻,比如现在是 3 小时 45 分 15 秒,要三个分别扮演的人迅速地用代表指针的道具指向正确的位置,指示错误或指示慢的人受罚。 (4)可重复玩多次,亦可有一人同时扮演时钟的分针和时针,训练表演者的判断力和反应能力	

第 三 单 元

活动	内容	时间
一、自我激励	全体成员围圈而坐,由其中一个成员开始,按照顺时针或逆时针方向每人说一句激励自己的话	10分钟
二、分享家庭作业	让每一位成员将自己记录的优点大声说出来	10分钟
三、练习一	名称:信任之旅 目的:通过助人与受助的体验增加对他人的信任与接纳,并且帮助认识到"天生我才必有用" 准备:指导者事先要选择好盲行路线,设置障碍,准备用来蒙眼睛的毛巾。(领导者加入游戏),并准备分别写有1、2、3、4、5、6的小纸条六张 操作:(1)两人一组,一位做盲人,蒙上眼睛,一位做瘸子。抽签决定出场顺序。 (2)1组和2组竞赛,瞎子背起瘸子,站在起跑线上,领导者发出开始口令。 (3)瘸子指挥行走路线,帮助瘸子绕过障碍,到达终点。先到者说"我们最棒",胜利。 (4)其他小组依次进行竞赛,最后产生三个优胜组。 (5)对三个失败组进行惩罚。 (6)分享练习感受	50分钟
四、练习二	名称:天生我才 目的:通过练习,协助参加者了解自己的长处,珍惜自己的潜能,学习自我欣赏与自我肯定,学习欣赏别人,增进自信和信任 准备:每人一张纸 操作:(1)领导者先介绍活动,请成员在纸上用10分钟写下自己的10个优点,然后请成员依次在小组中讲出这10个优点,其他成员给以反馈。 (2)领导者组织分享练习感受	40分钟
五、结束活动	总结并结束此次活动	10分钟
六、备选练习方案		

第 四 单 元

活动	内容	时间
一、自我激励	全体成员围圈而坐,由其中一个成员开始,按照顺时针或逆时针方向每人说一句激励自己的话	10 分钟
二、分享家庭作业	让每一位成员将自己记录的优点大声说出来	10 分钟
三、练习一	名称:带高帽 目的:(1) 协助成员体会团结合作的重要性与乐趣。 (2) 使成员体会被人欣赏与接纳的感受,学会自我阅纳,提高自信 准备:透明胶,剪刀,报纸,便笺纸,笔 操作:(1) 将成员分成两组。 (2) 各组合作完成高帽的制作。 (3) 各组依次请每一位成员坐在小组中央,戴上高帽,其他人在便笺纸上写下他的优点,然后轮流说出来,并贴在高帽上。 (4) 领导者组织讨论,分享练习感受	30 分钟
四、练习二	名称:毕业歌大比武 目的:了解他人,增进合作,培养团队意识和归属感 准备:白纸若干,笔,若干首背景音乐 操作:(1)按练习一分组进行比赛,各组选择一首背景音乐,自己填词,歌词的内容应积极向上,以自信为主题,写在纸上。时间为25分钟。 (2)各组以合唱的形式展示自己的作品,可以配合动作表演,有10分钟的时间排练	40 分钟
五、结束此次团体辅导活动	全体成员分享四期团体辅导的感受,填写自我评定量表,合影留念,结束团体	
六、备选练习方案		

[附] 一些常用的团体辅导游戏

一、大风吹

二、六人七足

三、虎克船长

四、头脑风暴

五、串名字游戏

六、扮时钟

七、衔纸杯传水

八、瞎子背瘸子

九、合力吹气球

十、顶球竞走

4. 月末工作小结

十一、6月时点、节点工作内容　　专业引导教育　考风考纪教育

6月即将接近期末,学生也将进入大三学习,要做好专业引导和考期动员。

本月的时点性工作:专业引导教育;期末考试动员。

本月的节点性工作:大三以后的课程以专业课为主,本月工作重点主要是做好专业引导教育和期末考试动员。

1. 整理上月班级情况向主管领导汇报

整理上个月的班级学生情况,向学院主管学生工作领导进行汇报沟通。

2. 专业引导教育

学生过完这个学期即将进入大三学习,在这一月中,辅导员要充分利用班会、参观实验室、高低年级学生交流等活动做好专业教育引导,重点引导学生要把主要精力放在对自己专业知识的掌握上,努力把自己打造成为一个具备丰富专业知识以及专业技能的人。为各班级联系专业学习指导教师,由专业学习指导教师为学生指导如何适应专业课的学习,做好学生从以基础课为主转变为以专业课为主的转段适应工作。

班级	专业指导教师	职称	所学专业	联系方式	电子邮箱

例2.6.1 专业经验交流会策划书

活动背景:对于即将进入大三的学生开始大量接触专业学习,专业课的学习和基础课的学习方式方法有所不同,面临着新的学习方法,能否顺利地渡过这一关

键时期,将对学生的后半段大学生活产生重大的影响。如何尽快完成从基础课到专业课的思路转变,尽早实现"系统升级"是大二即将结束前的重要一课。对于专业的迷茫和专业课学习方式的不了解是大二中比较普遍的一个现象,因此,有必要对学生进行专业引导和教育。

活动目的:举办这次活动的目的在于通过本场交流会进一步加深学生对专业的认识,培养其对自己专业的热情和希望;了解专业发展前景和专业课学习的方法,尽快适应大三专业课多的学习生活,积极调整自身,掌握好专业学习方式与方法。

参加对象:大二全体学生。

活动流程:

(1)搜集问题:向学生宣传并征集对自己专业关心或想了解的问题,并将搜集的问题整理汇总,准备好提供给交流会嘉宾(学院领导或专业老师),以便其做准备,并使交流有针对性。

(2)交流会开展:请交流会嘉宾与学生进行深入交流,除提前搜集的问题解答之外,鼓励现场互动,使交流更加充分。

3. 抓好考风考纪工作

6月到来,学生即将进入期末考试,辅导员在本月中要继续做好考前动员工作及考风考纪宣传教育工作,进一步加强诚信意识,树立良好的学风、班风。同时也要关心学生在期末考试期间的心理、生理变化,及时给予帮助。

例2.6.2 期末考试动员会讲话(参考)

同学们:

时间如梭,大家又将进入期末考试阶段,希望同学们把握好这次机会,考出我们的水平,考出佳绩,考出自信。

首先,遗忘是人的必然,世上从来就没有过目不忘的人,我们每个学生要端正对待考试的态度,重视考前的复习。孔子曰:"温固而知新",就是告诉我们学习要重视复习,一个成绩优秀的学生是肯吃苦、肯钻研,认真复习并掌握科学的学习方法的人,所以希望每一位同学能够在老师的指导下,把所学的知识认真整理、归类,并全面系统地进行复习,争取做到熟能生巧,融会贯通。

其次,考试是紧张的,每位同学既要重视考试,又要正确对待考试。考试既是知识的检测,又是意志的磨练。考试时紧张,但不能过分紧张,要保持一定的焦虑但不能过于焦虑,要沉着冷静,要对自己充满信心,同时要科学对待考试,认真分析试题,仔细推敲,先易后难。考题对你容易对别人也容易,因此遇到容易的不要忘乎所以,要细心谨慎;考题对你难对别人也难,因此,遇到难题莫惊慌,要认真思考。许多同学考不好是因为粗心大意,把会做的题随手做错了,我们要吸取教训,做到基础题不丢分,争取战胜难题,并注意把握时间。

第三,考试同样是一次对行为习惯规范的考验,我们要求做到:

(1) 考试时只带必要的物品,如笔、尺、橡皮等进入考场,严禁携带手机等通信工具进入考场。

(2) 考试时应认真安静地答卷,有不清楚的举手问监考老师,不得交头接耳,不得左顾右盼,不得夹带与考试有关的东西。

(3) 考试期间的仪表要求如常,请同学们着装整洁、得体、大方。

(4) 考试期间请同学们注意保持校园及所在考场的卫生,爱护学校、班级的公共设施。

第四,考试还是一次对人品的检测,每一位同学对考试的纪律都是很清楚明白的。考试是严肃的事情,来不得半点弄虚作假,考试作弊是自欺欺人的做法,不能弥补自己的漏洞,相反会让自己失去诚实的宝贵品质,对于考试作弊的学生学校将给予严肃惩处。希望大家自尊自爱,切勿因小失大。

每一位同学都希望考出优异的成绩,以告慰辛苦抚养我们成长的父母,以报答辛勤培养我们的老师,以勉励辛劳攻读的自己。但考试成绩必然有差异。考得好不要沾沾自喜,要自我找差距,争取百尺竿头再进一步。考得不好也不可灰心丧气,要仔细分析找原因,争取下次打个翻身仗。大家应该学会正视现实,学会适应环境,学会自尊自重。

大学时代是人生的青春时代,是学习的黄金时期。我们要学会对生命负责,因为我们的生命朝气蓬勃;我们要学会对集体负责,因为我们集体团结奋发;我们要学会对未来负责,因为我们的未来光明灿烂。同学们,我们每个人都有个性,有自尊,更有一股奋发向上、不甘落后的上进心。衷心希望同学们勤奋学习,认真复习,每一个学生都能取得学业的进步,能取得人格的完善。最后,祝同学们考试取得好成绩!

4. 月末工作小结

十二、7月时点、节点工作内容　　社会实践活动

暑假即将来到,大二暑期社会实践是学生职业体验的重要手段,要花精力做好。

本月的时点性工作: 假期安全教育;学生暑期社会实践活动指导。

本月的节点性工作: 开好暑期安全教育会,帮助学生联系暑期社会实践,做好指导工作。

1. 整理上月班级情况向主管领导汇报

整理上个月的班级学生情况,向学院主管学生工作领导进行汇报沟通。

2. 假期安全教育

学生即将进入大三的学习,在大学的时间渡过一半,不少学生的心态会发生较大的变化,认为自己已经成为了高年级学长,经验丰富。往往在这个时候,学生的假期安全尤为重要,因此,辅导员要重视放假前的安全教育,引导好学生渡过一个有意义、充实的假期。

3. 学生暑期社会实践活动指导

大二下学期暑假的社会实践活动意义重大,前面已经提到,这个假期,不少学生的心态会发生变化,辅导员要充分利用暑假的社会实践,让学生更深入地接触社会,了解社会,真正成熟起来。

例2.7.1　暑期社会实践注意点

一、暑期社会实践活动前期准备阶段

1. 利用横幅、宣传板、海报、传单及学校广播、网站等多种传媒工具加大此次活动的宣传。

2. 做好活动前相关资料的准备,通过查阅书籍或网上查询搜集与课题相关的

信息,积极思考此次活动的完善方法。

3. 认真参加准备期间的各种会议,并做好记录;会议上要勇于提出自己的见解,积极地对实践活动提出自己的意见和看法。

4. 在校居住期间每个队员要注意人身安全和饮食卫生。任何队员不得长时间离开学校,更不能在校外过夜,每天应及时向队长说明动向。如有特殊原因需要向小分队队长请假,经同意离开学校,必须按时返校。

5. 在校居住期间,结伴外出,特别是女生,若要出行,必须两人以上(其中必须有男生),随时与其他同学保持联系。每晚向指导教师汇报,一切活动以安全为第一。

6. 在准备期间每个队员要做好活动所需物品的检查、保护和购买工作。在出发前三天,每个同学必须清点其所带物品数目和质量,若有损坏或缺失应上报队长并及时解决。

7. 手机24小时开机,保证信息的畅通。

8. 在前往目的地途中保管好个人及公共财产,并随时与其他队员保持联系以确保安全。

二、暑期社会实践活动执行期间

1. 分工明确,组织细化。

2. 财务管理清晰,要有总负责人。

3. 设立专门负责安全的同学,一切活动以安全为第一,实行安全一票否决制。行动前队员进行医疗急救知识的培训,备齐常备药品。活动过程中出现疾病、受伤等情况及时自救,并求助当地的医疗部门,重新安排日程后报告总部。与当地政府部门和公安机关随时保持联系以保证安全。同时,注重自我保护,如遇不法分子,冷静对待,顾全大局,不蛮干。

4. 在实践活动中,每个队员必须端正态度,戒骄戒躁,严肃认真,发扬吃苦耐劳、互助友爱的精神,自我管理,自觉整理好内务,并承担相应的集体任务。

5. 维护学校和学院良好声誉,活动期间注意个人形象,合理安排着装,礼貌待人。

6. 活动期间,要关注实践队员的人身安全和财产安全,纪律严明。各小组要统一安排行动,未经批准,不得以任何个人意愿单独行动。

7. 实践团队各项事物由集体讨论决定,统一意见后贯彻民主集中制原则。

8. 活动期间队员必须认真负责地完成给定任务,注意合理分配任务。

9. 每天调查结束后,队员要认真做好笔记,整理数据,以便整个实践活动结束后写出质量较高的社会实践总结或调查报告。

三、暑期社会实践活动结束后

1. 活动结束后,返校或返乡途中注意安全。

2. 活动结束后,每个队员要对整个活动进行反思,总结经验教训并整理以便后期活动参照。

3. 为扩大活动影响,新学期开始应通过各种渠道积极对活动做后期宣传。

4. 每个队员要认真对待自己的调查报告和相关论文,在规定时间内保质保量完成。

开展暑期社会实践,首先要有策划书,对活动有一个详细的规划和统筹。

例2.7.2 暑期社会实践策划书(参考)

为了继续贯彻落实《中共中央国务院关于进一步加强和改进大学生思想政治教育的意见》和《关于进一步加强和改进大学生社会实践的意见》文件精神,贯彻落实学院团委20××年关于暑期社会实践活动的通知精神,鼓励大学生主动投入社会,把书本知识与实践活动结合起来,学以致用,让学生早日认识社会,熟悉社会的运行章程,接受社会实践活动的考验,在社会实践中经风雨、受教育、长才干,树立正确的世界观、人生观和价值观,全面提高大学生的综合素质,××学院于今年暑期组织该院部分学生到××市进行社会实践活动。

一、指导思想

用马克思主义科学理论武装青年,用社会主义荣辱观教育青年,用改革开放和社会主义现代化建设取得的巨大成就鼓舞青年,用全面建设小康社会、实现中华民族伟大复兴的美好前景感召青年,用先进典型激励青年,引导广大青年坚定跟党走中国特色社会主义道路的信念,勤于学习、勤于创造、甘于奉献,与祖国共奋进,与时代同发展。要紧紧围绕我校大学生的培养目标,着眼于学校学生人才培养体系和人格培育体系建设,通过组织开展丰富多彩、富有实效的社会实践活动,进一步激发我院青年学生健康成长、奋发进取的主动性、积极性和创造性,提高我院大学生的社会适应能力和社会竞争力,增强社会责任感。

二、活动主题

长见识,经风雨,服务社会

三、活动时间

20××年7月中旬至下旬

四、活动地点

××市

五、活动背景及目的

1. 背景介绍

介绍本次社会实践的背景资料,让成员对此次实践的内容有更深入的了解和掌握。

2. 活动目的

为了更好地引导广大团员青年积极投身社会实践,深入宣传社会主义荣辱观,宣传人文、科技、绿色的奥运理念。掌握科技发展的动向以及对相关产业的带动,鼓励广大学生在实践中了解社会、了解国情、增长才干、奉献社会,锻炼意志、培养品格,进一步提高思想政治水平和综合素质;为了更好地锻炼同学们的社会实践能力,丰富同学们的暑期生活,积累更多的社会经验,提高自身素质,更好地完善自我,为以后社会工作打下良好的基础。同时通过社会实践活动,整合课堂所学习专业理论与知识,在实习中强化专业知识和技巧的运用及实际工作的能力,不断在社会实践中深化对本专业的定位与就业方向的认识,增强社会责任与服务意识,发挥专业特长,提高自我,服务社会。

六、活动人员

带队老师:××老师

队长:××

成员:×× ×× ×× ××

活动协调:×× ××

财务管理及后勤保障:×× ××

外联公关:×× ××

资料整理:×× ××

信息宣传:×× ××

安全工作:×× ××

七、日程安排

1. 宣传动员及立项(×月×日—×月×日)

在学生中进行暑期社会实践活动的动员,讲清、讲透学生参加暑期社会实践活动的目的、意义及要求；并初步拟订本院暑期社会实践活动的方案，实践活动项目，上报。

2. 准备阶段(×月×日—×月×日)

制定规范、详细的培训计划，认真开展培训工作。对队员进行专业理论、时事政策、采访技巧、调查技巧、实践相互知识和安全注意事项等方面的培训。

3. 实施阶段(×月×日—×月×日)

按计划进行社会实践活动。

4. 活动总结阶段(×月×日—×月×日)

各种材料整理上报，并做好资料存档工作；实践团队将实践总结、调研报告和相关材料报送校团委。

八、主要活动内容

1. 实地调查(具体内容)
2. 知识宣讲或义务帮扶(具体内容)
3. 交流座谈(具体内容)
4. ……

九、活动经费预算

1. 车费：
2. 住宿费：
3. 其他费用： 共计：

附表：

实践队名称	成员	实践单位	地点	负责人	联系方式	考察时间

4. 月末工作小结

第三章 大学三年级

大三是大学生走向成熟的开始期。表现在学习上,经过两年时间的学习,学生对专业有了基本的认识,并开始深入学习和独立思考,开始学会运用专业知识分析社会问题,甚至习惯使用专业术语;表现在工作上,能够独立承担一些工作,能够自己开展工作计划,设定工作目标和寻找实现的途径,开始把大学所学的一些理论和实际联系起来;表现在生活中,和同学关系较为稳定,特别是出现矛盾时,开始学会独自处理。同时大三是一个"分水岭"的阶段,学生面临着如何在考研、工作、出国或者创业几个方面进行现实的选择,一部分学生在重复学习、工作、生活的同时会陷入一种选择迷茫;即使在做出选择后,在准备的过程中他们也可能会出现反复,自己到底该如何选择。即便做出了最后的决定,学生们还要为如何做好准备而开始寻找各种答案、经验。

同时,大三学生思想开始成熟也开始怀疑"权威",在处理辅导员、班主任传达的信息时,他们会质疑、过滤甚至屏蔽。因此,辅导员开展大三学生的教育、管理、服务工作需要更加深入细致,并且要针对这一时期学生的特点开展具体的工作,特别是结合学生个人实际进行深度辅导,帮助学生确立目标,帮助他们分析自己的现实条件和各种选择利弊,引导他们去寻找自己内心真正的需要。大三,是大学生为顺利毕业做好各种准备的关键一站。

大三辅导员的工作时段一般为每年8月至次年7月,每月工作内容都有其重点,从宏观大框架上看每月的工作侧重点如下。

月份	时点和节点内容
8月	学生返校思想动态调研;召开年级大会做好就业第一次动员;社会实践成果展示;上学年工作总结;大三党员的模范作用。学生四、六级考试成绩摸底工作
9月	引导、督促学生实施职业生涯规划;进行个性化深度辅导;配合班主任工作开好年级班主任工作会;关注基层党组织建设
10月	各类奖学金评定工作,贫困生贷款工作,"十一"假期安全教育工作,开展深度辅导工作(考研、出国和找工作的学生分类指导),做好学风督察工作

(续)

月份	时点和节点内容
11月	开展深度辅导工作(出国学生、找工作学生);开展感恩教育活动;心理问题学生排查工作;举办考研经验交流会
12月	以"一二·九"为契机做好学生党支部的组织建设和活动开展工作;抓好考风考纪工作
1月	元旦假期安全教育工作,认真做好年度工作总结和新年工作计划
2月	关注学生成绩;适时与家长联系沟通;走访慰问留校学生
3月	学生返校思想动态调研;做好"挂科"学生教育引导工作、存在不能毕业风险的学生的筛查及教育帮扶工作;做好大三学生推优入党工作
4月	组织优秀毕业生来校开展经验交流会;做好学风督察工作;心理问题学生排查工作;简历制作工作坊
5月	"五一"假期安全教育工作;就业深度辅导(如何选择考研、出国、工作、就业政策等);举办就业信息搜集方法工作坊
6月	策划学生党支部活动;组织策划暑期社会实践,引导学生积极参加职业体验活动;召开年级大会;举办面试和面谈方法及技巧工作坊
7月	考风考纪工作;暑期留校学生信息统计工作和服务工作;关注学生成绩

一、8月时点、节点工作内容　　英语四六级成绩摸底　党员模范作用发挥

大三学生在新学年第一学期的第一个月,往往会通过多种方式总结和回顾两年来大学的学习、工作、生活。但是由于8月开学时间一般在中下旬,学生处于开学调整心理期,因此教育引导工作不能操之过急,除了做好需要参加补考、缓考学生的教育工作外,主要开展一些能引发学生关注自我状态的活动。但是必须做好英语四六级成绩的摸底工作,特别是要对那些没有通过四级考试的学生要加强教育和帮扶工作,鼓励和帮助他们继续备考四级考试。同时,刚刚步入大三年级的学生依然保持着工作的主动性、积极性,有热情愿意帮助低年级学弟学妹,无论在专业学习、思想引导、社会工作等方面都有能力帮助低年级同学成长。辅导员应当在这一个月抓住这一机会,建立大三学生协助学院开展朋辈学习和朋辈辅导的机制,发挥大三优秀学生特别是大三学生党员的作用,并通过这一工作进一步提高大三优秀学生的综合能力和素质。

本月的时点性工作:学生返校思想动态调研;召开年级大会做好就业第一次动

员;社会实践成果展示;上学年工作总结;大三党员的模范作用。

本月的节点性工作:学生四六级考试成绩摸底工作。

1. 学生返校思想动态调研

学生返校思想动态调研是新学年开学的常规工作,除了了解学生返乡情况、思想动态、需求和意见外,大三辅导员还要注意本年级学生返校的情况。经历过大一和大二后,大三学生心理较为成熟,学生思想也开始较为独立,暑假不回家选择留校或者到了返校时间而还继续在实习单位工作就是其中一种表现。因此,对刚升入大三而未及时返校的学生必须注意核实其未能及时返校原因的真实性。对于那些不能及时返校的学生,辅导员要确定他们返校的时间,超过时间而没有返校的学生,辅导员要及时和他们或者家长联系,确认学生的具体去向。

例3.8.1 小董为何没有返校?

开学第一天,大三辅导员发现公共事业管理专业的女生小董没有及时返校,就及时和班级负责人联系,了解小董的去向。班长说他们只是听说小董假期要去埃及,但是不知道是否是真的。由于恰逢中东地区某国社会不安定,对中东地区影响很大,波及埃及,辅导员担心小董的安全,于是就和家长取得联系,询问家长是否知道小董的去向。小董父亲说他知道这个事情,说是家里的亲戚陪小董去了埃及,以增强小董的见识社会实践能力,并期望通过去埃及增加小董学习外语的能力,并替小董向辅导员请假,说是过几天就回来。由于家长说明了情况,辅导员没有继续再追问。但是过了一周后小董仍然没有返校,辅导员觉得有些奇怪,就和其宿舍的同学了解小董的事情,发现小董大二的时候认识了学校一名埃及留学生,并和对方确定了恋爱关系,大二放暑假前小董曾经跟宿舍同学透露过她正在办理去埃及的护照。辅导员觉得蹊跷,同学们反映的情况和小董父亲说的并不完全一致,于是再次和家长取得了联系。在第二次谈话中,家长终于说了实情,原来小董真的是因为谈恋爱去的埃及,没有所谓亲戚陪同,而且由于中东局势紧张,中国国航飞机票非常紧张,很多人都转道埃及回国,小董目前仍然没有买到机票回国。家长非常担心她的安全,但是又怕学校知道了实情后会因为缺课等原因处分小董,所以在小董的要求下家长就替小董撒了谎。但是现在家长也联系不上小董了,而中东局势又如此不安定,新闻联播也播放了国家正在采取措施撤侨,家长非常担心小董的安全。了解实情后辅导员及时向学院和学校汇报情况,并通过校友的关系了解到了小董目前人身安全,就是没有买到机票回国。通过校友,辅导员和小董确定了通过网络保持联系。期间,辅导员还积极与留学生主管部门取得联系,了解小董男朋友的身份、在校表现、家庭背景(特别是父母职业),评估他对小董的安全是否存在危险。经过种种努力,辅导员判断小董的男朋友应当能够帮助小董回国,她目前不会有危险,目前要做的是等待回国机票。同时辅导员还向小董的家长建议他们到北京一趟,和外交部有关部门取得联系,请求驻埃及使馆的帮助。最终,在多方努力下,小董在中东某国发生大规模骚乱的情况下安全返校。

[小结]大三阶段学生思想较为成熟,对学校规章制度比较熟悉,难免会在处理一些事情时想着既不被学校老师发现自己违反规定又能按照自己的意愿来处理。但由于他们还缺少一些必要的社会阅历,在发生一些意想不到的突发事件时不能妥善处理。例如假期返校,大三学生不能按时返校就开始呈现增多的现象,辅导员需要进一步把学生返校实际情况摸清摸透,掌握学生的具体去向,这既是对学生负责也是对家长负责。

2. 召开年级大会做好就业第一次动员

学生返校后,要及时召开年级大会,和学生进行沟通交流,明确大三学年的学习任务、学习特点。在召开年级大会之前,辅导员可以通过发挥班主任、学生干部的作用,以调查问卷、座谈、走访、关注学生个人网页的多种形式了解和掌握学生返校后的思想动态,并结合学生当前的思想状况在年级大会上进行教育和引导工作。

在年级大会中辅导员应当及时开展第一次就业动员,教育引导学生认识到大三是大学四年中关键一年,是个人选择和发展关键的一年。在大三的时间里,学生要根据自己的发展方向,在考研、工作、出国中做出抉择并为之做好各项准备工作。对于考研的学生,要确定学校、专业、导师,如果跨专业、跨校考研则需要充分了解外校和外专业的知识,评估自己是否能够跨专业跨校考研;对于找工作的学生,要确定自己就业区域、行业、岗位,并有意识丰富自己的简历,使自己具备胜任具体岗位的工作能力;对于出国的学生,要提醒他们考托福考雅思的重要性以及国外大学对学习成绩、学术能力、公益心等的一些原则性要求。

3. 学生四、六级考试成绩摸底工作

一般学校都是要求学生大二第二学期末参加外语四级考试,有的学校则没有统一安排。但是大部分学校都把是否通过四级考试作为学生能够获得学位证书的重要评价指标。因此要关注那些还没有及时通过四级考试的学生,可以采取集体

谈话或者个别谈话的方式,鼓励学生继续努力学习。条件成熟的班级还可以开展结对子的方式,引导外语成绩优秀的学生帮助那些学习外语较困难的学生。

在和没有及时通过四级考试的学生谈话的过程中,辅导员要注意四点:①要向学生说明本校关于四级证书的重视程度以及用人单位对外语水平的一些要求,让学生能够有一定的压力,并能够转化为动力;②要以鼓励学生为主,说明绝大部分学生在毕业前都能够顺利通过四级考试;③要教授学生一些基本的学习方法,特别是那些来自教育欠发达地区的学生,他们往往是由于基础差、方法欠缺而难以通过四级考试,所以如果能够掌握一些学习外语的方法和技巧,有益于他们通过考试;④如果要帮助学生结对子,通过外语学习成绩好的学生来帮助没有通过四级考试的学生,应当取得被帮助者的同意。

4. 上学年工作总结

除了一般数据统计和总结分析外,辅导员可以根据年级的具体情况开展针对性的工作,达到鼓励学生和帮助学生的目的。

例如可以开展年级的学风建设调查活动,了解学生对学风状况的基本认识,存在的主要问题(缺乏学习目标,厌学,为考试而学;没有学习、学术气氛;浮躁不踏实,考试突击;就业前景暗淡,学习没劲头;学习纪律意识差,迟到旷课现象严重;考试作弊;老师上课没吸引力,对学生要求太松等),了解学生学习动力(自己的前途和未来;家庭的压力;奖学金等),以及学生对课堂、任课教师的评价等。通过调查活动,可以掌握本年级在学风中存在的问题以及原因,从而有利于辅导员开展针对性的工作。

5. 发挥大三党员的模范作用

大三年级的学生党员在学习、工作、生活等方面积累了一定的经验和教训,同时还有较强的工作积极性,辅导员应引导他们在低年级班级建设、本年级班级建设中发挥模范作用。

例如:可以选拔优秀的学生党员到新生班级中担任班主任助理(驻班党员)的工作,在第一时间为新生提供帮助,向他们传授学习经验,引导新生尽快适应大学生活,步入成长的良性轨道,为班主任和班级同学、学生党支部和学生之间架起一座沟通的桥梁,便于从全方位了解和塑造学生。大三学生党员可以在新生班级开展迎新工作、新老生经验交流会、爱国主义教育、新生入学教育、"怎样上好第一节课"主题班会;可以协助召集班主任见面会、协助开展班团委竞选工作。同时还可以在班级中宣传党的基本理论知识、入党程序、入党申请书的写法,宣传马克思主义、毛泽东思想、邓小平理论、"三个代表"重要思想和科学发展观;和班团委保持紧密联系,指导班级的工作,如参加班团委的选举工作,参加主题团日活动或班会;随时掌握班级情况,发生特殊事件及时向组织汇报;关注特殊群体,包括贫困生、落后生、思想偏激学生、少数民族学生,帮助他们顺利适应学生生活;随堂听课等。

选拔优秀的大三党员担任班主任助理(驻班党员)要注意选择能够胜任此项工作的学生党员,具体来说包括:①党性强,严格遵守党的纪律,有较好的理论修养,没有受过党内处分;②坚持德、智、体全面发展,学习成绩良好,能起到模范带头作用;③责任心强,对组织交代的工作能按质按量完成;④担任过学生干部,做过一定的学生工作,有较好的工作经验。同时,为了保证和监督担任班主任助理(驻班党员)的大三党员能够发挥作用,辅导员还要注意建立起监督和协调机制,例如可以每周或每月召开这些党员的例会,要求他们向一年级辅导员或党总支负责人汇报所带班级的基本情况、问题以及工作计划等。

例3.8.2 建立红色微信宣传队开展社会主义核心价值观宣传教育工作

为推进社会主义核心价值观宣传教育工作,大三年级辅导员依托年级党员骨干,积极在青年学生当中开展社会主义核心价值观的宣传教育工作,取得了良好成效。

一、实施过程

1. 第一阶段:组建工作

召开年级党员动员大会,会议表达了选拔成立红色微信宣传队的想法,确定了红色微信宣传队的工作目标,规定了保密原则,制定了工作措施,特别强调要实现"细化党员责任区,密切关注学生思想动态,合理充分利用网络平台,弘扬核心价值观"的要求。

2. 第二阶段:学习工作

辅导员带领全体成员开展了"学习党的理论知识、宣传核心价值观理念"和"党内业务培训、党员无职上岗"等活动。以"纵向支部传承经验、横向支部评比竞争"为动力和抓手,以线上线下同时学习为主要推动形式,学促结合,力求红色微信宣传队成员了解和掌握社会主义核心价值观的精髓。

学习有关宣传内容,保证全体成员做到"真学真信真用",始终是红色微信宣传队开展各项宣传教育活动的必备功课。

3. 第三阶段:宣传工作

红色微信宣传队成员利用主题讨论与热点推送等形式,以党课培训、舆情报告总结汇报、研究生学术沙龙、革命景点实地参观等为依托开展倡导社会主义核心价值观的宣传教育活动。

以年级为单位,在各个小组内部进行分工合作,划分责任区域,明确每个小组成员的职责。每周定期召开工作会议,会议内容主要包括对上周宣传工作进行总结;围绕"培育和践行社会主义核心价值观"的总体要求,集体研究讨论宣传策略和途径,之后再高标准、严要求地落实宣传教育工作。

一年多以来红色微信宣传队已发布微信五十余条,发表宣传稿件数十篇,效果显著,影响深远,在社会主义核心价值观的宣讲活动中发挥了至关重要的作用。其中阅读量较多有:十八届四中全会报告要点解读、解读:G20峰会成果丰硕、社会主义核心价值观、《北平无战事》观后感、中国APEC"主场外交"成果丰硕、习近平对大学生村官的四点要求等。

2014年12月,红色微信宣传队开创"头条推送"栏目,汇总时政热点向学院学生推送。在一二·九纪念日期间,全体成员配合学院2014级研究生纪念一二·九运动素质拓展和本科生纪念一二·九运动朗诵会,积极开展网络宣传。

"双12"红色微信宣传队利用微信平台和相关网站推送文章,呼吁广大同学在物质生活极度丰富的时代,更要铭记历史,理性消费,懂得珍惜。

12月13号,时值"国家公祭日",红色微信宣传队带领所有宣传工作者在网上进行宣传,并发起纪念南京大屠杀的活动。共同缅怀为今天美好生活做出牺牲的革命先烈们。

12月17日,推送了"作风建设,永远在路上"。

12月19日,推送"习近平赴澳门出席庆祝澳门回归"。

……

红色微信宣传队在扎实做好工作的同时,坚持对社会主义核心价值观的宣传工作效果进行追踪反馈,及时形成报告以不断提升改进下一步工作,根据报告对下一步宣传工作内容和策略进行修正与完善。

二、实施效果

1. 引领了学院网络文化正确的价值导向

红色微信宣传队创建是学院充分利用网络媒体,创新创优党建和宣传工作形式的一个品牌活动。这对于在全院范围内坚持正确的网络文化价值导向,引领构建网络主流意识形态,进行社会主义核心价值观教育、爱国主义教育、理想信念教育有良好的作用。

2. 帮助大学生群体提升了社会主义核心价值观的认知度

红色微信宣传队对学院学生的网上舆论情况进行监测,定期反馈,能帮助大学生提升对社会主义核心价值观的认知程度。

3. 丰富了宣传教育社会主义核心价值观的传播载体

红色微信宣传队始终把做好学院学生的理想信念教育作为践行社会主义核心价值观的重中之重。结合学校的"党员先锋工程"活动,红色微信宣传队运用自学、讨论、座谈、讲座等各种方式,弘扬"中国梦"主旋律,传播社会主义核心价值观精神;结合新媒体的运用,在微信平台、门户网站、公共主页、年级QQ群积极宣传社会主义核心价值观,丰富了宣传教育社会主义核心价值观的传播载体。

6. 举办社会实践成果展示汇报大会

为了更好地调动学生参与暑期社会实践的积极性、创造性,更好地总结暑期社会实践取得的成果,给广大同学分享暑期社会实践的收获,辅导员应召集所有参加暑期社会实践的团体举办一次别开生面的暑期社会实践成果展示汇报大会。

汇报会可以以实践团队为单位,按实践时间为顺序以"足迹""分享""感悟"等篇章逐一展开。通过一些精彩的社会实践视频短片拉开汇报会的序幕,用照片和配乐朗诵等形式给大家展示暑期社会实践的成果。"足迹"篇中,可以展现暑期社会实践团的调研足迹;"分享"篇中,每个实践团的代表可以分别从文化交流、专业提升、运用所学理论投身实践、为人民服务、在实践中克服困难等多个角度讲述本团队参加暑期社会实践的故事、经历和感受,通过分享让大家感悟,暑期社会实践是一次用实践检验理论,培养工作能力,锻炼服务社会的能力的绝好机会,让大家明确未来学习工作的目标和方向,倡导当代大学生在社会中承担的光荣使命。

低年级同学可以观摩此次实践成果展示汇报会,学习方法,积累经验,为明年的社会实践奠定良好的基础。

7. 月末工作小结

二、9月时点、节点工作内容　　学习后进生教育引导　挫折教育

进入新学期的第二个月,经过8月的引导学生开始思考自身的发展,辅导员要

在9月以及以后的月份工作中逐步开展职业生涯教育和深度辅导,根据不同层次、不同类型的学生和个别学生的实际情况开展教育引导工作。特别是学生干部和党员骨干,他们往往在大二即将结束时或在暑假期间已经开始考虑如何平衡工作和学习以及自己未来的目标。有的会放弃社会工作投入学习中,有的会选择继续在学生组织学生社团中留任,有的犹豫不决,有的则在观望同年级同学如何选择。同时辅导员还需要及时开展挫折教育,大三学生往往会在就业选择(考研、找工作、出国、创业等)、社团工作、宿舍人际关系、学习、恋爱等方面产生挫折感,辅导员要根据学生实际情况开展教育引导工作。辅导员要在9月基本完成对主要学生干部和党员骨干的深度辅导工作,帮助学生分析自身情况和发展的客观要求,并开始锁定目标范围。

本月的时点性工作:引导、督促学生实施职业生涯规划;配合班主任工作开好年级班主任工作会;关注基层党组织建设。

本月的节点性工作:个性化深度辅导;学习后进生教育引导工作;挫折教育。

1. 整理上月班级情况向主管领导汇报

整理上个月的班级学生情况,向学院主管学生工作领导进行汇报沟通。

2. 职业生涯规划教育:目标确立后的督查实施

大三是职业定向发展阶段,大学生在这一阶段的主要任务是对前两年的自我发展状况进行总结,通过对自我的再认识和再评估,确定大学四年中最后一阶段的发展方向——就业或继续深造。准备就业的学生,在进一步加强专业学习的基础上,应该注重提高求职技能,关注就业信息和就业政策。准备报考研究生的同学应多收集和了解报考研究生的信息,尽早确定报考学校、专业方向和导师,报考本校研究生和外校研究生的准备工作是不同的,报考不同专业研究生的准备工作也是不同的。在开展职业生涯规划教育活动中,大三阶段可以围绕职业价值观、职业决策、职业行动等方面开展,也可以对一些特殊学生围绕自我认知开展如兴趣、性格、技能等方面的探索,帮助他们进一步认识自我和职业,进行科学的职业生涯规划。此阶段辅导员要一对一地对学生进行规划实施进度的督查。

例 3.9.1 犹豫不决拖累了小李同学

小李高中时学的是理科,高考的时候没有考好,被调剂到广告学专业,这对于一直对文科不感兴趣的小李来说是一件痛苦的事情。而且,由于家里经济困难,除了学校的美术课,他几乎没有什么条件和机会接触过绘画,所以小李甚至没有什么学习广告学的基础。尽管如此,小李还是很努力地学习本专业知识,大一、大二时他还获得学校二等奖学金和国家二等奖学金。大三时,他决定报考电气专业方向的研究生,并开始复习。可是,临近考试前3个月,看到别的同学在找工作、谈论工作的好坏时,他不禁动心了,想到年迈的双亲为了自己上大学所受的苦,他忽然又觉得自己应该先找工作。当他去了四五家公司面试遭到拒绝后,他又想:自己已经为了考研整整付出了一年多的努力,这时候去找工作是不是得不偿失啊。更何况,找工作好像真的挺难的。在他一会儿想考研、一会儿打算找工作的犹豫中,已经到了研究生考试的时间了。由于中途的犹豫不决,研究生录取考试他没有通过。由于在大三时一直准备考研,小李没有太注意去提高自己的求职技能、没有及时关注就业信心和就业政策,甚至连做简历的基本方法和原则都没有掌握,他找工作也很不顺利。最后,辅导员结合小李的实际情况,向一家新闻媒体事业单位推荐了他,终于在毕业的最后一周解决了他的工作问题。

[小结]有一个曾入选哈佛MBA教育的案例:一家四口丈夫、妻子、儿子、母亲在河边游玩,突然,妻子、儿子、母亲落水了,他们四个人没有一个人会游泳。这时河边没有其他人,只有一条小船,小船一次只能同时乘坐2人。丈夫很快就跳上船,要划过去救他的家人。但是,限于以上陈述的原因,他一次只能救一个人。而且,当他救起第一个人后,他可能就没有时间救其他人了。如果你是丈夫,你会先救谁?在学习这个案例时,会要求学员迅速地做出判断:先救谁?选择的答案只有四个:A妻子,B儿子,C母亲,D不知道。其实,A、B、C答案都是正确的,只有D答案是错误的。在这样的情形下迅速地确定一个努力的方向并去实施就是正确的,而不清楚自己该做什么就是唯一的错误。所以,在大三时辅导员的核心工作之一就是引导尚未清晰自己目标的学生进一步明确自己的职业发展方向并努力去实现。

3. 加强学习后进生的教育工作

大三阶段是深入学习专业知识的重要阶段,是培养学生专业素养的关键时期。对于大一、大二学习成绩不理想的学生,辅导员要注意加强开展教育引导工作。在实际工作中,相当一部分学习后进生往往是在大三时进入转型时期,他们中很多人正是在大三阶段奋起直追,毕业后或者找到理想的工作、或者考上研究生。刚进入大三的学习后进生从心理上有迷惑,更有改变自己、取得成功的渴望。辅导员要抓住他们这一阶段的心理特点,通过和他们的交流,了解他们的新目标,鼓励他们克服畏惧的心理,敢于挑战自己。在教育引导的过程中,关键是要激发他们的自信,特别是通过和他们讲述一些学长的例子,讲一讲近几届那些大三阶段改变自我最终获得成功的真实例子,会给他们更多信息。同时也可帮助学习后进生和有相同相似目标的毕业生建立联系,提供更为具体的帮助。例如一些学习基础较差、大三想考研但又担心自己基础不好的学生,辅导员可以了解他们的想法,除了鼓励他们的信心和传授一些方法外,可以问问他们具体想考哪个学校,并帮助联系以前考上该校的学长,给予学生更多实际的帮助。一般那些已经毕业的学长往往会在考研学校选择、专业选择、导师选择、考研班选择、专业复习资料、复习重点、复习进程、学习方法、答题技巧、学习方法等方面给予学习后进生更加具体的帮助。现实的榜样教育效果往往强于一般的说教。又例如,对于那些在大一、大二阶段有不及格课程的学生而言,辅导员要积极做好他们的思想教育引导工作,帮助学生正确认识存在不及格课程对自己大四毕业和找工作的影响,有可能会导致他们不能顺利毕业或者因为复习考试分散找工作的精力,帮助他们树立在大三阶段完成不及格课程补考或重修的任务,为将来大四找工作和顺利毕业打下一个较好的基础。除了帮助学生认识到大三需要努力学习的重要意义外,辅导员还应该尽可能和学生一起分析造成他们出现不及格课程的原因,或者是学习方法不正确、或者是自己没有尽最大努力、或者是自己对课程内容难以理解等,找出问题所在,并帮助他们找到解决问题的方法,才能真正帮助这些学习后进生进一步提高学习的积极性。

在大三阶段,辅导员可以将一些工作相互融汇贯通,让学生更加容易接受。例如可以把学业辅导工作和社会主义核心价值观教育践行工作相结合,提高工作的实效性。具体参见下述案例。

例3.9.2 社会主义核心价值观教育活动,点燃了学业困难学生学习激情

根据培育和践行社会主义核心价值观的精神和要求,结合学业辅导的工作,××学院20××级辅导员通过认真学习,把握二者的契合点,把培育和践行社会主义核心价值观活动融入到学业辅导特别是学业困难的特殊学生群体中,取得了良好的效果,点燃了学业困难学生的学习激情。

一、活动背景

××学院20××级共有437名学生,通过一年的学业辅导,大部分同学成绩有

所提高。与此同时,仍有12名同学挂科达到4门以上,16人挂科达到了2~3门。为了帮助这些学业困难学生端正学习态度,避免因学业困难引发的自卑、自我放弃等其他问题,××学院20××级辅导员特于20××年9月至12月,在学业困难学生中组织开展了一系列的社会主义核心价值观学习活动。

二、活动过程

1. 认清新形势,把握新定位

活动初期,辅导员老师通过与学业困难学生一起讨论"大二病"这一网络热门词语,并向大家介绍国内外二年级大学生普遍遇到的学业、人际交往和价值观缺失等问题,通过观看湖南卫视"变形记"这一电视节目,帮助学业困难学生认清形势,明确同学们暂时遇到的问题从历史唯物主义分析是普遍存在的,这一系列问题是可以通过重新定位自己、树立科学良好的社会主义核心价值观解决的。

2. 理解价值观内涵,打磨个人价值观

活动中期,通过"投胎互动游戏",开展对"道德观"和"价值观"的主题讨论。明确"道德观"是自己内心对行为的评判标准,而"价值观"才是指导个人行为实践的标准。使学业困难学生认识到自己的问题实际上是一系列不当行为的结果,不是"道德观"出了问题(明明知道学习有用),而是"价值观"有所偏差(但是就是不学习)。

通过"价值观"选择游戏,帮助学业困难学生澄清个人价值观,并通过1对1分组讨论,打磨学业困难学生个人价值观,完成个人的人生宣言。

3. 学习社会主义核心价值观,领悟其现实指导意义

活动末期,通过一系列寓言故事。学习并理解社会主义核心价值观12个核心词语缺一不可。深度剖析每一个词语的内在含义,并让同学们自由发言,分享自身领悟,体会社会主义核心价值观的现实指导意义。

4. 辨析主题词语,探讨实际举措

通过对"爱国"与"极端民族主义""自由"与"无政府主义""民主"与"民粹主义"等社会主义核心价值观词语与其他社会思潮的区别进行深度辨析,明确社会主义核心价值观真正内涵,探讨社会主义核心价值观在三个维度上具体如何指导我们的学习与生活。

通过"自由"与"法治""平等"与"公正"等主题词讨论,使同学们了解到在面对不同情况时,应用不同的关键词指导我们如何解决实际思想问题。

最后通过"游戏人生"这一模型,和同学们一起探讨不同价值观指导的不同行

为下,通过时间的累积,每个个体的差异会越来越大。使同学们明确目标、把握方向,运用社会主义核心价值观武装自己,并将其应用到实际生活中的一点一滴。

三、活动效果

通过从学业困难学生自身实际情况出发,增强了学业困难学生对社会主义核心价值观学习的积极性;通过"观看视频""游戏互动"和"分组讨论"等多种方式的主题学习,使得学业困难学生能更容易接受并积极参与到社会主义核心价值观的学习中;通过多维度的探讨,使得学业困难学生深刻理解并掌握社会主义核心价值观对指导现实学业问题的实际意义。

4. 开展深度辅导(学生干部和党员骨干)

进入大三,学生干部和党员骨干在工作积极性和工作态度方面会有一些显著变化。例如,有的学生骄傲自满(觉得自己很多方面优于其他同学)、有的学生本末倒置(把社会工作的成功当成大学的成功)、有的学生放低自我要求(学习放松、开会迟到、办事拖沓等)、有的党员甚至把自己混迹于一般学生(入党前革命化,入党后一般化等)。进入大三,辅导员要对于主要的学生干部和党员骨干积极开展深度辅导,特别是那些担任社团负责人、党支部负责人、班级负责人的学生,要加大教育引导工作力度。同时,对那些刚刚开始接触社会工作的学生干部,还要多爱护关心,不能简单地拿他们和那些大一、大二就开始从事社会工作的学生干部相比较。对于辅导员而言,不是利用学生干部开展工作,而是通过工作去教育培养学生。学生的能力是靠点点滴滴培养出来的。

例3.9.3 小张能担任年级长吗?

大三开学以后,各班级都选出了本班的班长、团支书。由于一个人带15个班级、班级多,人数多,为了提高管理效率、培养学生组织协调能力,辅导员按照学院惯例选举年级长。一共要选举3个年级长,一正两副。在选举中,小张的得票最多。宣布选举结果前,有老师和同学反映,小张和大家关系都很好,但是学习较差、工作能力欠缺、不善于决策、犹豫,所以尽管他的得票最多,但是不能胜任年级长的工作,建议辅导员不要让小张担任正年级长,最多让他担任副年级长。辅导员经过考虑,认为学生的工作能力是通过锻炼培养出来的,不能因为学生没有能力而剥夺其锻炼的机会,否则学校就失去了教育的意义,学生正是通过学校的教育来完成培养人才的目标的。当然,选一个能力欠缺的学生担任年级长,可能会因为他能力的原因导致辅导员需要花更多的时间去教育、锻炼该学生,不如选一个能力突出的学生担任年级长而提高辅导员的工作效率。但是培养学生进一步拓展工作能力不正是辅导员的工作之一吗?所以该辅导员坚持小张同学担任年级长,并在以后的工作中布置了不少重要的工作给小张同学,使小张在后来的学习工作中逐步提升了个人能力,不但能担任年级的组织协调工作,也敢于做决策、拿主意,年级工作有声有色,他个人也更自信了,学习成绩也取得了很大的进步,并在大三的综合测评中获得奖学金。毕业的时候,小张对辅导员说:感谢老师大三那年对我的信任,如果那年您不让我做年级长,也许我真的就放弃自己了,正是您的信任和给了我许多锻炼的机会,我才慢慢变得自信、取得进步,才找到了称心的工作。

[小结]大三学生干部和党员骨干可以由那些在各方面比较成熟的学生来担任,同时也应该注意培养那些还有欠缺的学生,培养人才是辅导员的重要工作,而不是提高管理效率,管理的核心目标还是在于通过管理工作促进学生的成长和发展。

5. 年级班主任工作会

大学生思想政治教育工作是全员育人的工作,其中辅导员和班主任是其中的骨干力量,需要经常相互配合开展工作。大三开学伊始,辅导员应当主动和副书记沟通,确定年级班主任工作会的时间、地点、内容,特别是分析本年级上学期的各班学习情况、大三的主要任务、第一学期的主要工作等。大三班主任经过两年的工作,熟悉班级情况,了解学生的特点,有了进一步提升工作效果的良好基础,辅导员要充分发挥班主任在教育引导大三年级学生成长成才中的作用。当然,由于班主任对班级情况和学生特点的熟悉程度高,大三年级的班主任也会出现个别老师认为自己不需要做太多的工作了,会发生不积极配合辅导员工作的情况。面对这样的特殊情形,辅导员首先要理解班主任出现这种负面情绪的原因,不能武断地下结论认为班主任不配合工作,而是要清楚地知道这样的班主任往往只是不知道大三班主任的工作任务,从而导致对自己的工作目标不清晰而已。所以,对于辅导员而言在大三阶段还应该继续帮助那些不清楚开展工作的班主任进一步理清他们在大三阶段的工作任务和目标,充分发挥班主任的积极作用。

6. 开展对学生的挫折教育

顺利考入大学的学生毕竟都是中学的佼佼者,很多学生入学时对自己的未来有着明确的目标,但有时也会期望值过高。经过了大一、大二两年的历练,他们会逐渐发现竞争的激烈、现实的残酷,清晰地看到一些真实存在的问题,如学生会竞选失利、恋爱失败、学习成绩下滑、人际关系棘手、对未来不知所措、宿舍矛盾凸现等。特别是有的学生还会对自己的就业选择产生挫折与困惑,在找工作、出国、考研、创业具体抉择中没有足够的信心和能力,表现出摇摆不定。总的说来,大学生活已经过半,很多学生会陷入大三这个迷茫期。有的学生可能会听天由命,任其发展;有的学生可能会非常苦恼,不知该如何改变;还有的学生可能会一蹶不振,破罐破摔。辅导员要抓住机遇适时介入,引导他们正视各种问题,帮助他们分析原因,找回自信,鼓励他们顺利渡过挫折,开始新的学习生活。

（1）就业选择方面的挫折教育:不少学生大一、大二期间都会有一个基本就业目标,或者工作,或者考研,或者出国,极少学生也会选择创业。到了大三时大学生涯过半,学生对自己的前途更加重视,当他们把实现目标需要的条件和目前自己所具备的能力联系起来时,不少学生觉得自己离目标还太远,自信心不足,有挫折感,觉得自己不如以前优秀,什么事情都没有做好。辅导员要及时通过年级大会、主题班会和个体咨询等方式,从面到点地开展教育引导工作。9月是学生大三的开始阶段,辅导员要全覆盖地开展第一次挫折教育工作,帮助和引导学生正确认识自身能力和目标之间的差距,帮助学生清楚认识到大三是进一步缩短目前自己实现目标的距离的关键期,不能轻易放弃。同时在大三期间还要结合学生个体的具体问题开展咨询服务工作,帮助学生理清自我认知和目标认知的匹配度。

（2）社团工作方面的挫折教育:对于那些曾经在学生会或者学生社团担任过部长或者副部长的学生,他们往往会因为竞选失利而面临着选择的困惑。经过大一、大二的不懈努力,他们已经对所在的学生社团组织产生了一定的感情,希望自己能够继续在组织内发挥作用;但是竞选失利,自己继续担任部长的工作,就以为下面的学弟学妹可能失去了锻炼的机会,而且领导学生社团组织的恰恰是自己同年级的同学,自己是否能够正确面对同年级同学的领导也是一个未知数。如果自己不在社团组织继续工作,自己在大三是否还需要做社团工作?这些都会对学生造成困惑。当然,大部分学生都会做出适合自己的选择,离开社团组织,重新确定自己的目标:或者投入学习准备考研,或者选择实习单位准备找工作,或者确定另外一个自己愿意做事的社团组织继续锻炼自己的工作能力。但是辅导员需要注意那些竞选失利后感到沮丧的学生。如果依靠学生自己的力量,有的学生需要花费较长的时间才能走出竞选失利的负面情绪,重新确定自己的目标,这样往往会浪费他们大三期间宝贵的"起跑"时间。因此,辅导员要注意开展对竞选失利学生干部的思想教育引导工作。在开展对这些学生的思想教育工作中,关键是帮助学生正确认识学生社团组织工作对学生成长成才过程中的意义,肯定他们的努力和成绩,同时也要指出学生社团组织工作只是大学学习生活工作中的一小部分,参加学生社团组织工作的目的在于学会如何做人做事,是为了自己成长的需要,应当把在学生社团组织中的收获作为自己进一步发展的能量。大学四年重要的是就业,学生社团组织工作锻炼的仅仅是其中一部分的能力,还需要进一步拓宽自己的知识面,完善自己的知识结构,特别是要进一步解决自己还存在的问题,总结自己在学生社团组织中的经验教训,重新认识到学生社团组织同学的优点,做到取长补短,促使自己去取得更大的进步。

(3) 人际关系方面的挫折教育:大三阶段,有的学生还会因为人际关系不和谐而产生挫折感,尤其当把自己的人际圈和本班本年级一些人际关系好的同学相比较时,这样的学生往往会觉得自己朋友少,没有人愿意理会自己。另外有的学生则一直想处理好宿舍或者班级同学关系,但是经历两年的努力,一旦没有建立和谐的关系,这样的学生也会觉得自己很失败或者觉得周围同学都不好,从而产生挫折感,甚至破罐破摔,干脆自己特立独行,不愿意提升自己的人际交往能力。面对这些在人际关系方面有挫折感的学生,辅导员要及时帮助他们了解问题所在,特别是教育引导学生学习有关性格方面的知识以及如何与不同性格的同学相处,核心在于帮助学生认识到:不同性格人之间的相处,关键不是对抗与改变,而在于认识不同性格人的立场和想法,相互尊重和妥协,从而和谐相处、互相合作。

另外,有的学生还会因为恋爱失败而产生挫折感。如果失恋已经对学生造成了较大的影响,辅导员也要及时帮助这些学生。主要是倾听他们的苦恼,特别是帮助他们正确认识到恋爱是一种双向选择,从谈恋爱开始就意味着失恋的开始;恋爱也需要能力,而能力是一个"培养"的过程,谈一次恋爱就成功的往往是极少数,即所谓"初恋都不会有结果"。最重要的是要帮助学生从个人修养、能力培养等方面提升个人魅力,鼓励学生从失恋中走出来,为个人发展和下一次恋爱积蓄能量。

(4) 学习方面的挫折教育:经过两年的学习,那些原来高中成绩排名靠前、个人重视学习成绩而自己的学习成绩在本专业的排名又比较靠后的学生往往也会产生较强的挫折感。他们往往会觉得自己很失败,不知道自己的优点到底在哪里。辅导员要帮助这样的学生正确认识到:第一,大学同学之间的能力水平接近,和高中不同;第二,大学教育的本质不是考高分,而是培养学生的学习知识和处理问题的能力,是一种通识教育,学习成绩排名不完全代表能力高低,关键在于通过学习专业是否具备了良好的学习能力、研究能力、应用能力和严谨逻辑思维能力、推断能力等。

例3.9.4 小王能走出竞选的失利吗?

小王在大一是班长,在担任班长期间班级工作出色,得到了学院学生工作办公室老师们的好评,所以大一结束后辅导员老师希望他能够进入学生会担任工作。小王欣然同意,并直接担任了学院学生会办公室主任的工作。但是由于小王认为自己大一期间表现突出,有了自满的情绪,在学习和工作中慢慢放松了对自己的要求,导致大二期间学习成绩不理想,在工作中也没有突出的表现,因此大二期末竞选学生会主席时没有成功。小王不想继续在学生会呆着了,觉得难以面对同年级的同学领导他开展工作。辅导员在和他的一次谈话中,发现他并没有走出失利的阴影;小王觉得自己挺好的,认为当选的学生会主席不如自己能干,不过就是学习成绩比他好,所以老师和同学才会选择他没有选择自己,总之小王不能接受自己失利的结果。经过几次谈话辅导员还是没有帮助小王正确认识问题,通过对小王性格的评估,辅导员认为小王并不是那种缺乏自信的人,而是过于自信、习惯当主角、没有做好当配角的准备,于是决定采用冷处理法帮助小王接受和认识这一事实。在大三第一学期,辅导员再没有安排任何工作给小王,无论是年级工作、班级工作都没有给小王安排任何任务。大三第一学期结束后,辅导员找到了小王问他:这一学期有什么想法?小王说:自己没有什么工作了,学习时间多了,成绩也上去了,挺好的。在谈话中,辅导员感觉小王还是没有认识到自己的问题,就问他:有一个社会实践活动需要组织十几个同学参加,你有兴趣吗?听了辅导员介绍完社会实践的行程安排,小王很感兴趣并表示愿意参加。辅导员说:想参加可以,但是你只能作为实践团的后勤专员配合团长和副团长的工作,你是否愿意?小王想了想,觉得自己想去参加这次实践,表示同意。小王走后,辅导员找来实践团的学生团长,告诉该学生不要给小王太多做决策的机会,要培养他当配角的意识、培养他学会配合他人工作的意识。社会实践结束后,辅导员再次找到了小王,问他:觉得这次社会实践是否有收获?如何看待实践团的团长?小王觉得团长无论是对内组织还是对外交往都很好,自己从她身上学到了很多东西。辅导员进一步引导他:觉得上学期学生会运转如何?出现问题了吗?小王说没有。这时辅导员才向小王说明:作为年轻人不可能所有事情都是由自己做决定,也不可能所有的事情都会成功;社会分工越来越细,更加讲究团队协作;而在不同团队中,自己可能是主角也可能是配角,需要有分清楚自己角色的智慧,不能越位。例如这次社会实践,没有让他做团长或者副团长,不也一样成功?学生会没有他当主席,不也一样运转良好?辅导员的话引起了小王重新审视自我。在后来的学习生活工作中,小王表现出了很好的团队合作精神,重新获得了班级和年级同学的肯定,并顺利入党,最后成为了学生党支部的支部书记,不但学习没有落下,还带领支部获得学校的表彰。

[小结]相对大一、大二学生的可塑性而言,进入大三学年的学生在各方面基本上已经"定型",辅导员要清楚学生的个性,并根据学生的个性开展教育。如果一般的教育引导不起作用,辅导员可以根据学生个性和实际情况开展必要的挫折教育。

7. 关注基层党组织建设

大三阶段发展学生入党,辅导员要充分发挥学生党支部的作用,避免像大一、大二那样大事小事都抓,要放手让学生党员去做一些日常工作,锻炼学生党员的责任意识和工作能力,培养他们主动开展相关工作的意识,这样既能真正发现学生中有威信的人又可以锻炼学生党员队伍,充分发挥思想政治教育工作的教育引导效果。

8. 月末工作小结

三、10月时点、节点工作内容   学风督察

每学年开始的评奖评优是学生最关注的事情之一。在参与评奖评优过程中不同层次的学生会有不同的心理:学习优秀的学生希望自己能评上更高级别的奖学金,甚至会因此和同样优秀的学生发生争执;学习中等的学生则希望自己能有机会评上就行;学习差的学生认为自己没有机会,对此不关心。在评奖评优的过程中,当仅仅因为些许的差别而影响到奖学金的等级或者是否有资格参评时,学生会特别关注评定工作。另外,开学已经一个多月,学生开始产生放松的心理,希望在"十一"假期回家或者出游,因此辅导员要注意做好安全教育工作和随堂听课工作,掌握学生的第一手资料。同时,在进行完学生干部和党员骨干的深度辅导后,要继续做好对未来准备考研的学生、准备出国的学生和准备找工作学生的分类指导,帮助

其顺利渡过迷茫期。

本月的时点性工作:把握评奖评优工作政策;贫困生贷款工作;假期安全教育工作。

本月的节点性工作:学风督察工作。

1. 整理上月班级情况向主管领导汇报

整理上个月的班级学生情况,向学院主管学生工作领导进行汇报沟通。

2. 把握评奖评优工作政策

辅导员在评奖评优的工作中必须做到公开、公正、民主,并且要细心、负责。评奖评优工作做得如何往往是学生评价辅导员并且决定学生是否信任辅导员的重要环节。大三年级学生各方面比较成熟,因此在开展奖学金的评定工作时,辅导员要注意发挥大三各班班级承担奖学金评定工作负责人的作用,并通过网络、公告栏、宣传橱窗等方式将奖学金评定有关事宜包括评选比例、评选要求和评选标准等告知全体同学,让同学知晓有关事项。条件允许的情况下,应当采取个人申报、院系评定的办法,即由学生首先通过班级申报,班级申报后由班委统一初审、辅导员签字认定后在班内统一公示,无异议后在规定时间内上交学院,辅导员统一审核认定的程序。这样避免给同学们造成奖学金是由老师说了算的印象。奖学金评定工作的关键在于公开,公开是民主和公正的前提,辅导员在大三年级一定要做好有关奖学金评定工作信息公开的工作。

3. 贫困生工作

贫困学生往往因家庭的不幸,性格较内向,比较自卑,不太愿意与人过多地交流。辅导员应对贫困学生给予更多的关注、关爱,用以往贫困生自立自强的例子教育引导贫困生克服生活困难,走出心理阴影,改变当前的自卑情绪,继而帮助他们建立自信、完善的人格,引导他们合理地规划自己的学习和生活。另外,对于那些原先贫困但是经过两年后不贫困的学生,辅导员也要及时了解情况,避免将一些贫困生补助提供给这些学生。

同时辅导员还要积极做好本年级的贫困生贷款工作。贫困生的贷款工作会影响到一个学生甚至一个家庭,为了实现"不能让一个孩子因家庭贫困而辍学"的教育目标,贫困生助学贷款工作一定要做细做实。对于大三年级学生而言,他们基本上已经了解国家和学校有关奖助学金的政策,而且确实需要国家助学贷款的学生基本上在大一、大二年级已经申请到了国家助学贷款,辅导员不需要花费太多时间再大面积进行摸排工作。关键是要了解本年级是否有新的贫困生,特别是有没有因为假期自然灾害或者家庭变故导致大三年级学生由不贫困变成贫困学生,如果有这样的学生,辅导员需要做好详细的调查工作,了解该生是否需要国家助学贷款。如果有新的贫困生同时他们又不符合国家助学贷款的有关要求,辅导员应通过补助、勤工助学等方式帮助这些学生。对于大三年级贷款的学生,辅导员还应做好思想教育引导工作,消除这些学生的思想负担,引导他们正确认识家庭经济条件的变化,鼓励他们克服困难,重要的是告诉学生国家、学校、学院对贫困生的支持政策和具体帮扶措施。

4. "十一"假期安全教育工作

大三学生对假期安全教育工作的套路已经非常熟悉了,因此本月的安全教育工作主要是叮嘱学生干部及时统计学生假期去向和确定联系方式,做到有事能随时保持联系。

5. 开展深度辅导工作

辅导员前期可以通过调查问卷的形式,初步掌握打算考研、出国和找工作的比例和人数。

(1) 对准备考研的学生、准备出国的学生和准备找工作的学生分类指导,帮助其顺利渡过迷茫期。对准备考研的学生,辅导员要引导学生做自我评判,目前自己的成绩处于何等水平?明确考研的目标学校、理想专业,了解要报考的导师情况和历年的录取分数,提醒学生提前查看该校的考前辅导时间及指定教材等,强化考研学生的英语、数学、政治等课程的学习。

(2) 对准备出国的学生,辅导员要引导学生了解目标国家的留学情况,选择好理想的学校和专业,考取相应的语言证书,提前寄出自己的推荐信。辅导员也要提醒学生及早做好远离家人、走出国门、独立面对一切问题的思想准备,努力锻炼自己的生活自理能力和独当一面的能力。

(3) 对准备找工作的学生,辅导员要引导学生做自我测评,了解自己的兴趣、志向、爱好、特长,在此基础上结合专业的学习,找到自己未来的方向。提醒学生在不影响课程学习的基础上,应多参加一些社会实践,多积累社会经验,锻炼自己的组织协调能力、与人沟通能力,提高自己的综合素质。丰富自己的简历,在求职礼仪等方面加强学习。

其实,大三学生和辅导员基本上都比较熟悉,辅导员在大三年级的第一学期对不同选择的学生开展深度辅导,一是能够掌握学生的基本情况,二是可以通过谈话的方式督促学生继续努力,三是可以筛查出还没有明确目标的学生,帮助他们确定大学目标。

6. 做好学风督查工作

学风督查工作内容较多,包括学生上课情况、自习情况等,随堂听课是辅导员做好学风督查工作、深入了解学生课堂学习情况的方式之一。特别是辅导员要在总结班级考勤表的基础上,重点抓好课堂考勤较差班级的听课情况,了解课堂的实际状况,并做好后续的工作,包括和任课教师的沟通交流、和缺勤学生沟通交流、向学院积极反映有关情况等。大三第一学期专业课程较多,学习压力比较大,一部分大三学生随着年级的增加,逃课现象也会随之增多,特别是一些学生由于有家教、实习等原因会缺课较多,辅导员要通过班级和任课教师掌握缺勤较多学生的情况,并做好思想教育引导工作,帮助学生认识到课堂教育在大学教育中的重要作用,引导学生尽可能地安排好上课和课外活动,协调好学习和工作之间关系。

7. 月末工作小结

四、11月时点、节点工作内容　　心理健康教育工作　举办考研经验交流会

秋季是易产生心理问题的季节,特别是抑郁症。因此辅导员要注意关注那些心理问题学生,排查可能产生心理问题的学生,如近期有失恋、家庭发生变故、遭遇较大挫折等的学生。同时辅导员还要结合大三学生这一时期的特点,对那些在就业、考研或者出国感到特别迷茫和纠结的学生予以特殊关注,积极疏导他们的心理。

本月的时点性工作:心理问题学生筛查工作;开展感恩教育活动。

本月的节点性工作:个性化深度辅导;举办考研经验交流会。

1. 整理上月班级情况向主管领导汇报

整理上个月的班级学生情况，向学院主管学生工作领导进行汇报沟通。

2. 开展深度辅导工作（出国学生、找工作学生）

辅导员对准备找工作的学生，分类谈话：对能力特别强的学生干部不用着急谈，他们一般比较有竞争力，但心气也比较高，最初放手让他们去闯，等碰壁回来再做心理调试；对家庭条件特别优越的学生也不用着急谈，他们的父母会比你对此事更上心；对那些能力一般、心理素质一般，平时不太主动找老师的学生要重点关注，让他们感受到辅导员一直在关心他们、从情感上支持他们，让他们更加自信。因此，辅导员要对那些准备出国留学但是家庭经济条件一般的学生进行深度辅导，了解学生选择出国留学的真正原因，并引导那些确实愿意出国留学的学生开拓思路，选择比较容易得到全额奖学金的学校出国留学深造。对那些选择就业而且是一般家庭甚至家庭经济困难的学生，辅导员也要注意开展深度辅导工作，了解学生就业目标是否清晰、就业准备工作如何开展等，帮助学生能够从自身条件出发，理性选择就业区域、就业行业、就业岗位以及如何寻找就业信息等。

例 3.11.1　小敏的就业

小敏是来自沿海地区的学生，家庭经济困难，由于从小到大周围大多数同学的家庭条件都比较优越，她有点自卑，性格比较内向、缺乏信心。大三的时候，辅导员去办公室时正好碰到她要上自习去，辅导员就问她能否借用她一点时间聊聊天，小敏就答应了。辅导员问小敏大三了有什么选择，小敏说自己想考研也想找工作，但是觉得家里父母太辛苦了，自己觉得好像应该先找工作。辅导员问了问她家里的情况，确实很困难，爷爷、奶奶、母亲身体都不好，而且爷爷从她小时候起就长期治疗，她是家里老大，还有一个妹妹和一个弟弟，主要靠父亲外出打工支撑整个家庭。辅导员也了解她的成绩在班里排中上水平，即使复习考研考上的可能性也较小，更重要的是家庭经济条件差，更需要她能够及早地参加工作来帮助父亲承担起一部分家庭责任。因此辅导员建议她应该选择就业，并且最好能够在确保不耽误学习的前提下找一家单位实习，提升自己的工作能力。同时辅导员还和她聊了聊自己的经历，原来自己家里也很困难，所以能够理解她的感受。我们不能选择出生在什么样的家庭，但是可以选择改变自己和家人的命运。要改变这一切，需要我们学会成长、学会沟通,掌握生存的技能,但最关键是勇敢、自信,这是一个人能够立足最重要的品质。最后辅导员建议小敏多和同学交流,取长补短,不断完善自我。

[小结]辅导员给大三学生开展就业指导应当个性化,不能千篇一律,要考虑到学生的具体情况。同时不要拘泥于工作方式,应随时随地开展。

3. 及时做好心理排查工作

秋季是心理健康疾病高发期,这一时期要注意排查心理问题学生。除了进行常规排查,如近期是否有失恋、家庭发生变故、遭遇较大挫折等学生以外,辅导员还要结合大三学生这一时期的特点,对那些对就业、考研或者出国感到特别迷茫和纠结的学生予以特殊关注,积极疏导他们的心理。

例3.11.2 一个大三学生的迷茫

第一部分 学生来信

老师:

您好!很不好意思这么晚了还来打扰您。

今天中午老师给我们开会,让我感受颇多。这一段时间来,我一直存在很多问题,也产生了很多疑问,但一直没有找到人倾诉,看到老师中午开会时亲切笑容,我感觉您是一个能够倾听我心声的人。我是一个来自农村的孩子,家里也没什么背景。虽然家里没有说让你多成功多成功,但作为一个男孩子,作为一个高考成功的考生,一直想要改变这一切,想要有所为。

梦想终究是梦想,两年过去了,我还是感觉自己没有什么变化,甚至有些能力出现了倒退。一直想改变,一直知道自己的目标就是要考个好的研究生,但是感觉无论自己做了什么,却依旧平庸。最近想了很久,尤其是这个学期以来,就产生了很多疑惑,所以有很多问题想问问老师了。

(1)学生工作和学习。这是个永恒的话题。本来我是想放弃学生工作,然后大四专心准备考研的事情的。可学生会主席想要我留下来:继续干下去,一方面在老师面前做事总能获得好处,另一方面你的成绩并没有很差。这样说我很犹豫,因为一方面真的像他说的那样我失去了很多机会;另一方面,我感觉我需要看很多书去提高自己的专业素养,担心如果干了学生会必定会耽误我很多看书的时间。而且我的性格是那种很不服管的那种,是我要改变我的性格去适应环境还是说怎样,我很矛盾……

(2) 考研与保研。考研成绩刚出来,问了几个熟悉的学长,没有哪个考得很好的,或者考上很好的学校的。这让我感到很恐惧,考研真的那么难吗? 对于我这样一心想考个好大学研究生的学生来说,我应该做些什么呢? 也曾想过北大,也曾想过人大之类,但现在感觉自己连想的胆量都没有了,因为不知道方向在哪里。今年我们有个学长保研去了社科院,我了解了一下社科院,让我似乎很明确了想考那里,但我知道那是一个很难考的地方,而我现在需要做什么呢? 我努力的方向是什么? 我的成绩现在在专业中算是中上游的,我想争取保研,那如果我想保研去社科院,或者其他的好学校,我的缺点和不足又在哪里? 我该做什么去得到别人的青睐呢?

　　(3) 读书与社会实践。这个暑假我打算不回家,准备在学校度过我的一个不回家的暑假。我原来的想法是去找一份兼职,获取一些社会经验,哪怕是一份挫折一份经历也好,但是课堂上老师说到了我们现在更需要的是看书,而不是去浪费时间去做兼职,这让我也很矛盾,我该如何协调呢? 好的大学总是重视大学生的科研实践能力,我该怎样提高呢?

　　(4) 日常的学习。自己一直想考些证书放在身上,但是自己的第一个证书——计算机二级就没有过,也没有能够及时补考,特别遗憾。老师能够提点意见说说您觉得我应该考哪些证书吗? 我特别想听听老师在大学的奋斗史,让我有个学习的榜样。每个学期我都会给自己定一个学习计划,让自己明白什么时间自己该干什么。现在每天都会6点15分左右醒来,躲在被子里面背单词,然后再到45分左右起床吃饭,去教室继续背单词。这样学英语合适吗? 我一直想让自己的口语和阅读水平提高,但不知从何下手。四级就要来了,不得不让自己去做很多应试的东西,这其中有什么协调途径吗? 我有一个外国朋友,华电的,每次遇见他的时候我都发现我的英语好差劲,所以特别想提高自己的英语了。

　　(5) 未来的走向。在我的想法中,我给自己定下来的路是想读博,然后像老师那样成为一名大学老师。老师觉得可行吗? 现在我们学校要求需要有留洋经历,每个学校都需要这个吗? 这也让我很困窘。我的家庭条件肯定是没有能力供给我出国留学的,所以这成了一条很难走的路了。还有其他方法吗?? 通过个人的努力,比如说奖学金之类的我能够怎样满足这一条件? 其实我的目标也很简单,我就是希望能够得到一份稳定的工作。我听说学校还有留校一说,这个老师能够帮我介绍一下吗? 另外,我还听说,我们院研究生的就业情况很好,这让我想到是不是可以考咱学校的研,然后在读研时争取一个好的就业岗位,老师觉得如何? 当然了,能够成为一个大学教师是最最想实现的梦想。

说了这么多,老师也看得烦了吧,呵呵!这是我这段时间来的众多疑惑,希望老师有时间的时候,能够帮我解除解除疑惑,不然我真的不知道该怎么办了。相信老师也能体会到我的这种心情吧——背负着家里和自己的压力,想改变自己的命运。

学生××

第二部分　辅导员回信

××:

今天赶了个大早,没到7点就到学校了,处理完了一些事情,正好给你回信,时间拖沓,见谅。

首先,我也是一个来自农村的孩子,也是男孩,家里也没有背景。实际上像咱们这样情况的人很多,我们都想改变自己,都想获取成功,都想让父母幸福,想让周围的人幸福,想造福更多的人。但是立足现实,我们需要个人的发展,只有在处理自己事情的基础上,才能更多地帮助他人,包括自己的家人。这是前提。

其次,考研究生不是我们的终极梦想。为什么要考研究生?喜欢学术?为了好就业?别人考自己也考?考研究生有面子?不能否认,考研究生是再次改变自己命运的机会,但是并不是所有的人都适合或者都能考研究生。最重要的一点,家庭经济条件是否能支持自己考研究生,或者说家庭是否需要你马上工作帮助家庭摆脱经济上的困窘。作为男人,需要考虑这个问题。如果这个不是问题,才能讨论考研究生的具体事情。

第三,学生工作和学习并不完全矛盾,有时候相得益彰。关键在于你如何处理。充分利用好7:00－8:00、上课时间、19:00－22:00以及没有课的时间,足以保证我们的学习时间。周末更是泡图书馆的好时间,我们原来上学经常骑自行车去国家图书馆看书,因为那时候学校图书馆文科类的书没有现在这样多。

第四,我想我们老师更愿意为每一个人的发展提供更多的力所能及的服务和指导。你提到的关于你不服管的事情,你可以重新审视自己。我个人建议,在年轻的时候,如果自己没有更好的主意,或者别人的主意并不差,不妨先做。现代社会,不再简单地是管理与被管理的关系,也有团队关系、伙伴关系、朋友关系。如果你首先认为你在被别人管,那么,你的思想有一定的狭隘性。我们做工作,为的是服务他人、完善自我,寻找现实生活的意义。适者生存,迎合者丧志。

第五,保研的问题。好好看看关于保研的文件,××老师那里有,网上教务处网站也有。关键是你的成绩排名必须在专业前三才有可能,当然也会有加分,主要是在学科竞赛获奖和发表论文方面。熟悉规则,按规则出牌,你会事半功倍。

第六,获得他人信任的关键——诚实守信、能合作、能帮助他人、有涵养、有能力、保持自我、敢担当、勇于负责。我个人很喜欢一句话:"性格决定命运,气度左右格局"。性格如何培养?播种一种行为,收获一种习惯;播种一种习惯,收获一种性格;播种一种性格,收获一种命运。培养自己的良好习惯,无论学习、工作、生活都是如此,成功不远矣。

例如学习的好习惯,按时上下课,有事请假,上课不玩手机专心听课,周末去泡图书馆,课堂积极和老师探讨专业问题(积极回答提问),参加报告(包括学术和其他),每天上自习,能坚持完成规定的学习任务,能坚持每天学习外语等。

第七,关于读书和实践。刚刚我说了,尽信师不如无师。课堂老师说不要浪费时间去做兼职,我不苟同。社会永远是最好的课堂,文科生不了解社会就谈不上服务国家、造福百姓。而且,实践也永远是检验真理的唯一标准。我建议,如果有时间,可以在周末和寒暑假做点社会实践或者兼职,这比永远呆在学校强。走出第一步,你会知道该如何做。我的大学生活,和很多男生一样都是暑假不回家而是工作的。

第八,学习英语我没有好办法,我的做法就是经常向周围学习英语好的人请教。学英语,就不要怕丢脸。我现在终于明白了,英语在评职称、考研、考博、出国都有用,能学就多学吧。不管是背单词、背新概念、做阅读、听听力、看英文电影都行。

第九,想留校有两个途径:一是行政人员,至少研究生学历;二是专业教师,光有博士都难,最好有出国留学经历,所以更要学好英语。不要担心费用,有国家公费项目。

你的心情我完全理解,不要有负担。乐观是我们战胜一切苦难的法宝!!呵呵。

不知道这些是否对你有用。另外,尽信师不如无师——即使信,也应当内化成为自己的东西。

呵呵,就啰嗦到此吧。

××辅导员

[小结]秋季期间学生心理问题会比平时多一些,但是并不是所有的心理问题

都是严重的心理疾病,更常见的是一般心理波动、情绪低落。上述案例中的学生实际上对辅导员的回答并不是完全不清楚,而是在特定的时间段对一些事情和人产生的一时情绪。事后辅导员发现,一封信就可以平息了这个学生的负面情绪。因此,在此期间发生的学生心理问题,除了长期心理问题学生或者较严重的心理问题突发事件外,辅导员关键在于把握好大三学生这一阶段的特点,他们面临着发展和选择的困惑、焦虑,我们要帮助他们理清他们的目标、实现的路径和需要付出的努力。

4. 开展感恩教育

大一、大二年级的学生是一个"被输血"的群体,他们需要在很多方面得到学校和学长的帮助,进入大三年级的学生开始从"被输血"阶段过渡到"造血、输血"阶段。因此对大三年级学生的感恩教育要区别于低年级的感恩教育,应当把责任、回馈等作为感恩教育的主要内容。例如,可以引导大三学生捐献爱心基金帮助低年级学生,引导大三学生帮助低年级学生获得家教等勤工助学机会,引导大三学生积极参加社会兼职工作补贴家庭等。

例3.11.3 回馈,大三学生的感恩教育

经某学院学生发起,学院设立了一个爱心基金,基金为公益性、互助性基金。建立本基金的目的是推进和谐校园建设和资助家庭经济困难学生工作的开展,倡导"一方有难,八方支援"的互助精神,使遭遇特殊困难的学生感受到学院大家庭的关怀,提升广大学生的社会责任意识,学会感恩。基金是对学院的在校研究生和本科生因其家庭困难或临时遭遇严重困难时给予的临时补助,对本科一年级新生的定额资助,接受学院团总支的业务指导和学院党总支的监督。基金由学院爱心基金管理委员会进行管理。爱心基金管理委员会由团总支书记、学生会主席(本科生、研究生)和生活部、各班级生活委员组成。基金来源包括:学院教师的定额资助、学生班级每月"爱心基金"特殊团费/班费的定期捐款、个人捐助、校内外企事业单位赞助、其他合法收入。

[小结]现在的大学生大都知道在11月的第四个星期四是美国等西方国家的感恩节,不少学生还过感恩节。中国传统节日里没有感恩节,辅导员可以把学生们对西方感恩节的了解和学院的爱心基金结合起来开展感恩教育。作为大三年级辅导员,可以引导大三学生为爱心基金捐款,帮助低年级困难学生。

5. 举办考研经验交流会

大三8月份后,很多选择考研的学生会去了解各校专业、导师、招生人数、每年录取分数,进一步确定自己考研的目标。确立了考研的目标,学生需要做的就是开始学习相关参考书目、做考研试题等。在历年考研大军中都会有一些优秀学生披荆斩棘考入理想高校,他们的成功激励着更多的学子勇往直前。辅导员可以搭建这样的平台,让每年考研成功的学生与大学三年级的同学们分享考研学习的经验。例如传授一些考研英语、政治理论课及专业课等科目的复习方法以及学习技巧,并可以对考研学习的时间、阶段、学习计划等作详细介绍。最主要的还是用他们的成功经历鼓励大家考研一定要坚持到底。举办这种经验交流活动可以给准备考研的同学提供一个自由交流的平台,使参与的学生在活动中获得一些经验,同时还可以建立大三学生和已在读研学生的联系,为二者之间建立直接联系创造可能。

6. 月末工作小结

五、12月时点、节点工作内容   考风考纪

12月部分课程已经结束,进入复习考试时间。从12月开始学生大部分时间和精力都集中在各门课程的复习考试上,辅导员要注意安排好各项工作,尽可能少开展其他活动。本月可以在月初以"一二·九"运动纪念日为契机抓好学生党支部的组织建设和活动开展工作;同时还可以以召开诚信主题班会、进行考场巡视等形式做好考风考纪工作。

本月的时点性工作:"一二·九"运动纪念日。

本月的节点性工作:考风考纪工作。

1. 整理上月班级情况向主管领导汇报

整理上个月的班级学生情况,向学院主管学生工作领导进行汇报沟通。

2. 抓好考风考纪工作

经过大一、大二种种考试,学生已经很熟悉学校的考场纪律。因此这一个月抓考风考纪的关键在于辅导员要提高抓好考风考纪工作的认识,考前开大会进行考

风考纪教育,做到防患于未然。同时,对于部分高校而言,12月的四级考试也是那些在大二第二学期末没有通过四级考试的学生第二次参加四级考试,辅导员要高度关注这些学生,教育他们不要去触碰作弊这一红线,并能够在他们考试当天进行巡考,断绝他们作弊的想法。

3. 月末工作小结

六、1月时点、节点工作内容   安全教育

1月按照学校教学安排进入复习考试时间,学生的绝大部分时间都用于复习和参考各门课程的考试。由于一些课程较难以及一些学生学习较差,因此会有部分学生产生焦虑等情绪,辅导员要及时根据学生的实际情况予以帮助和辅导。

本月的时点性工作:元旦假期安全教育工作;年度工作总结和新年工作计划。

本月的节点性工作:年度工作总结和新年工作计划。

1. 整理上月班级情况向主管领导汇报

整理上个月的班级学生情况,向学院主管学生工作领导进行汇报沟通。

2. 元旦假期安全教育工作

元旦假期将至,考试迫在眉睫,三天小长假对于学生而言,也许是彻底放松的好机会,也许是考前充电的加油站。辅导员应在此时召开年级会议,强调考前复习的重要性,说明放假的时间、返校的安排,适时地开展假期的安全教育。

3. 做好放假前及寒假期间的信息调研工作

一是向各班级负责人强调要特别留意那些容易出现问题的安全隐患,随时了解学生的思想动态,如有问题及时上报,确保"学生—班主任—学院"信息渠道的畅通。二是要求各班级负责人统计本班学生假期外出情况(含外地生返家情况),统计内容包括外出时间、目的地、同行者姓名、本人及家庭有效联系方式;统计假期不回家同学的名单,并指定负责同学。

4. 认真做好年度总结和新年工作计划

年度总结工作可以促进辅导员对一年工作的回顾，新年计划是辅导员下一步开展工作的一个纲要，一定要高度重视，认真制定。可以按班级、年级、工作等各项分类由下而上制定计划，最后由辅导员汇总整理。建议整理后的工作计划落实到每个月份，明确到每个月的工作重点，以便真正工作起来方便顺手，一目了然。

5. 布置寒假社会实践活动

例3.1.1

"随手微公益，传播正能量"
——北京某高校学子开展"温暖衣冬"捐赠，践行社会主义核心价值

连续三年的寒假，某高校组织几百名志愿者将上千件爱心冬衣传递到全国30个省份近千个县市，志愿者行程超过10万公里，在寒冷的冬天用爱心温暖了全国各地需要关爱的人们。在学校持续开展的"温暖衣冬"爱心捐赠活动，学校号召学生在寒假期间完成一次"快乐的微公益"行动。

校团委高度重视"温暖衣冬"活动的开展，及时做好工作部署，制定活动细则，从每年的11月开始，面向全校征集志愿者，对每位志愿者都进行了详细的登记，接到冬衣时，已是期末。为保证活动的顺利进行，志愿者服务团的负责人废寝忘食，将衣服整理完毕并分发到各院系的负责人手中。各院系克服期末考试压力大等困难，顺利完成了衣物的交接，满含爱心的衣物随着高校学子的陆续放假返乡，从首都转向全国各地需要关爱的人们手中。

寒假期间，有的院系将送温暖活动同本院系特色的志愿活动相融合，在送冬衣的同时还带去了其他志愿服务，既巩固了原有志愿基地，也扩大了"温暖衣冬"活动的影响。有的院系采取以点带面的发放方式，以"一对一"发放为主，"一对多"发放为辅，走进太阳村、敬老院等社会弱势群体集中的地方，在春节前夕将温暖送给最需要关爱的人。

参加活动的志愿者表示，在寻找受助者时也有过困难和迷茫，但是将衣物送到真正需要帮助的人手里的时候，心里那种喜悦和激动难以言表。志愿者们在活动过程中通过人人网、微博、微信等新社交媒体共发布"温暖衣冬"活动信息1000余条，积极发表感想，通过微博、微信等平台传播正能量，扩大了活动影响力，产生了良好的社会反响。

6. 月末工作小结

七、2月时点、节点工作内容　　走访慰问留校学生

随着小年、春节等传统节日的到来,学生在朋友和师长之间会互致新年的祝福。辅导员可以借此机会开展感恩教育和礼仪教育,向学生传达新年祝福的同时引导学生通过短信、电话、贺卡等形式向家人、亲朋好友、班主任、任课老师送上他们的祝福话语。

本月的时点性工作:留校学生安全工作。

本月的节点性工作:关注学生成绩;适时与家长联系沟通;走访慰问留校学生。

1. 关注学生成绩

辅导员要在期末关注学生的成绩,可以开展寄送学生成绩单的工作。寄送学生成绩单可以让家长了解学生在学校的学习情况,同时还可以避免将来问题发生后家长倒追责任。寄送成绩单应当在放假后一两周内完成,这样对有挂科的学生可以起到督促其假期复习的效果。当然,也可以通过网络通知、电话通知等方式完成。

2. 和特殊学生的家长联系

发现学生出现了某一方面的问题后,辅导员应及时与其家长取得联系。沟通时首先要肯定孩子在学校的一些表现,让家长相信辅导员是了解孩子的。在双方建立起一种融洽信任的关系后,辅导员可以适时地说明孩子目前在校存在的某方面问题,一定要让家长理解我们这样沟通的目的是为了孩子负责,为孩子的健康发展着想,希望家长配合学校共同做好育人的工作。

3. 走访慰问留校学生

在走访慰问留校学生的工作中,大三辅导员除了在生活上关心学生外,还要注意关注留校学生的就业抉择等问题。一般来说,寒假留校的学生都是生活上比较困难的学生,他们的就业难度也比较大,大三辅导员可以利用走访慰问的时机了解他们的就业状态,帮助他们在就业中进行科学合理的决策,或者提供一些实习信

息,提升他们的就业能力。

在走访慰问的过程中,辅导员要注意向学生宣讲安全注意事项,特别是大三学生由于在学校已经生活了两年半的时间,容易在用电等方面存在安全隐患,辅导员要在走访宿舍时注意观察学生的用电习惯,看学生宿舍内是否存在违章使用电器、乱拉电线等情况。

4. 月末工作小结

八、3月时点、节点工作内容　　学生成绩排查

进入大三第二学期,学生会更加关注自己的成绩,特别是希望能免试攻读研究生的学生、有出国留学想法的学生以及仍有挂科的学生,学习成绩对他们都非常重要。辅导员要抓住这一有利时期开展教育引导工作。要注意及时筛查存在不能毕业风险的学生,进一步做好他们的教育引导工作,提供相应的帮助。

本月的时点性工作:学生返校思想动态调研;"挂科"学生教育引导;做好大三学生推优入党工作。

本月的节点性工作:存在不能毕业风险的学生的筛查及教育帮扶工作。

1. 学生返校思想动态调研

学生返校思想动态调研是常规工作。开学时,辅导员在注册报到当天要全面掌握所带学生的注册报到情况。如果出现没有及时注册的学生,辅导员应通过各种途径在第一时间与学生本人或家长取得联系,掌握其未能返校的真实原因。第一,做到对学生安全管理;第二,做到对学生认真约束,让他们养成按时返校注册报到的习惯。同时,辅导员也要继续了解学生返校后的思想状况,特别是一些学生经过假期和家长的沟通交流,会在就业选择中出现一些新的变化。

2. 做好"挂科"学生教育引导工作

大三第二学期挂科的学生补考重修的机会少,如果以前又有过"挂科",累计起来本学期的学习压力比较大,甚至可能会影响他们顺利毕业。因此辅导员要认真做好"挂科"学生的教育引导工作。辅导员首先要熟悉掌握学校的教学管理规定,研究好相关的重修补考政策,在本学期开学初就召开学生大会,提前说明补考

重修及顺利毕业的要求及条件。让学生及早明确任务,认识到本学期各门课程学习的重要性,力争从头开始认真学习,不要把学习压力积压到后面。

3. 存在不能毕业风险的学生的筛查及教育帮扶工作

学生顺利毕业的基本要求是每门成绩都在60分以上。大三的第二学期,辅导员就需要做好前期摸底,主要是根据学习成绩筛查出有"挂科"的学生。找他们分别谈话,告诉他们目前存在的问题及不能毕业的影响,让学生高度重视"挂科"的科目,及早做好应对的准备。必要时也要跟这些学生的家长联系,一方面让家长对孩子的学习情况有所了解,另一方面希望家长能够配合学校督促学生加强学习。对"挂科"较少的同学,要鼓励他们建立信心,集中全力,各个攻破。对"挂科"较多的同学,要做到耐心引导,热心帮助,同时也要让他们做好延长学籍的思想准备。

4. 关注学生矛盾的爆发

大三年级学生思想各方面相对成熟,但是也有少数学生由于大一或者大二期间积累的一些小矛盾会发展成为尖锐的冲突,辅导员要及时发现和化解。

例3.3.1 调解大三男生宿舍矛盾

一、案例介绍

2008年4月的一个周日晚上,接到一个党员的短信,说他们班上一个男生宿舍的同学打架了。我仔细询问了情况,学生党员说除了有一个同学的胳膊擦破了点皮外,没有人受伤。于是,我就给该学生宿舍打了一个电话,问清楚目前同学都在宿舍后,要求接电话的学生转达其他同学:我已经知道了他们打架的事情,不管什么原因,只要打架了谁都没有理由说自己是正确的。并且告诫他们如果再发生打架的事情就要按校规校纪处理。

二、案例分析

由于工作的原因,这个年级的辅导员调离了工作岗位,我接手管理的时间不长,对这个宿舍的情况不完全了解,所以我没有急于马上处理。一般而言,男生宿舍发生矛盾(争吵、推搡等,不包括激烈打斗),等他们自己冷静下来后是可以自己解决的。这样我们辅导员可以通过个别谈话来了解情况,帮助学生正确认识宿舍内同学的关系以及宿舍同学关系对自我发展的作用。这样就不会一下子把宿舍内个别同学之间的矛盾摆到明面上,伤害到他们的自尊,给调和矛盾造成困难。当然,如果矛盾较深,学生自己难以解决时,他们一般都会自己或者通过班委来向辅导员、班主任反映问题。我们辅导员也不用担心矛盾会进一步发展到无法收拾的局面。

第二天上午,宿舍的两个同学就来找我了。一个是昨天打架了的学生A,另外一个是班长学生B。通过他们的述说,我大概了解了一些情况。原来,宿舍内另外一个学生C从大一到大三期间就和宿舍同学有矛盾,不过是这一次发展到了学生A和学生C之间的打架。根据学生A和B的讲述,我发现他们对学生C都很排斥,认为学生C不注意个人卫生,不承认自己身上的毛病。并说宿舍其他5个人都一致要求把学生C调走。学生A说,如果学生C不走,就把他自己调离这个宿舍,否则他可能会忍不住对学生C做出出格的事情。

三、教育策略

(1) 稳定冲突当事人的情绪是处理宿舍矛盾的关键第一步。

情绪的不稳定,就会导致当事人不能理智地分析问题。我首先对来找我的学生A和学生B说,作为辅导员我一定会公正地处理这件事情,但是可能需要找他们宿舍的同学一起来谈谈,不能仅仅听他俩的一面之词。否则,这样对学生C是不公平的。他们同意后,我又和他们约定了晚上9点宿舍的6个同学一起来(晚上的时间谈话一般说来效果会好一些,一是人的心情比较放松,二是学生也没有课)。临走前,我告诉他们一句话:一个巴掌拍不响。也希望他们能想想,自己是否有做得不合适的,晚上再一起聊。

(2) 处理宿舍矛盾需要有合适的介入工具。

晚上,宿舍6个人来齐后,我并没有着急处理昨晚他们冲突的事情,而是首先要求他们和我一起做了一个关于沟通的游戏(游戏的大致内容:第一步,甲、乙两组人背靠背,甲组看着一幅画叙述,乙组按照甲组的叙述进行绘画,甲、乙不能说话;第二步,甲、乙组换角色,乙组叙述甲组画,但是甲、乙可以沟通;第三步,对照甲、乙组画的画,提示他们是否第二次画的更和原画相似)。

(3) 应当发挥学生的自我教育作用。

做了游戏后,我就问他们为什么前后一个活动区别如此之大。6个人尽管回答不完全一致,但都不约而同地提到了主要是因为沟通的缘故。接着他们的话,我就提醒他们,在这几年的共同生活中,他们是否进行了很好的沟通呢?我临时充当了主持人,给了他们每人3至5分钟时间把自己的想法(包括以前的矛盾、对同学的意见、自己的反思、以后应该怎么做等)都说了出来。

(4)要处理好宿舍矛盾,要找出问题的主要一方以及合适的调解人。

经过他们的交流和叙述,他们基本上也不再谈昨天的冲突了,尽管还不能完全地和解,但是彼此都能握手言和,表示不会再在昨天的事情上有冲突了。最后,我单独把学生C留了下来。因为,在大家叙述的过程中,他的问题是最突出的,主要集中在不注意个人卫生,如不洗脚、不洗袜子、鞋臭了还老放屋里、不打扫宿舍卫生、不打水等。我就这些和他逐一细谈,指出这些和他个人以及他人健康的关系。学生C答应一定注意个人卫生。我趁热打铁,要求他一周打扫一次宿舍卫生,问他能否做到,他也答应了。这时,我也承诺对他和学生A昨晚打架一事不再追究,但是如果下次再这样,那只能按规定处理了。

由于学生A还希望调换宿舍,不愿意和学生C在一起。第二天上午,我又把班长学生B找了过来,和他进行了一次深入的谈话。指出他作为班长的失责,不但没有做好同学的团结,还认为学生A打架的理由是正确的,在宿舍内支持学生A,不能公平对待学生C。在谈话过程中,我帮助班长学生B认识到,他自己竞选班长的目的之一是要提高自己的能力,其中就包括了提高自己的领导能力,如做好班级的团结、处理好班级的内部矛盾等,进一步提高他在学生A和学生C之间发挥好调节作用的主动性和积极性。

四、教育效果

经过教育,学生C坚持做好自己个人卫生,并且每周打扫一次宿舍卫生,赢得了宿舍同学的好感,加上班长学生B利用宿舍同学过生日的机会进行调解,学生A也不再坚持自己换宿舍的主张。一次,学生C动手术,宿舍同学还集体陪他去医院。包括后来他们再次发生矛盾,学生A和学生C也正确认识自己的过错,及时解决了问题,并主动从自身寻找原因。

[小结]大三辅导员要密切注意那些彼此存在较大矛盾的学生,在大一、大二时他们之间的矛盾由于低年级、胆小等原因会暂时隐忍,经历大三上学期的学习工作生活后,会有一些学生认为自己已经成熟了,很多事情可以按照自己的意愿和方式来处理,往往会对一些自己看不惯的人和事不再采取隐忍的办法,特别是男生之间往往会爆发一直存在的矛盾。

5. 做好大三学生推优入党工作

大三第二学期的推优入党工作备受学生们关注,不少还没有加入党组织同时又选择考公务员的学生都期望自己能在这一学期入党,来年10月报考公务员时自己能有更多选择的机会。撇开这些学生入党动机问题不谈,针对这一时期学生入党心理活动的特点,大三辅导员比平时要注意积累,了解学生的基本情况,更加公平、公正地执行推优制度,避免引发学生的不满情绪,影响入党推优工作的正常开展。

6. 月末工作小结

九、4月时点、节点工作内容　　心理排查　经验交流会　简历制作指导

春季是心理问题易发期,因此辅导员要注意做好心理问题学生的筛查工作,特别是关注近期在情感、学业、工作、经济等方面存在问题的学生。同时,随着毕业生陆续确定考研学校、工作单位,大部分大三的学生会自然而然地产生不同程度的羡慕心理,并希望自己毕业时也能够成功,辅导员要抓住这一有利时机,及时开展和就业相关的工作,如经验交流会、生涯发展辅导培训、指导学生写简历等。

本月的时点性工作:心理问题学生排查工作。

本月的节点性工作:组织优秀毕业生和大三学生经验交流会;举办简历制作工作坊。

1. 整理上月班级情况向主管领导汇报

整理上个月的班级学生情况,向学院主管学生工作领导进行汇报沟通。

2. 组织优秀毕业生和大学生开展经验交流

学生在大三的第二学期最容易困惑和迷茫,困惑的是大学生活即将结束,迷茫的是未来不知该如何面对。辅导员应该抓住学生的这个特殊阶段,组织优秀毕业生和大三学生开展别开生面的座谈会或经验交流会,让毕业生用自己的亲身经历和职场体会来给学生上一堂生动的实践课。

经验交流会的方式多种多样,可以按班开展,也可以按类别开展。按班开展,主要是在同一时间要求大四学生找工作、考研、出国中的优秀者同时参加班级交流会;按类别开展则是根据学生的实际需求,按照找工作、考研、出国、创业等就业形式进行专题交流,不同班级和专业的学生可以根据自己的初步目标有选择性地参加交流,加强经验交流会的针对性,并且还可以使得交流会更加深入、全面。

3. 做好学风督查工作

开学一个月后,学生往往易于产生学习倦怠的心理,辅导员可以有计划地在该月份去年级所有班级听听课,掌握学生课堂学习的第一手资料,了解学生的学习状态,发现学生在课堂学习中存在的可能问题,如缺勤、早退、迟到、睡觉、玩手机、看报纸等,并针对不同问题的学生做好教育引导工作。

4. 做好心理排查工作

4月是出现心理问题的高发时段,辅导员在4月需要对所有的学生进行心理问题筛查,以便对自己所带班级的学生情况及时了解、全盘掌握。筛查可以分年级、分专业进行,也可以通过各班班主任或心理委员的途径统计上报,统计结果到辅导员处统一备案。如果发现有轻微心理障碍的学生,辅导员需要做深入辅导,引导学生脱敏放松;如果发现有严重心理问题倾向的学生,辅导员需要及时向学校心理咨询中心上报。待专业老师访谈审查后,将访谈结果及时向学院领导和班主任反馈。必要时与学生家长联系,或与专业医院求助,以确保学生的生命安全。

5. 举办简历制作工作坊

大三的小学期实习是学生初探职场小试牛刀的绝佳时机,辅导员此时应该对学生进行实习简历撰写的指导,告诉学生如何强化自己的实践能力,如何突出自己的特色。关键是通过引导学生写实习简历,认识到自身仍存在的不足,注意在小学期实习中强化弥补,锻炼自己适应社会的能力,避免到了大四写求职简历时才发现自己的不足而为时已晚。辅导员应抓住这一阶段,开展简历制作工作坊。做好大三学生的生涯发展辅导,增强学生的就业能力,提高学生的未来竞争力,为学生将来踏入社会提前做好准备。辅导员要教育学生明白:一个成功的求职者,必定有一个明确的生涯发展目标,有一份优秀的简历。发展目标是方向,简历可以称为求职者的"第一张脸",目标制定的准确与否和简历制作的优劣在很大程度上直接影响着应聘的成败。

在简历制作工作坊中,辅导员要向学生强调简历制作的重要目的在于证明自己与职位要求匹配(人职匹配),向学生讲清楚用人要求的基本要求(专业技能、语言能力、沟通能力等方面的要求)以及学生如何证明自己符合这些要求(专业、证书、实践经验、其他有说服力的事实)。同时要教授学生掌握简历的基本内容与用人单位的筛选标准(基本信息、求职意向、教育背景、工作经历、社会实践、所获奖项、专业课程、资质和证书、自我评价、爱好、科研成果、薪酬期望、求职信),掌握如何准备简历(分析不同类别职位的特点、有针对性地突出重点、使用关键词、不要出现异于常理的描述、以事实作为主要的描述内容)。还可以教授学生一些制作的具体方法,如首先准备一份不受字数限制、非常详实的简历;其次,根据所应聘的职位需求进行剪裁,突出那些和职位要求相吻合的部分;第三,再次检查与核对调整后的简历是否文句通顺、有无错别字、和所应聘的职位要求是否吻合;第四,确认无误后,将这个版本的简历做好标记,标明是应聘哪个职位的简历后发出。最好提醒学生注意简历的长度、联系方式、照片等,丰富自己的实践经历。

6. 月末工作小结

十、5月时点、节点工作内容   就业动员 就业信息搜集方法工作坊

在对毕业生的去向有了初步认识以后,大三学生会开始进一步强化自己的目标选择,因此往往会在5月开始做粗略的抉择,辅导员要及时开展就业动员工作,对如何选择考研、出国、工作以及就业政策等进行宣讲。并在日常的工作中利用一切可以和学生交流的机会进行辅导工作,了解学生的想法并结合学生的实际情况提供帮助。

本月的时点性工作:假期安全教育工作;"五·四"运动纪念日。

本月的节点性工作:就业深度辅导;举办搜集就业信息方法工作坊。

1. 整理上月班级情况向主管领导汇报

整理上个月的班级学生情况,向学院主管学生工作领导进行汇报沟通。

2. "五一"假期安全教育工作

"五一"假期春光明媚,温度适宜,通常是学生们选择休闲放松的最佳时机。但是假期外出的安全教育工作一定是辅导员不容忽视的重要环节。

辅导员应及时提醒各班级团支书将本班同学假期去向调查表交到年级辅导员处。调查表以Excel表格制作,主要包括以下内容:班级、学号、姓名、性别、联系方式、是否离学校所在地(只填是/否)、假期去向(分为两类:在学校所在地、离学校

所在地,其中离学校所在地要说明具体地点,在学校所在地有出游计划的说明日期和地点)、返校日期(倡议尽可能3号上午返学校所在地)、紧急联络方式。

3. 就业深度辅导(如何选择考研、出国、工作;就业政策等)

大三是学生的分水岭,也是学生未来发展的分流期,辅导员在这个阶段需要密切关注学生的思想波动,及时开展关于考研、出国和就业的深度辅导,及时为学生答疑解惑。

例 3.5.1　一个大三学生的就业迷惑

学生 A 大三下学期的时候,面临着就业选择和职业发展的抉择。因为她的家长是公务员,所以在家长的影响和支持下,她打算准备国家公务员和北京公务员的考试,学习和复习压力比较大,每天的日程安排比较繁忙。但是她通过自我分析,感觉自己好像不太适合做公务员的工作,对于自己是否能够适应公务员的工作没有把握。

当学生 A 找我聊这一话题时,我采用访谈的方式对其进行探索和指导,主要是帮助 A 学生分析她的兴趣和价值观。

(一) 兴趣探索

在进行访谈时,她已经告诉我,她比较热心公益和集体活动,愿意与别人交往。由于她的家长是公务员,所以她现在也在准备公务员方面的考试,但是对于未来是否能够胜任公务员方面的工作,她还比较迷茫。同时她的同学也感觉她比较适合做营销和公关方面的工作,这更加使她感到矛盾。我开导她,对于任何一项职业规划方面的指导,它都是起到一种建议的作用,即使是一名专业的职业规划师,他也不能决定学生未来具体的职业发展。个人还是应该针对自己的具体实际,同时参考职业规划师的建议和指导,目标明确地进行自己的职业规划和职业选择。我们具体采用了"兴趣岛"的方法来明确她的兴趣方向。我结合她的霍兰德代码,具体向她解释了它的涵义,重点指出她的霍兰德代码与她在访谈中所谈到的自己的兴趣非常接近,表明她对于自己的兴趣方向比较了解。我也再次向她强调,测评所得到的结果并不是最后就决定了她以后的工作发展方向,只是帮助她明确自己的兴趣点,从而引导和帮助她重点对她个人的自我生涯情况和工作世界的探索,帮助她对自己未来的职业发展做出审慎的规划。

(二) 能力探索

我让她按照我说的,在一张纸上画出了一个相交的数轴,横轴上面注明了她的年龄段:从0岁至21岁。竖轴上面表明程度的大小。她按照我说的对生命线进行了描绘,时间持续了3分钟至5分钟。在7岁至12岁的某个时间点上,在竖轴上面她的标注是最长的,表明对于她的影响程度最大。第二个阶段是她的中学阶段的某个时间点,竖轴上面标注的程度最短,表明影响她的程度最小。第三个阶段是18岁,竖轴上面标注的程度第二长,表明对她的影响比较大。最后一个点是20岁,竖轴上面标注的程度第三长。

然后我让她根据自己画出的"生命线"向我讲解一下她自己的成就故事,告诉我为什么要标注出这四个点,同时这四个点她取得的哪些成绩让她感觉比较有成就感。她说她的小学时光非常幸福,在小学里她的成绩和文艺天分都得到了很好的发展,她一直是学校里学习成绩和文艺方面最优秀的学生,得到了家长和老师们的一致好评。到了中学阶段,虽然她的学习不再像小学那样排名第一,但是处在一个竞争更加激烈的环境,她的学习成绩还算不错,使她能够为后来的高考做好充分的准备。第三个是她高考成功,她顺利地以优异的成绩通过了高考,成为了一名大学生,这是她人生的转折,对于她的影响也相对较大。第四个点是她做学生会文艺部部长时,成功地举办了一次学院迎新文艺晚会。

(三) 关于未来职业发展方向的探索

我让A学生紧密结合自己前面探索的结果,与自己未来的职业生涯规划相结合,采用想象引导的方法,让A学生假设十年后她的工作状态应该是什么样的。

她认为十年后,她的家庭生活会非常美满和温馨,这对她的工作起到了最坚强的支持和帮助作用,她的工作能够很好地发挥她的组织领导能力和专业知识,她通过自己的工作能够很好地帮助别人、造福社会,通过工作她得到了很强的成就感和满足感。在工作过程中她是自信的、热情的,她的工作被她处理得井井有条,得到了领导和同事的一致好评。

最后A学生告诉我,通过参与各种不同方面的探索和引导,她已经开始学会探索自己的兴趣、能力、性格和价值观等特质,同时她也通过各个方面的探索更加深入地认识了自己。对于自己未来的职业生涯规划和职业发展,她会认真将自己的具体特点与社会环境相结合,找到最适合自己的职业发展方向。

[小结] 辅导员开展就业深度辅导员应当掌握一些基本的工具,这样可以更加高效地开展就业指导和服务工作。大三学生在就业中的困惑往往集中在就业价值观、就业认知、就业决策等方面,而这些都是可以通过一些培训掌握一些工具和具体方式方法帮助学生的。

4. 举办就业信息搜集方法工作坊

对于找工作的学生而言,简历是求职的必要条件,信息是求职的重要保障,如何搜集信息、整理信息、获取有效信息是求职学生应该掌握的基本技能。辅导员可以借助就业工作坊的形式,开展就业信息分析选择的团体培训,助求职学生一臂之力。辅导员要明确,求职信息是毕业生求职择业的前提和必备条件,关系到求职择业的成败。在就业形势日益严峻的信息时代,就业不仅是实力的竞争,也是信息的竞争,作为新世纪的大学毕业生,应当高度重视就业信息的重要性,积极主动、广辟途径地收集就业信息,并认真细致、去伪存真地分析、筛选、整理这些信息,从而做出准确的处理,把握选择的主动权,抓住就业机会,为成功地就业奠定基础。就业信息是指求职者利用各种渠道获悉在一定的时空和条件限制下招聘单位的人才需求信息以及与此相关的情况,是经求职者理解、加工处理后用以作为择业参考的消息、知识、资料与情报,主要包括就业政策与形势、就业法规、就业途径、行业信息、用人信息等。

同时,在辅导学生如何搜集就业信息的过程中,要向学生强调学会充分运用社会资源获取就业信息。要通过辅导员的培训使学生明白,通过社会关系网获得信息,也是一个重要的渠道,当毕业生在寻找就业信息时千万不要忘记了你周围的亲戚、老师、朋友以及朋友的朋友,也许他们会给学生提供一些机会。每个人都生活在特定的社会关系网中,都不可避免地与人进行接触,双方在交互作用的过程中不断交换着各种信息,就业信息反映的是人与人之间的供求关系,无论通过什么渠道或载体,它归根到底是通过人来交换的。但是由于人与人之间的关系不同,所以彼此之间信息传递的内容、方式、频率等也不一样。一般而言,信息总是在关系较密切的人际圈子里流动、传递。大学生因为长期生活在校园环境中,接触面较窄,人际关系不广,就业信息的来源渠道也就比较有限。所以,学生要善于利用各种社会关系,拓宽信息的来源,让更多的人帮助自己收集就业信息。同时可以告诉学生他们的社会关系包括:①家长和亲友。对于尚未步入社会的大学生而言,家长和亲友是他们社会关系网的主要构成。而他们也都非常关心自己家庭亲友的就业问题,又来自社会的各个行业、各个阶层,与社会有多种联系,可以从不同渠道带来各种用人单位的需求信息。②学校的老师。尤其是专业教师,他们比一般人更了解本专业毕业生适合就业的方向和范围,同时,他们一般对本专业的发展状况以及近几年毕业生就业的流向比较清楚。③校友。那些已经毕业参加了工作的"师兄""师姐"大都在对口的单位工作,对所在单位、行业情况比较了解。通过他们,学生可以探听到一些具体、准确的就业信息。最后要让学生知道,这些都需要靠平时人际关系的不断积累,大学期间要学会做人与处事,处理好与师长、同学、校友之间的关系,真诚待人,善于表现自己,让更多人了解你的才华、性格、特长、爱好等,他们都会看在眼里,一旦有适合他们的工作,都会主动推荐。通过社会关系搜集到的就业信息一般比较可靠、及时,针对性强,价值相对也比较高。

5. 月末工作小结

十一、6月时点、节点工作内容　　职业体验

通过练习简历制作等活动,大三学生能够意识到社会实践特别是职业体验对其就业的重要性,因此辅导员要积极组织策划暑期社会实践活动,引导学生积极参加职业体验活动和其他就业相关活动(如就业工作坊),增加学生的工作经验值。同时,要利用七一建党纪念活动的契机,策划学生党建活动,如北京地区的红色"1+1"活动等,把支部活动和就业有效结合起来,进一步培养学生党员的社会责任感和综合能力。本月可以诚信为主题开展考风考纪的班会,以考场巡视的形式抓好考风考纪工作。

本月的时点性工作: 暑期社会实践;七一建党纪念活动。

本月的节点性工作: 面试和面谈方法和技巧工作坊。

1. 整理上月班级情况向主管领导汇报

整理上个月的班级学生情况,向学院主管学生工作领导进行汇报沟通。

2. 策划学生党支部红色"1+1"活动

党员在大学三年级的学生中占有了一定的比例,学生党员在日常生活中如何才能体现出他们的独特性、先进性和示范性,需要借助一定的平台和机会。辅导员要积极引导学生党员开展红色"1+1"活动,利用党员的自身优势带动普通同学,服务群众,培养学生党员的社会责任心。

3. 组织策划暑期社会实践

暑期社会实践活动是学生将课堂知识与社会现实紧密结合的大好时机,辅导员可以指导学生开展暑期社会实践活动,锻炼学生的实践能力,弥补课堂知识的不足。

4. 引导学生积极参加职业体验活动

大三暑期是学生职业生涯设计的重要阶段,是学生认识职业特点以及探索自己理想的职业是否适合自己的有利时期。辅导员要引导学生积极参加职业体验活动,可以借助教学环节的小学期实习进行专业体验,也可以根据学生自己的兴趣和关注热点,利用学生的暑假进行体验。重要的是尝试过职业体验之后,辅导员要引导学生不断地总结反思,调整自己的职业生涯,明确未来的发展方向。

5. 召开年级大会

放暑假前可以适时召开一次全年级大会,年级大会的主要内容可以包括但不限于以下方面:假期安全教育、求职简历简单制作培训、暑期职业体验活动动员、大四学年主要学习任务和各项工作进度安排等。

6. 举办面试和面谈方法及技巧工作坊

面试是学生求职成功与否的关键环节,也是求职中必不可少的重要阶段。面试的流程、方法及应对的策略是求职学生十分关注的话题,辅导员此时应通过就业工作坊举办团体辅导,传授面试的技巧,提升学生的求职能力。

在这一个工作坊中辅导员主要解决学生以下问题:面试该如何着装;应聘过程中应保持的体态;面试应该做哪些准备;面试时考官一般会提出什么样的问题;面试时最忌讳哪些问题或回答;如何做自我介绍;若遇到不会回答的面试问题该怎么办;考试中被问到比较专业的问题,不会回答该怎么办;如何在面试中突出表现自己的优势,回避自己的缺点,让面试官对你留下深刻的印象;面试中如何克服怯场心理;如何在小组讨论中脱颖而出;如何克服条件反射的小动作保持淡定,如抓头发等;面谈时可以问的问题和应该回避的问题;面试的时候,面试官问的问题我本来能回答,但是因为紧张却脑子一面空白,什么也想不起来了,怎么办;对一些没有打算开招聘会的单位怎么投递简历等。

7. 月末工作小结

十二、7月时点、节点工作内容　　留校学生安全工作

7月份,学生大部分时间和精力都集中在各门课程的复习考试上,辅导员要注意安排好各项工作,尽可能少开展其他活动,可以继续做好考试巡考工作。

本月的时点性工作:巡考工作;假期安全教育。

本月的节点性工作:关注留校学生安全,加强安全防范意识教育。

1. 整理上月班级情况向主管领导汇报

整理上个月的班级学生情况,向学院主管学生工作领导进行汇报沟通。

2. 考风考纪工作

可以说这是每学期末的常规工作,作为大三年级的学生辅导员对班级每个学生的情况已经非常了解了,在考试期间可以进行针对重点人的盯考巡视,杜绝考试期间的违纪现象。

3. 关注暑期留校学生,加强安全教育工作

大三学年末的暑期很多学生选择实习,留校的学生数目较多,作为辅导员要及时对他们进行安全意识的教育工作,并做好暑期留校学生的信息统计工作,以备发生突发事件时能掌握信息。

4. 月末工作小结

第四章　大学四年级

　　大四是大学生的收获时期,在四年大学生活中处于成才阶段,学生面临着毕业、求职、考研等相关的一系列问题和压力。

　　对于考研的学生而言,他们一般从暑假就开始复习考研的科目,时间长、压力大,同时这一学期的校园招聘会和国家公务员考试等对他们也有影响,因此考研的学生心理压力大,需要辅导员定期的关注。辅导员的就业指导工作也集中在这个时间段,此时除了大量操作性和常规性的日常管理工作之外,辅导员还面临着学生毕业相关的各个固定程序性工作,这就要求辅导员形成系统、规范、科学的工作时间安排。

　　对于求职的学生而言,他们中大部分学生需要经历一次一次的面试、笔试,甚至被用人单位一次又一次拒绝,他们在求职过程中会有心理压力或问题,需要辅导员的全程关注。就业指导工作具有较强的专业性,要求辅导员掌握系统的理论知识,除了能够掌握和解读国家的就业方针政策之外,还需了解掌握如伦理学、心理学、教育学、管理学等多门学科知识。辅导员要开展学生情况调查,了解所带专业毕业生的情况、就业能力的自我评价等,建立学生就业档案。同时,开展企业用人要求调查,收集就业市场以及企业职能需求的信息,了解和掌握企业用人的要求,将之及时反馈到就业指导工作中。

　　在就业指导过程中,辅导员应及时发现学生中存在的共性问题,如学生在自我认知上存在哪些困难,如何取舍兴趣发展与社会需要,如学习困难、心理问题、家庭贫困的学生。注意总结与研究特殊群体学生的共性特点,从整体上掌握学生状况,关注所带学生的需求,针对学生需求设计就业指导的内容,将社会主义核心价值观融入就业宣讲、诚信签约等事务工作中。同时,辅导员要充分利用处于学生管理一线的角色优势,在日常管理工作中根据学生的性格、天赋、兴趣,有针对性地开展个性化的就业指导。

　　大四学生的课程一般不是很紧张,不少学生都在实习或者忙于招聘会和面试,因此他们在学校的时间相对前三个年级少了很多,辅导员还要建立通畅、有效的信息反馈体系,充分发挥学生党员和学生干部的作用,新媒体网络工具和面对面交流双管齐下,线上线下掌握毕业生的动态,做好学生的安全教育引导工作。在学生的就业过程中,无论考研、找工作还是出国,对学生来说都是第一次,需要辅导员为他们提供精致的服务,切实帮助学生成才,为四年的大学生活画上一个完美的句号。

大四辅导员的工作时段一般为每年8月至次年8月,每月工作内容都有其重点,从宏观框架上看每月的工作侧重点如下。

月份	时点和节点内容
8月	重点做好全面展开就业工作启动准备,了解掌握学生情况,有针对性地制定工作计划
9月	全面展开就业指导工作,指导学生做好留学、考研、就业、创业的选择,做好宣传引导工作
10月	认真做好毕业生的评奖评优工作,按照计划做好教育管理工作,组织学生参加校园招聘会
11月	加强毕业生心理健康教育,开展一对一、一对多的就业指导,重点指导毕业生就业技巧
12月	严肃考试纪律;关注学生考研备考情况,做好考研学生心理压力疏导工作
1月	布置寒假安全注意事项,关注学生实习、毕业设计情况
2月	关注学生假期生活及实习的情况,关心寒假留校特别是春节留校的学生
3月	关注学生寒假后的思想动态、实习情况,重点关注学生考研录取和就业落实情况,给予学生及时、有针对性的指导
4月	开展优秀毕业生评选工作;一对一指导学生就业中遇到的实际问题
5月	持续关注毕业生就业、留学申请情况,督促学生办理就业、出国留学手续,重点做好就业困难学生工作,精心筹备毕业晚会
6月	整理毕业生档案,开展毕业生离校教育,办理毕业离校手续
7月	组织学生参加毕业典礼,做好毕业离校工作
8月	为毕业生提供后续服务,做好总结工作

一、8月时点、节点工作内容　　做好就业准备　制定工作计划

尽管许多高校一般于9月正式开学,但对于大四的辅导员来说,从8月开始就要进入最关键的一年——大学四年级——学生工作的准备日程了,学生们面临着学业、就业的双重压力,即将迈入社会的他们,面临就业、考研、出国、创业的选择,

他们充满了迷茫。大四年级的各个阶段,学生们都会面临来自社会、学校、家庭、自身的压力,而实习、考研过程中遇到的困难,需要辅导员及时帮助解决,助力学生未来发展。因此,在四年级正式开学前,辅导员们就要着手开始做准备工作,在第一时间内掌握所带班级学生的信息和状态,并结合国家、学校以及学院的政策要求,有针对性地制定好各项工作的计划,如就业工作推进计划、培训计划、就业政策宣讲计划等,做好就业工作的前期筹备。

本月的时点性工作: 掌握了解本阶段学生基本情况,摸清学生就业意向;针对学生状态进行分类,有针对性地制定就业工作计划,做好就业工作宣传、培训、政策宣讲的材料准备工作。

本月的节点性工作: 完成开学的各项准备工作。

1. 掌握了解本阶段学生基本情况

许多目标明确的学生会在大三学年结束的暑假期间参加工作实习、考研、外语等辅导班以及各项资格考试,也有部分高校会集中开展学生生产、工作实习等实践环节,因此辅导员需要在8月暑假期间就对所带班的学生做好摸底调查工作,并对学生当前状态和发展意向进行初步统计分类。

辅导员可将所带班的学生按班级、学号分类汇总:从男女生数、生源情况、城乡数、家庭背景、发展意向(出国、考研、择业、创业)、就业(升学)能力、困难群体(经济、外貌、心理、能力)等类别和指标进行分类,做到心中有数。辅导员在假期可以通过邮箱或者其他绿色的信息沟通方式,根据学生专业特点设计一份状态调查问卷,这样,在要求学生填写调查反馈的同时也激发了学生们对自己发展的思考,从而为下一步的考研、就业的启动做好准备。在进行状态调查汇总后,辅导员可以生成以下两个简表:

例4.8.1 所带班级总情况表

所带班级	人数	男生数	女生数	少数民族学生人数	党员人数	本地生源	外地生源	城镇户口	农村户口	困难生	出国(国家)	考研(学校)	择业	创业

例4.8.2　每个班级情况表

班级	学号	姓名	性别	民族	生源地	手机号	邮箱	QQ号	家庭地址	出国（国家）	考研（学校）	择业	创业	第一联系人姓名及联系方式

通过两个简表的汇总统计，辅导员基本上可在本学期初了解和掌握学生的基本信息以及意向状态，这为辅导员下一步有的放矢地开展学生升学、就业指导工作提供信息依据。

2. 制定毕业生升学、就业工作计划和具体时间表

在辅导员的工作生涯中，大四年级的任务与使命恐怕是最多、最紧、最重的。因此，辅导员自身的知识技能与统筹组织能力在这一阶段就显得尤为关键。而把握住正确的时间节点和工作技巧是辅导员工作事半功倍的关键，因此需要辅导员在本学期初，即8月制定毕业生升学、就业工作计划和具体时间表，其内容包括升学、就业指导、毕业设计和毕业实习的组织开展、校园招聘会等就业信息发布、个体辅导、文明离校等工作的计划安排。并把握住本月的时间，准备好前期的材料准备工作。

由于8月尚未进入学生复习考研、考试和投身大型招聘会、工作实习的白热化阶段，因此，在本月辅导员要利用这段时间，了解掌握当年国家、学校的各项政策、信息，熟悉升学、就业中常见的概念与规范，对后面工作有可能出现的问题做出预判。

二、9月时点、节点工作内容　　做好就业政策宣讲　进行分类指导

进入9月，学校正式开学，各项工作正式启动，对于大四的辅导员来说，要充分利用好本月时间，做好就业工作宣传，营造就业氛围。把握学生毕业阶段的心理特点，帮助学生明确目标，做好毕业方向的选择。根据掌握情况，对学生进行分类，根据其特点开展相应的培训、政策宣讲，并每月形成毕业生动向摸查表，掌握学生动态。

本月的时点性工作：把握学生返校的思想动态；按照既定工作计划，开展就业宣传工作；根据上月摸底情况，指导学生明确毕业选择；开展相关政策宣讲和培训，弘扬社会主义核心价值观；进一步完善本班通信网络平台，收集并发布学生考试、

就业等相关信息;关注学生课程学习的情况,叮嘱学生完成规定学分;指导学生做好公务员考试前期准备工作;学生保研;月末工作小结。

本月的节点性工作:指导学生做好就业、考研、出国的选择,对相关政策进行宣讲。

1. 把握学生返校的思想动态

开学初,辅导员要注意分析把握学生的思想动态。进入大四年级,学生的心态会发生较大的变化。面对人生发展阶段的重要抉择期,学生容易出现迷惘、焦虑或放任的心态,辅导员要把握学生的心态变化,找准切入点,积极开展思想工作。

针对目标明确的学生,辅导员要鼓励他们继续努力,积极实习、工作,认真准备考研、外语等辅导班以及各项资格考试。这时部分学生往往会因为压力大出现焦虑的情况,辅导员要结合实际,帮助学生化解压力。对于目标不明确的学生,往往会出现迷惘的情况,辅导员要及时把握,指导学生明确目标,快速摆脱困惑期。

2. 开展就业宣传工作

做好宣传工作对于推动学生就业,营造良好就业氛围起到积极作用。辅导员通过各种渠道,利用宣传栏、广播、新媒体网络平台和传统的宣传栏布告、班会宣讲等宣传当前的就业形势以及学生在实习就业中容易出现的问题等内容,鼓励和引导学生去基层、去西部、去祖国需要的地方工作,支持学生创业并帮助学生争取学校和社会的各类创业资源,在积极营造就业宣传氛围的同时进一步弘扬社会主义核心价值观。同时,根据实际情况组织召开就业动员会,提高学生就业积极性。

3. 指导学生明确毕业选择

8月,辅导员对所带班级学生的情况进行了摸底,了解了学生的状态信息。本月,辅导员要进一步明确哪些同学意向已经确定并已按部就班地付诸实践和努力,哪些同学仅仅停留在口头的空头承诺,哪些同学还在疑惑迷茫未树立明确的方向或者存在困难与问题等。辅导员可将学生按照就业、考研、留学、创业分成四类。针对不同类别学生情况,辅导员要指导学生分析自身情况,做好具体选择,明确努力方向。

4. 开展相关政策宣讲和培训

辅导员在了解掌握当年国家、学校的各项政策、信息,熟悉升学、就业中常见概念与规范后,要组织不同类型的学生开展政策宣讲会和培训会。将这些重要的概念与信息在第一时间清晰地告知、传达给学生,让他们在接下来的升学、就业过程中把握时间节点和注意事项。

根据教育部以及多数高校的惯例与要求,辅导员应在进行升学、就业指导,解读和宣讲相关政策与信息时涉及以下几个重要内容。

(1)针对升学的学生群体,讲清楚正确选择学校和专业的重要性,向学生讲授具体的升学、留学流程及其他注意事项。

例 4.9.1 升学流程

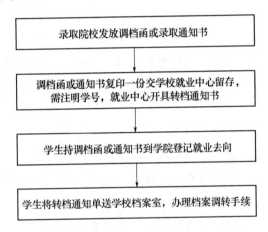

例 4.9.2 本科生办理自费出国手续流程(参考)

填写出国申请的相关表格;

由学院党委副书记、学生工作负责人确认,进行审核;

到招生就业处领取存档及成绩单办理手续单;

凭存档及成绩单办理手续单到人事档案科办理存档手续,并在办理中文成绩单证明和中英文成绩单证明上加盖人事档案科公章;

凭办理中文成绩单证明到学院教务科办理中文成绩单;

凭办理中英文成绩单证明和中文成绩单到档案馆办理中英文成绩单;

凭本人签字后的存根和自己制作的《学生在校证明》(同时带上中英文成绩单)到招生就业处进行审核,通过审核后到党政办公室盖校章;

办理完以上手续后,可以到保卫处政保科办理出生、婚姻、无犯罪证明;

办理完在校学习证明后,方可到招生就业处领取借户口证明;

凭借户口证明到保卫处户籍科借户口卡；

本人持户口卡、身份证到相关公安局政务大厅办理护照；

领取护照，办理签证，最后办理转迁户口手续。

（2）针对就业的学生群体，辅导员要宣讲：有关派遣的概念及重要性；灵活就业的概念及形式；毕业生择业过程；高校毕业生就业政策等政策和规定，签约中应遵守的诚信道德。

例4.9.3 报到证和派遣证

"报到证"与"派遣证"是同一个概念，其全称是《全国普通高等学校本专科毕业生就业报到证》，由国家教育部直接印刷，省级高校毕业生就业管理部门单独签发，列入国家就业计划的毕业生才能持有的有效报到证件。用人单位以报到证为依据，接收安排毕业生工作，并接转毕业生的人事档案、户口迁移手续等，报到证代表了毕业生的干部关系。报到证一式二份，一份进本人档案，一份交单位，是今后转正和干部身份的重要证明。

报到证的重要作用主要有以下几点：

（1）报到证是教育主管部门正式派遣毕业生的凭证；

（2）报到证是毕业生到用人单位报到的凭证，凭报到证报到以后，方可开始计算工龄；

（3）报到证是用人单位接收毕业生的重要文字证明；

（4）报到证是任何一个合法的人才中心、档案管理机构接收毕业生档案的证明；

（5）报到证是用人单位给毕业生落户、接管档案的重要凭证和依据；

（6）报到证证明持证的毕业生是纳入国家统一招生计划的学生；

（7）报到证是毕业生的干部身份证明。

此外，辅导员需要和学生强调的是：报到证制度沿袭多年直至今日，在现在人才市场中，一些个体企业、外资企业表示不需要毕业生的报到证，但是，只要是对学生负责的用人单位，特别是政府部门、企事业单位都很重视报到证；对于作为中国普通高校正式应届毕业生来说，在现有体制下，报到证的作用必将影响毕业之后的生活。

例4.9.4 灵活就业

用人单位只接收工作但不能解决户口的，需要办理灵活就业。选择灵活就业

的毕业生,需出具用人单位接收函,然后填写《应届毕业生毕业去向选择表》,需注明户档回省的部门和地址,具体如下:

属于在用人单位工作但不签就业协议书的毕业生,需递交与用人单位签订的劳动合同复印件,或者递交用人单位开具接收录用的证明材料(需盖单位公章);灵活就业的毕业生派遣时,户档分回省办法处理。

例4.9.5　毕业生择业过程

一个完整的择业过程,包括收集信息、自我分析、确立目标、准备材料、参加招聘会(投递材料)、参加笔试、参加面试、签订协议、走上岗位等环节。

例4.9.6　高校毕业生就业政策

(1) 鼓励高校毕业生到基层和艰苦地区工作,到城市社区和农村乡镇从事教育、卫生、农技扶贫等工作:

① 大学生担任村助理;

② 高校毕业生到农村"三支一扶"(支农、支医、支教和扶贫)计划。

(2) 鼓励大学毕业生到基层进行志愿服务:

① 志愿服务西部;

② 志愿服务首都郊区。

(3) 鼓励用人单位吸纳毕业生,主要是对中小型企业(私企、民营、合资)给予政策上的优惠。

(4) 鼓励毕业生自主创业和灵活就业。

5. 完善班级通信平台,收集、发布学生就业信息

辅导员应在本学期初尽早地建立并公布所带班级的公共信息平台,通过学生熟悉信息沟通方式,如已有的公共邮箱、微信、QQ群、大班博客等网络工具以及短信、宣传栏等日常通信手段,与学校就业指导中心沟通,线上线下全方位及时收集并发布与学生考试、就业等相关的通知和信息,保障信息发布渠道的畅通。此外,辅导员可以组织已经获得面试推免研究生资格的学生骨干组成信息联络小组,负责信息的采集、发布和实时更新。

6. 关注学生课程学习情况

大多数高校大四学年的课程设置一般较少,如必修课的比例会明显降低,特别是第二学期除了毕业设计外很多学校都不再开设其他教学任务,而学生忙于找工作、实习、准备考研等恰恰也最容易忽略四年级课程的学习,辅导员应在本月结合学生所在专业的培养计划,要求学生认真完成四年级开设的课程。对于未修够学分的学生,辅导员要叮嘱学生认真复习相关课程知识,认真对待准备毕业前的清考。

7. 指导学生做好公务员考前准备工作

通过学期初状态调查了解准备参加公务员考试的学生群体,了解这些学生的报考志愿和准备进展情况。同时辅导员应结合当年公务员报考政策与学生们交流,从心理层面为学生们做好思想工作。

8. 学生保研指导

根据高校规定对学生进行保研政策的解读和指导。

9. 对学生进行安全教育,做好节日期间紧急突发事件的预案

尽管大四的学生们已经在大学生活中平稳地度过了三次国庆节长假,然而作为大四辅导员对于在长假期间学生的人身、财物、出行等各项安全事宜仍然不能掉以轻心,特别是对于外出实习、应聘和旅行等容易出现安全隐患的高年级学生。因此,在长假前召开一次全体学生的班会,对全体学生"十一"假期开展安全教育,并认真统计好放假期间留离校的学生名单是十分必要的。同时,也可以借助这次集体的班会开展一次主题讨论或主题班会,引发学生对自我发展的更深入思考,更加积极有效地付诸实际行动。

例4.9.7 "心的启航"主题班会

在主题班会开始前,辅导员可先向全体同学开展放假期间的安全教育,布置相关事务与通知。接下来辅导员可简单地做一下主题班会的开场白,介绍作为一名大学生步入大四的特殊情怀,旨在带动学生情绪,积极互动地进入游戏,分享、讨论和思索。"心的启航"主题班会以几个团体小游戏展开:

(1)我的金三角。将学生分成若干小组,小组内的每个人都填写完成属于自己的金三角后与小组组员进行交流、分享,然后由小组选出代表在全班前面交流、分享,表达感受。

(2)生涯幻游。保持分组不变,小组内的每位同学分别向小组成员展开以下几个未来问题的幻想,然后由组内选出 2~3 名代表在全班面前,以展示表演的形式表达自己对未来的设想,此环节也可以多一些互动,让其他同学通过表演者的展示表演来猜测他所选择的职业生涯方向。

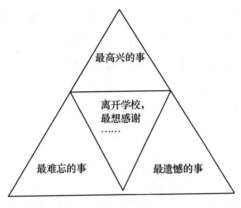

我的金三角

生涯幻游:
① 三年后的我是什么样子?
② 八年后的我是什么样子?
③ 二十年后的我是什么样子?

(3) 开启未来的五把金钥匙。可以分小组,也可以以小班为单位,让大家思考自己在面临毕业后所具有的五个最主要的优势并进行排序,将这五个优势作为开启未来的五把金钥匙分别写在提前预备好的小卡片上,不记名,并在组内(班内)轮流交换浏览卡片,借鉴别人写的内容反思自己的状态,对自己进一步肯定和提出要求。

10. 月末工作小结

三、10 月时点、节点工作内容　　评选先进　校园招聘

由于国庆节假期时间较长,学生们大多对四年级的课程有所放松,因此本月的大好时光容易跟随着"黄金周"长假的感觉一晃而过。因此,作为毕业班的辅导员一定要提前安排好各项工作计划,结合本月应开展的毕业生评奖评优、征兵宣传、就业考研指导等工作,有准备、有策略地实施教育管理,帮助和引导学生度过一个

充实和收获的黄金十月。

本月的时点性工作：整理上个月的班级学生情况，跟学院主管学生工作领导进行汇报沟通；做好日常管理服务工作，关注学生参加公务员报名情况；进一步展开就业摸底，并针对不同群体做好毕业生就业指导工作；关注困难生群体动态，给予相关支持，做好引导工作；创造条件进行企业调研，巩固、开拓就业市场；动员学生参加校园招聘宣讲会；指导学生制作求职简历，指导学生做好就业前的准备工作；月末工作小结。

本月的节点性工作：把握毕业生心态，做好评奖评优工作；把握就业黄金时期的开头阶段，再次开展学生简历修改、面试的培训工作。

1. 整理上月班级情况向主管领导汇报

大四辅导员的工作是辛苦而又充满挑战的，这是因为在这个阶段对于每个班级每个学生的现状和进展辅导员都能做到如数家珍，至少以自然月作为周期，在月初辅导员需要对班级学生的情况进行整理，掌握并核实更新当前已获得研究生录取资格，签订就业协议，正在申请出国（其中申请国家和学校名称、准备程度、个人家庭状况等信息的统计需要细化分类），正在准备考研（其中考研报考学校及专业方向、备考程度、个人家庭状况等信息的统计需要细化分类），正在准备就业（其中就业方向及领域、是否参加公务员选拔、实习情况、准备程度、个人家庭状况等信息的统计需要细化分类），正在准备创业，存在特殊情况学生的具体数据。总体的数据和具体信息整理完毕后要及时地向学院主管学生工作领导或学校就业指导中心的负责老师进行汇报沟通，一方面能够获得上级领导的指导与帮助，特别是对一些有着特殊困难的学生的问题能够做到早发现、早解决，避免在后期工作中面临更大的压力，另一方面也体现着大四辅导员工作的计划性与成就感，帮助辅导员更好地和上级领导沟通，让领导能够了解到基层辅导员工作的辛苦与细致。该项工作应成为此后的每个月初的例行工作，形成向上级汇报的长效机制。

2. 做好日常管理服务工作，关注学生参加公务员报名情况

根据各个高校的情况的汇总，在本月大四年级基本上都会开展的日常工作有：学生评奖评优、奖助学金工作；征兵的宣传、报名工作；国家公务员考试报名；组织学生参加招聘会。辅导员需要结合国家政策、学校、学院的相关精神与要求，做好政策的宣讲和具体步骤的实施。

其中国家公务员报考时间一般定在10月中旬开始,10天左右。很多想报考的学生对于报名的流程不是很了解,因此会出现很多小问题,影响考试报名。在本月初辅导员就需要提醒学生注意报考的时间节点和注意事项。由于每年的政策、考试时间不同,缴费、打印准考证的时间也并不是一成不变的,这些时间会在每年的招考公告中详细写明,辅导员可叮嘱想要报考的学生仔细阅读招考公告。其次,学生如果想了解国家公务员考试的报名条件、考察科目等详细信息,最关键的一步就是查看每年由中组部、人力资源社会保障部、国家公务员局发布的中央机关及其直属机构考试录用公务员公告。公告发布后,还会相继发布录用公务员大纲及职位信息,大纲是公共科目命题的依据,对于公共考试科目的题型、考查内容做了规定,这些信息为考生的考前冲刺做方向性指导。

例4.10.1 公务员报考流程

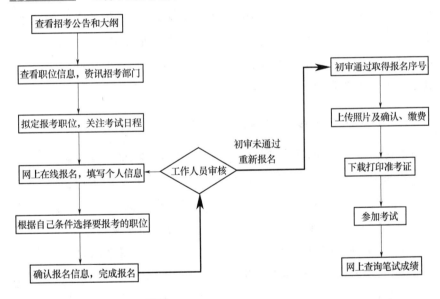

3. 进一步展开就业摸底,并针对不同群体做好毕业生就业指导工作

就业意向、心理调查工作是就业指导工作的基础,只有及时、准确地掌握了学生就业心理,才能有针对性地开展就业指导工作。在整个大四学年,不同时期学生的就业心理是不同的,因此就业意向、心理调查工作应该是连续的、可持续的。因此辅导员在每个月开展摸底调查,更新学生信息,分阶段地对学生进行就业意向、心理调查工作,并且每阶段都要对调查结果进行分析,及时调整工作方向,改变工作方法,才能切实保证就业指导的针对性。此外,在各阶段调查的基础上,毕业生辅导员应在每一阶段都能够积极地进行积累,撰写毕业生调查报告并准确地进行数据统计,其统计数据包括对新近毕业生的工作情况、就业领域、薪水及求职方法的介绍。这份报告将对以后的毕业生选择求职策略及提出薪酬要求等方面具有重要的参考价值。

为了提高就业指导工作的专业化和针对性,辅导员还应该针对不同的学生群体开展不同形式、不同内容的就业指导工作。毕业生群体大体分为以优秀学生为代表的就业积极群体(A),以后进生为代表的就业困难群体(B),女生群体(C),考研学生群体(D),考公务员群体(E)以及特困生群体(F)。对于A群体,我们应该积极鼓励学生向更高的就业层次冲击,提高就业质量;对于B群体,就应该帮助学生准确定位,首先解决他们的就业成功率问题;对于C群体,应该不断给予她们鼓励,增强信心;对于D、E群体,应该帮助他们克服困难,为他们的考试创造条件;尤其对于F群体,我们更应该给予关注,除了帮助他们摆脱就业过程中遇到的各种经济、生活上的困难,更要帮助他们在思想上树立自信,成功就业。此外,对于特殊情况尤其是在就业周期后期,还应加强一对一的就业指导工作。

4. 关注困难生群体动态,给予相关支持,做好引导工作

困难群体包括有心理问题的学生、家庭经济困难的学生、有学业问题的学生、缺乏就业竞争力的学生。通过班主任、辅导员及班级负责人的渠道反馈,查阅学生的成绩单、困难生资助库、心理问题学生库等材料,确定就业困难群体名单。针对不同的就业困难群体,辅导员要有针对性地开展帮扶和就业指导工作。对于有心理问题的学生,辅导员应与家长、班主任、导师联系,一起帮他们渡过学业关、论文关和就业关;对于家庭经济困难的学生,辅导员应向学院、学校及时反馈,申请相关资金补助其就业花费;对于有学业问题的学生,辅导员应帮助他们制定学习计划,以先完成学业为第一目标,再去就业;对于缺乏就业竞争力和就业自信心的学生,辅导员应安排他们参加模拟面试,帮助其修改、完善简历,推荐用人单位。

5. 创造条件进行企业调研,巩固、开拓就业市场

在"双向选择,自主择业"的就业制度下,就业市场为用人单位和毕业生提供了公平竞争和双向选择的机会。在毕业生就业工作中,若能更多地掌握就业市场的信息,就一定会促进高校毕业生就业率的提高和充分就业。从可持续发展的角度,如果能保持相对稳定的就业市场,对毕业生就业是十分有利的。因此,作为负责就业工作的辅导员要努力赢得市场,一方面,积极向学校就业指导中心、学院领导老师、前几届毕业生辅导员、毕业校友等反馈信息、加强沟通与联系,获得尽可能多的企业需求信息库,保持已经有供求关系的用人单位,建立毕业生在企业表现反馈机制,进一步拓展本学院专业学生的就业市场;另一方面,辅导员还应该根据学生特点及生源所在地分布情况等,积极到相关企业中去,与企业建立联系,调研企业真实需求、招聘要求等,开发新的企业客户。只有不断地巩固、开拓就业市场,就业工作才能持续稳固向前发展。然而,此项工作并非在辅导员的本职岗位要求范围内,辅导员需要积极与上级部门沟通,以获得更多更好的资源。

6. 动员学生参加校园招聘宣讲会

每年大型企业都会赴高校面向毕业生的专场宣传活动,主要介绍企业的历史、现状、用人标准等,会后会有提问环节。校园宣讲会主要以招聘大学毕业生为目的,近年来随着社会的发展,部分企业开始召开实习生宣讲会。这是学生获取就业信息的一个便捷渠道,辅导员可通过案例讲解集中对有就业意向的学生进行动员,让学生们及时有效地获取到更多的信息和机会。

例 4.10.2 意义非凡的校园招聘宣讲会

应届毕业生小赵认为正是宣讲会让他决定了职业方向,他讲到:"一开始去听校园宣讲会是想感受一下大公司的文化和激情,再有就是看看他们的培训方式和发展空间。记得有两家我关注已久的公关咨询公司让我印象深刻。他们的宣传片简直做得太棒了!将自己的广告串联起来,让我们台下人看得激动不已。也有已经毕业了在里面就职的名校学生现身说法,让人备感亲切。宣讲会让我直观地了解了公司的框架结构、对人才的需求,还有进入企业后将会从事哪些具体的工作、会接受怎样的培训等一系列深入的信息。毕业生求职形势不容乐观,所以更要督促自己趁早做准备。本来对未来颇感迷茫,都不知道应该从何下手做准备。在听过几场宣讲会以后,逐渐明确了自己的职业方向,知道了自己应该朝什么目标努力。后来我的简历多半都是投向公关咨询行业,在别人急躁"海投"的时候,我的求职显得更加从容。现在,我已经从两个实习 offer 中挑选了一家前景较好的公司参与实习,目前来看留下来的概率挺大的。"

例4.10.3　听来的工作

毕业四年的 Alex 介绍自己找到的第一份工作时,这样讲述到:"毕业前夕,几乎隔三差五食堂里就会有公告通知说'某某集团企业将来本校举办校园宣讲会',而那种场合通常也是人满为患、场场爆满。所以,不爱凑热闹的我一般不会去涉足这样的活动。那一次也是被室友硬生生拉过去,因为是一家知名汽车公司前来宣讲,行业正好和我们专业对口,室友一定要找人同行,我只好舍命陪君子。虽然是想象中的坐无缺席,然而一场讲座听下来倒是对这个企业产生出几分兴趣来。会后我和室友一起去找当时的 HR 做详细咨询,当场相聊甚欢,对方问我要一份简历看看。本来就是勉强而来,根本没有事先准备,只能简单地留下了联系方式。后来,自己开始真正找工作,到网上申请和招聘会上投简历,花了不少工夫,面试也参加了好几回,但就是没有最终能确定的单位。正在忙碌的当口,接到了那天做宣讲那个公司的电话,说要给我一个面试的机会。可能是冥冥之中的天意吧,几经周折,最终我的第一份工作竟然真的是来自这家我唯一一次去听过宣讲会的企业。走南闯北想自己找一份工作却总是坚持不到最后一刻,而真正的机会却得来全不费工夫,说出来真是极大的讽刺啊!所以,现在问我对校园宣讲会的看法,那当然是感受颇深,生命中唯一一场校园宣讲会意义非凡。第一份工作可谓是听来的呀!"

[小结]每年的10月,各类大公司、大企业经过认真筹备,进入校园实施招聘。其中企业宣讲会是广泛宣传、推广公司的重要手法,辅导员要提前宣传,精心组织学生参加宣讲会,提高学生就业成功率。

7. 指导学生制作求职简历

辅导员可通过主题班会、工作坊等活动形式向学生们讲解简历制作的要求。

(1) 在制作求职简历时应该避免的几点问题:

① 篇幅太长,简历不"简",表达不切题意,不中肯。

② 篇幅太短,简历对求职者的资格和技能没有进行完整充分的评价,缺少必要的信息。

③ 难于阅读,布局不当。结构、逻辑、层次混乱,给阅读和理解造成困难。

④ 冗长啰嗦,叙述冗繁,句式迂腐,无关紧要的事情讲了很多,必要的内容却丢三落四。

⑤ 过于虚假,简历内容不是自己写的,而是由别人捏造和夸张的。求职目标不明确,求职者未表明自己喜欢什么工作,没有明确的求职目标。过于自夸,叙述的证据过于自负,使招聘者认为求职者的自我评价不合实际。

⑥ 过于怪异。简历中的用词、结构、修饰及引用材料生僻,花哨,不合常规。

(2) 好的简历往往有以下几个关键的特点:

① 言简意赅,突出重点。许多大学生总以为简历越长越好。以为容易引起用人单位的注意,也可以使人单位十分详尽地了解自己。其实,冗长的简历不但让人觉得你在浪费时间,还会给人留下做事不干练的印象。而且在招聘会上由于时间关系,招聘人员可能只会花短短几秒钟时间来阅读你的简历。大篇幅的内容很难让人一眼看到你的优点和长处。所以,简历的制作应在重点突出、内容完整的前提下,尽可能简明扼要,不要陷入无关紧要的说明之中。

② 有针对性地强调自己的成功经验,在强调自己的优点和成功之处时要有针对性,突出重点,对不同的企业、不同的职业、不同的要求,求职者要强调自己的不同方面,使用人单位认为你就是他们最合适的人选。但注意不要反复强调,要巧妙地强调。

③ 注意视觉上的美观。编写简历时要注意视觉上的美观,让人觉得简洁明了,一目了然。可以适当运用编辑技巧,如字体的选择、粗字体、斜字体、下画线、段落缩进等来突出要点。

例 4.10.4 简历的重要意义

在每年的招聘会场上,我们都会看到大学生们手拿简历,在拥挤的人堆中向招聘单位递交自己的简历,希望能得到面试的机会。然而,在20××年10月某大学举办的"大学生职业生涯深化活动"上,某集团的人事部经理××的一句话让大学生们震惊不已:"在我们收到的大学生自荐材料中,每100份中只有10份比较规范和符合要求。"所以说,简历是求职者向用人单位展示自己的第一次机会,它直接影响到求职能否成功。因此,面对即将开始的招聘会,一直呆在象牙塔中的我们应该怎样制作自己的简历呢? 在近几年的招聘会上,我们曾见到了一些特殊的简历,主要有两种情况。第一,突出求职者创意的简历,这些简历突破了常规简历存在的刻板和雷同的缺陷,在实用的基础上增添了趣味性的创意,充分突出了自己的长处,从而吸引招聘单位人员的目光,从中脱颖而出。如有的同学就别出心裁地制作了一个精巧的拉叠彩页简历,电话和个人资料全在一个拉开的呈立体形的折叠袋子里,这样的简历就显得很新颖,容易给他人留下深刻的印象。第二,一个人拥有多份不同的简历。以前的大学生不管是什么工作,同一个人都会投递同一份简历,现在的大学生会根据不同的求职方向,有针对性地设计不同的简历,分门别类地投递。在简历中强调的东西与求职职位密切相关,而低调处理了不相关的工作技能和个人特点。如一位教育技术系的学生,在应聘教师时,突出了自己的普通话、英语能力和大学四年所获得的专业奖学金,而在应聘电视台摄像工作时,则强调了自己运用计算机的能力、专业特长和实践经验。对于这种"分类简历",许多专家认为,其可以提高求职效率。因为对求职者来说,自己就好比是商品,而简历就好比是宣传广告,制作简历就是在推销自己。所谓"一千个顾客有一千种理由",不同的推销方式会使得更多的顾客接受商品。所以说,制作不同的简历是非常有效的一种推销自己的方法。

[小结]制作简历对每名学生来讲都十分重要。辅导员不仅要对学生进行集中培训,还要一对一辅导,帮助学生量身定做简历,提高获得面试成功率。

8. 月末工作小结

四、11月时点、节点工作内容　　个性化服务　精致化指导

进入11月,毕业生的各项工作应该已经步入正轨,进入就业高峰期,本月成为考研、考公务员学生群体备考的攻坚阶段,同时也是就业、创业等学生群体的疲劳期和碰壁期,辅导员的工作思路应由前两个月的集中引导管理、团体辅导转化为个性化、细节化的个体关注,更加关注学生的思想状态、心理精神等因素的变化,加强毕业生心理健康教育,开展一对一、一对多的考研、就业等指导,重点指导毕业生就业技巧。

本月的时点性工作:整理上个月的班级学生情况,向学院主管学生工作领导进行汇报沟通;组织学生参加招聘会;公务员考试准备;配合做好征兵的相关工作;针对学生具体情况,开展一对一就业辅导,帮助学生实施计划方案;开展一对多的讲座、团体辅导、工作坊等,辅导学生求职、面试、礼仪等技巧;重点关注学生动态,针对学生前期制定的计划进行具体指导,做好学生心理教育;月末工作小结。

本月的节点性工作:通过精致化、个性化的服务帮助学生度过疲劳期、碰壁期。

1. 整理上月班级情况向主管领导汇报

与10月相同,辅导员应就上月学生就业、备考、征兵等情况对各个群体类别的数据和具体信息再次进行更新和整理,月初时向学院主管学生工作领导或学校就业指导中心的负责老师进行汇报沟通,以便获得上级领导的指导与帮助。

2. 组织学生参加招聘会

根据各个高校不同情况的汇总,本月和12月将是本学期各大校园招聘会召开举办的一个高峰期,因此辅导员应特别紧密地向学校就业指导中心获取各大招聘会的信息,并通过班级信息平台,将招聘会的信息第一时间告知学生,并动员组织就业群体和其他群体(考研、出国群体)去参加这些大型的招聘会。

同时,辅导员在参加本校或者同专业的企业校园专场招聘会时,应全程参与并协助做好相关工作(包括企业宣讲会、笔试、面试等环节),同时需要了解校友在企业的工作和发展情况。在参加大型招聘会时,要积极收集针对所负责学院专业的企业需求信息。

3. 公务员考试准备

本月底将进行国家公务员考试最重要的环节之一——公共科目笔试,它也是各位考生进入公务员队伍的"敲门砖"。辅导员可在本月尽早提醒学生抓好公共科目笔试复习的重点和备考的时间节点,告知学生笔试一般包括行政职业能力测验和申论考试。行政职业能力测验又包括五个专项,分别是言语理解与表达、数量关系、判断推理、资料分析、常识判断。可以提醒考生在备考时要了解国家公务员行政职业能力测验五个专项考察的顺序,例如:2010年国家公务员将常识判断题放到了最后面,这样在备考时也可以根据考题的顺序进行训练。

4. 配合做好征兵的相关工作

全国征兵工作在每年冬季进行,从2009年起,对普通高等学校应届高校毕业生实行预征制度。每年4月至7月,高校所在地兵役机关会同有关部门进入高校,开展预征工作,到毕业生离校为止。因此,本月和12月是辅导员着手做好征兵报名工作的黄金时期。由于对毕业生的预征制度国家和军队相应出台了众多的优惠政策,因此,这对于辅导员缓解大学生就业压力,帮助就业困难群体解决出路,是一个不错的途径。

辅导员需要在本月及时发布当年的征兵政策,特别是毕业生预征的最新优惠、"优先"及学费补偿和助学贷款代偿政策,并了解学生的反应和相关选择意向。由于参加网上预征报名是在次年的4月至7月,因此在本月尽早开展征兵的宣传和把握有意向参军的毕业生群体信息是十分必要可行的。

5. 针对学生具体情况,开展一对一就业辅导,帮助学生实施计划方案

四年级辅导员通过前三年与学生接触,他们掌握学生的个性特点,熟悉学生的心理特征,了解学生的现实表现、能力、家庭背景及家庭所在地等。这样辅导员可以根据每个学生的特点,开展个性化的就业指导,及时分析学生自身存在的优势与不足,帮助学生转变就业观念,调整就业心理,制定科学的职业规划,掌握求职择业技巧,提高就业竞争力,实现顺利就业,大大提高了就业指导的针对性。

例4.11.1 继续前进!

学生A是××学院数学与应用数学专业××级本科生,来自北方某省农村,是一名文静、内向的女生,家庭贫困,成绩较优良。A一直很要强,理想是成为一名教师,希望通过自身的努力改善家庭的生活状况。A对就业进行了认真准备,鼓足勇气投身到找工作的行列中去,但这一过程出现了颇多的波折。老师几次鼓励她去参加学校组织的深圳中学或重庆中学的招聘会,她都拒绝了。询问原因方才知道,A的父母由于不了解现在就业的严峻局势,非常希望女儿能够在北京做中学老师,无形中给了她很大的压力。但现在北京的中学基本只要硕士以上文凭或有教学经验、有职称的教师,她投了几次简历都如同石沉大海,这使得她的情绪相当低落,经常在寝室里哭,或者一个人出去走很久,寝室里的人紧张地向老师们反映了这个问题。院党委的两位老师一方面开导、鼓励她,差不多每周找她谈一次话,帮助她树立起信心,拓宽就业选择面;一方面也动员她同寝室的班级干部在生活中多关心她,尽量营造轻松的气氛,并时常去寝室慰问她,还通过已毕业的校友帮忙联系面试机会。A的情绪渐渐好转起来,找工作也比以前更积极了。

终于,在毕业之前,A成功地和北京的一家较大的企业单位签约,她高兴地带着三方协议来到学院盖章。看着她的笑容,老师感到非常欣慰,不仅为她工作有了着落而高兴,更为她克服了心理的压力、勇敢面对现实的挑战而欣慰。

[小结]A遇到的问题是普遍现象,辅导员在做工作时,既要宏观把握,也要细

致入微,只有真正了解学生,从学生实际出发,才能给予学生正确的指引,而不是越帮越忙,才有说服力,工作才能落到实处。

6. 开展一对多的讲座、团体辅导、工作坊等,辅导学生求职、面试、礼仪等技巧

(1) 修改简历。本月是就业黄金时期,学生遇到的问题比较集中、普遍,部分学生积极投递简历后,石沉大海,这说明在简历制作上出现了问题。这时,辅导员要召集此类学生,一对多进行相应的指导。辅导员可以介绍一些制作比较精彩的个人简历、自荐材料,以供参考。同时,辅导员要一对一指导学生修改简历,制作适合学生情况、符合用人单位要求的简历。

(2) 面试技巧。辅导员应给毕业生开展一些面试技巧的讲座,让毕业生了解面试过程中的诸多技巧和注意点。面试开始时,不能冷场,要给面试官留下热情和善于与人交谈的良好印象。在面试中可以通过举一两个例子让面试官知道自己的能力,但切忌夸夸其谈。在面试中既要充分显示自己的优点也不要隐瞒缺点。当面试官问到缺点时,如何把自己的缺点表述得既无关紧要,不碍大局,又让人感觉虚心诚恳这是一大关键。在面试结束时,无论结果如何,都要沉着冷静,感谢面试官对你的接待和考查。辅导员可以通过开展模拟招聘活动来训练毕业生的面试技巧。辅导员可以给学生布置一项特殊的"作业":每名毕业生都要准备好至少一个版本的自我介绍,并反复练习。对于要应聘外贸企业和酒店的毕业生,还要求准备好英文自我介绍。只有做好充分准备,毕业生才能在面试时表现自如。

(3) 礼仪习惯。在面试中,那些举止得体者往往能获得考官的青睐。因此,辅导员要给毕业生上好礼仪课。面试最忌迟到,一般提前 10 分钟到达效果最佳。面试时进行自我介绍,要简洁、清晰、充满自信,态度要自然、亲切、随和,语速要不快不慢,目光正视对方。在面试中还要注意自己的体态和手势,包括站与坐的礼仪、握手礼仪、微笑礼仪等。辅导员在召开班会时,结合以往毕业生面试时失败和成功的例子,提醒学生要注意哪些面试礼仪。

7. 重点关注学生动态,针对学生前期制定的计划进行具体指导,做好学生心理排查

由于本月是各大招聘会、公务员考试、征兵工作集中时期,在此过程中也会随之出现不少的问题和倾向:

(1) 跟风现象严重。大部分学生没有自己的主见,看别人到哪去就去哪里,跟着感觉走。如果有人提出不去,或者有人说来招聘的单位不好就会有学生跟着不去,呈现出盲目性和随意性。

(2) 期望值太高。很多学生抱着非要去一线城市、大企业、大单位的打算。还有很多学生不仅对工资要求高,还要求包吃、包住、不出差的工作,很多学生挑选工作的标准就是要坐办公室,不能是打扫卫生、倒开水、下基层、干重活、上酒店之类的工作,认为这样的工作浪费人才,没有发展前途。

(3) 听之任之无所谓现象。在了解学生就业状况中不难发现,有些学生是既不想自己去找工作,也不想参加学校组织的招聘;既不想去实习,也不想积极备战考研。他们往往打着考研的幌子,过着消极的当一天和尚撞一天钟的无所事事的日子。

(4) 缺乏自信,应对挫折能力不够。部分学生不能正确认识自我,对自身的优势和信心不足,不敢在用人单位面前展示自己,推销自己;有些学生心理承受力差,情感脆弱,一次失败后,从此"躲进小楼成一统,管它春夏与秋冬",偃旗息鼓,不再参加任何面试。

这些都是四年级学生在考研、就业中普遍存在的问题,具有一定的代表性。他们在对待升学备考、择业就业问题上并不了解自己,没有自己的思考,拈轻怕重怕吃苦、依赖性重。针对这些问题,辅导员对这些学生开展个性化的心理辅导和就业指导相结合的教育方式是最有效的解决途径。在实际工作中可以发现,在我们所经历过的许多案例中,各种心理问题和就业问题往往是彼此交织、互为因果的,那么这种种情况就要求辅导员在进行心理辅导的同时要积极关注在生涯教育中出现的各种问题。在心理辅导时要关注到就业所引发的相关问题;在职业生涯辅导中,更是要把心理辅导和发展作为不可或缺的组成模块和内容加以关注和指导,这不仅能够解决学生就业过程中的心理问题、提高学生的心理适应能力,良好的心理素质和心理适应能力也是学生未来职业发展所必需的重要素质。

辅导员在具体的心理辅导环节中,一方面帮助学生了解自己的心理特点、能力和基本素质,帮助他们不断调试心理,调整发展目标,为其初步规划将来的职业范畴,可以使学生理性地、全面地认识自我,减少择业过程的盲目性,从而合理而充分地择业;另一方面,指导学生以积极的心态面对求职过程中的各种问题和挫折,认清形势,根据市场这张晴雨表来调整自己的就业期望值,确立适当的择业目标,客观冷静地分析处理各种就业信息,只有这样,学生才能找到适合自己的工作。例如,有的毕业生由于缺乏恰当的面试技巧,有恐慌感,在供需见面时比较拘谨,甚至手足失措,有的因此而错失良机。因此,应重视对学生心态方面指导,应结合不同学生的个性特点,具体指导他们在面对用人单位时应如何介绍自己,如何了解对方,帮助他们了解面试时应有的礼仪和言谈举止,使他们避免由于介绍不着边际、材料不得要领、礼貌不周、言语不当而造成的失误,从而为毕业生顺利地就业提供帮助。

当然根据学生的具体情况,必要时辅导员需及时向所在高校的心理咨询中心上报、转介,通过心理咨询中心更加专业的心理测试和咨询服务来帮助大学生能够客观地认识评价自己,充分认识到自己的优势和不足,从而扬长避短,提高适应社会的能力。

8. 月末工作小结

五、12月时点、节点工作内容　　考研冲刺　压力疏导

随着天气的转冷,毕业生也步入了本年的最后一个月份,由于各个高校一般于1月中旬就放寒假了,因此本月也是扎实推进毕业生考研、就业等工作的关键时期。本月是考研冲刺期,考研压力较大的学生往往都是学习非常认真的学生,他们目标确立得很早,一开始考研复习强度过大,弦绷得太紧,导致学习压力大,临考前效率变低。这些所谓学习上的好学生往往学习毅力非凡,即使精力憔悴,也硬靠毅力去支撑,即使身心疲惫了,失眠了,也不忍停下脚步休整一下,甚至更加焦急,生怕一分钟不学习就会落后,被别人赶超,时刻处于紧张状态。所以,辅导员要结合学生的实际情况认真制定本月的工作计划,工作重点是学生的压力疏导,工作的侧重点是考研学生的压力疏导。

本月的时点性工作:整理上个月的班级学生情况,向学院主管学生工作领导进行汇报沟通;组织学生参加招聘会;关注考研群体;关注四六级考试;做好学生心理教育,疏导考研学生的心理压力;做好考试诚信教育;月末工作小结。

本月的节点性工作:关注考研学生出现的心里起伏;指导学生将毕业设计与实习结合起来。

1. 整理上月班级情况向主管领导汇报

与11月相同,辅导员应就上月学生就业、备考、心理排查以及个体辅导等情况

对各个群体类别的数据和具体信息再次进行更新和整理,月初时向学院主管学生工作领导或学校就业指导中心的负责老师进行汇报沟通,获得上级领导的指导与帮助,落实既定的工作计划。

2. 组织学生参加招聘会

与上个月的情况类似,12月也是本学期各大校园招聘会举办的一个高峰期,因此辅导员应特别紧密地通过学校就业指导中心获取各大招聘会的信息,并通过班级信息平台,将招聘会的信息第一时间告知学生,并动员组织就业群体和其他群体(考研、出国群体)去参加这些大型的招聘会。

3. 关注考研群体

对于考研同学来说,成功通过初试是考研的第一步,也可以说是考研路上最艰苦、最重要的环节。本月已进入考研初试的冲刺阶段,在这个时期辅导员应带领组织班级党员骨干和已经获得保研资格的同学(在9月组建的考研服务小组)一起,尽可能地给备战考研的同学们提供后勤服务,为他们分担一些压力。

辅导员可根据已有资源,为考研的学生们提供一些历年考研真题和当年模拟试题。根据学生复习进度,及时给学生提供报考学校历年考试试题和历年其他学校考研试题。通过做模拟试题帮助学生找到学习差距和不足,为下一步复习制定好计划,提出下一步复习合理化建议,便于帮助学生给自己定好位,寻找自信心。组织好考前模拟训练,改善学生考前紧张心理,引导学生进入考试状态。

辅导员可在本月向学院申请专门的考研自习室,为同学们提供安静的学习环境,免除他们无处自习的后顾之忧。在同学们繁忙的复习期,号召考研服务小组要做好学生的信息员,经常在网上搜索考研信息并及时给同学们通报。在条件允许的情况下派班级干部或者党员为考研同学提供力所能及的后勤服务。

协调、关注考研学生群体团队,指导考研同学合理搭配考研伙伴。在考研的过程中,有什么样的同伴对自身的考研会有极大的影响。好的同伴能够激励你学习;懒散的同伴则会磨灭你的考研意志。辅导员要及时了解考研学生情况,根据学生性格、学习成绩、本人性格,进行有利搭配分组,并定期进行检查考核,对学习有负面影响的要及时调整,重新搭配。

不断地给考研同学以精神鼓励,让他们能够满怀信心地坚持到底。在这个时期学生是最脆弱的,他们的精神压力特别大,有好多同学因无法承受这样的压力而有要退出的念头,像这样的情况辅导员需要及时发现并介入,需要与同学沟通,了解他们的思想状况,及时地对同学进行心理辅导,以精神鼓励的方式来督促学生继续前进,在条件允许的情况下建议同学出去散散心,不要总是埋头于书堆中,尽可能地做到劳逸结合,保证良好的心态。

做好后期思想工作。考研实际上也是在考验学生的定力。特别是在后期,能否抗拒外界干扰、坚持在座位上安心学习,甚至成为复习路上的第一大敌。只要是坚持到最后的,基本上都考上了研究生。这段时期主要有工作的诱惑、学习条件不佳、外界环境不好等干扰因素。辅导员指导学生如何抗拒外界干扰,就显得尤为重要。

4. 关注四六级考试情况

随着全国大学英语四六级考试的临近,为严肃考风、考纪、学生考试诚信教育,辅导员应在本月开展大学英语四六级考试动员会。由于大学英语四六级考试是教育部组织的国家级考试,辅导员要更加要求同学们从思想上高度重视,强调有关考试纪律和注意事项:一是保证证件齐全,身份证或学生证丢失的同学要及时到学院开具证明;二是注意考试时间,按时进入考场;三是注意携带橡皮和铅笔等考试必需品,不要携带手机通信工具等入场。辅导员需要要求学生党员、干部积极行动起来,以身作则,诚信考试,端正临考心态,争取优异成绩。

5. 做好学生心理辅导,疏导考研学生的心理压力

随着时间的推进,在本月辅导员还应多多关注备战考研的学生群体,对于复习压力较大的学生个体千万不可小觑,需定期了解他们的状态并开展深度辅导,帮助他们缓解压力,积极备考。

如何有效地帮助这些学生渡过暂时的难关,为他们的考研之路助一臂之力呢?辅导员能够做的就是帮助学生合理规划,教会这些学生认清身心累了一定要调整,要休息,否则将事倍功半,要帮助他们分析,使他们清醒地识别自身的状态,知道这种状态的危害,告诉他们凡事讲究的是效率,不要只看重学习的时间。还可以整合多方力量,通过请宿舍同学、好朋友多关注,多陪伴,多邀约运动帮助他们舒缓压力。

例 4.12.1　考研需要"三心二意"

硕士研究生入学考试是国家选拔硕士研究生的主要途径,在教育类大规模、社会化全国统一考试项目中(不含博士生录用考试),就其考试水准和层次来说,目前是我国最高水平的。无论是在试题的难度和深度上,还是在考试的方法和安排上,研究生入学考试都要远甚于其他级别的考试。

如何应对这一考试？从成功的经验来看,考研的同学往往需要这"三心二意"。

信心:自信是成功的基石。高水平的激烈竞争,很容易使信念不坚定的人退缩,尤其是那些认为自己基础比不过名牌高校的学生、跨专业考外校的学生和考省外名牌高校的学生。我们同名牌高校的学生一样,通过了"黑色七月",挤过了"独木桥",这说明我们在智力上不存在任何问题。而勤能补拙,有那么多"笨鸟先飞"的成功例子,我们为什么就不能去相信自己,拼搏一回呢？"非不能也,是不为也",一旦我们决定考研,就应该自信满满。有了信心,我们才能赢得最后的成功。

恒心:在校园里流传着这样一句话:"保研的人过着猪一样的生活,找工作的人过着狗一样的生活,考研的人过着猪狗不如的生活(不堪忍受)。"虽然言辞不雅,却道出了考研日子的"苦"。确实,考研的人都要花半年、一年甚至更长时间来进行复习备考。在这么长的时间里,每天都要坚持高强度的学习,需要相当强的毅力。考研成功的最大秘诀是什么？就是恒心——坚持、坚持、再坚持。只有坚持,才能获得最后的胜利!

平常心:有花开,就有花落。考研同样如此,有成功就有失败。因此,在考研过程中,一定要保持一颗平常心。对于已经身经百"考"的大学生,考研只不过是许多考试中的又一场(虽然它非常重要),但并不是一考定终身。"心若在,梦就在",即使失败了也可以"重头再来"。考研是炼狱,重要的是其间过程的体味。没有必要患得患失,保持平稳心态最好。

真情真意:考研要目标明确——为什么考研？不是赶时髦、追潮流。看着别人考研,自己也心血来潮弄上一把。抱着瞧瞧看、玩玩再说、一切无所谓的心态,考研是不可能成功的。应付和浮躁带来的都只能是"竹篮打水一场空"。考研不是"一场游戏一场梦",它需要的是真情投入与真心付出。只有认认真真地备考,脚踏实地地复习,才有可能实现最初的目标。

全心全意:"两耳不闻窗外事,一心只读考研书",这是大多数考生备考时的心态。考研生们重新过起高中时"三点一线"的生活,更有甚者,则掐断与外界的一切联系,从此"人间蒸发"。当你决定考研后,你必须先取得家里的支持,处理好与外界的关系。这样你才能够列出一个详细的复习计划,"躲进小楼成一统,不管春夏与秋冬"——将所有精力投入到考研中来,顺利地将考研进行到底。

[小结]说易行难,疏导学生考研紧张的压力是辅导员本月工作的重中之重,

真正的难题不是学生考研前的压力释放,辅导员更应该关注考研笔试后学生的心理动态。

6. 做好考风考纪教育工作

本学期,是毕业生最后一次参加学校的集中考试。每学期期末,辅导员都会组织诚信教育活动,毕业生深知考试作弊带来的不良后果。但是,个别毕业生为了获得更好的成绩,容易冲动,不理智,铤而走险作弊。学生一旦作弊得到处分,因为马上临近毕业,没有充足的时间解除处分,最终影响学位,这不仅对其今后的工作和个人发展造成伤害,也会在一定范围内产生不良影响。在本学期,辅导员还是要加大诚信教育的力度,提前掌握学生情况,对有倾向的学生要加强教育引导。

7. 月末工作小结

六、1月时点、节点工作内容　　合理安排假期　考研一对一辅导

本月,进入考期,毕业生们也即将完成大学四年的理论知识学习,本月中旬各高校将进入寒假。面临考试,辅导员要做好学生严格考试纪律的教育工作,召开假期安全工作会,部署学生毕业设计及实习的相关事项。

本月的时点性工作:整理上个月的班级学生情况,向学院主管学生工作领导进行汇报沟通;研究生考试初试工作;北京市公务员报考;召开学期末班会;关注学生考试情况;月末工作小结。

本月节点性工作:指导学生合理规划假期安排。

1. 整理上月班级情况向主管领导汇报

与上一个月份相同,辅导员应就上月学生就业、考研准备、四六级考试以及个体辅导等情况进行汇总和整理,月初时向学院主管学生工作领导进行汇报沟通,以获得上级领导的指导与帮助,并制定本月工作计划。

2. 研究生考试初试工作

本月,报考研究生的学生经过长时间的积极准备将参加研究生考试初试。因上月已经对学生开展过集中的心理疏导和考前培训,本月辅导员不用再组织大规

模的活动。但是,辅导员要根据前期掌握的学生个体情况,进行一对一辅导,通过各种更灵活的形式,如深入宿舍谈心、利用 QQ 和人人网等帮助学生放松心情,轻松备战。

3. 北京市公务员报考

与国家公务员考试相比较,北京市公务员考试是按照北京市具体情况开展的,其选人、用人也结合北京市的实际情况。辅导员在组织相关的宣传、教育、培训及服务工作时可参考 11 月国家公务员考试准备的相关内容。但要把握国家公务员和北京市公务员考试的不同侧重点详细制定计划,使工作更有针对性、时效性。

4. 召开学期末班会

辅导员在学期末要及时召开班会,总结本学期班级的各项工作。对学生加强假期安全教育,叮嘱学生注意人身、财务安全,统计留、离校名单;帮助学生通过学校订购回家车票;做好就业统计工作,关注学生参加实习情况,动员利用假期参加招聘会;叮嘱学生利用假期做好毕业设计和论文的准备工作。

5. 关注学生考试情况

本学期,学生大学期间的理论课程基本结束,学生平时在考研、出国留学、就业方面倾注了很多心血,相应的理论课程学习效果会受到影响。本月,辅导员要关注学生课程考试成绩,对于不及格学生要及时做工作,叮嘱学生利用假期认真复习,参加补考。同时,本月也是研究生考试初试的重要时期,初试结束后辅导员要第一时间寻找恰当机会与学生进行沟通,掌握学生的心理,进行必要的鼓励和疏导。

6. 月末工作小结

七、2月时点、节点工作内容   关注学生实习 春节慰问学生

这个月对大四学生来说至关重要,学生下学期将面临更为严峻的就业竞争。辅导员应该更加关注这个假期学生的情况,合理高效利用好假期的时间,合理安排自己的实习、毕业设计、考研、出国等内容。大部分学生因为新年的原因,暂缓各项计划的执行,辅导员应给予他们良好的建议和指导。

本月的时点性工作: 关注学生假期生活、实习的情况;关注和慰问假期实习留校的学生,针对春节工作不回家的同学进行关爱活动。

本月的节点性工作: 关注慰问实习学生。

1. 关注学生假期生活、实习的情况

辅导员在假期要与学生保持联系,随时关注学生生活情况。重点要多关注实习学生的情况,这段时间的实习经验对于学生来讲弥足珍贵,直接影响学生的就业。同时,辅导员应帮助考研、出国、就业、创业等不同目标的学生,详细制定具体的计划。辅导员要关注学生毕业设计的进展情况,督促学生做好各项工作的前期准备工作。

2. 关注和慰问假期实习留校的学生

本月份是农历新年所在月份,与以往的情况不同,学生多数在实习、工作中,辅导员要特别针对因工作不能回家的学生制定详细的工作方案,定期慰问、关怀学生,尤其是春节期间留校的学生,让学生们能够感受到学校的关怀和温暖。

八、3月时点、节点工作内容　　关注学生就业变化　加强个案政策解读

本月,过完农历新年,学生在实习、毕业设计、考研、出国的准备方面,会有松懈的情况出现。辅导员要帮助学生及时调整心态,利用3月黄金就业时间,积极帮助学生实现就业。本月也是考研成绩公布的时期,辅导员要关注学生考研的情况,尤其要做好考研失利学生的思想工作。同时,本月是各地区、省、市的村党支部书记助理、村委会主任助理招募工作的重要时期,辅导员要积极动员学生报名,开展相应的培训、辅导工作。

本月的时点性工作: 寒假后,对学生进行长假后的心理调试;针对个体学生情况,给予就业指导,一对一解读就业政策;做好就业动态统计;进一步做好向学生发布就业信息的工作,叮嘱学生参加招聘会;村党支部书记助理、村委会主任助理报名;考研成绩公布后,对考研失利学生进行心理辅导;月末工作小结。

本月的节点性工作: 做好落实就业单位学生工作;关注考研学生。

1. 寒假后,对学生进行长假后的心理调试

经过农历新年,学生在实习、毕业设计等方面会有不同程度的放松。由于学生

本学期在校时间较少,辅导员要在开学初采取灵活、简便的方式,把握学生长假后的心态及思想变化,尤其要详细了解学生更换实习单位的详细原因,对学生就业中出现的问题给予及时解决。辅导员要做到细致了解每名学生的实际情况,为后期工作奠定基础。

2. 针对学生情况,给予就业指导,一对一解读就业政策

本月是就业黄金期,经过一段时间的实习,学生基本对实习单位有了深入的认识,经过实习,大多数学生也受到公司的认可。在给予学生就业指导时,因为每名学生面临的问题不同,公司的性质、规模、业务、要求、政策也不尽相同,辅导员要抓住这一节点,进行一对一辅导,以就业政策的解读为切入点,具体问题具体分析,结合实际情况向学生提供就业服务。做好学生的思想工作,叮嘱学生积极就业,与单位签订就业协议、劳动合同,如"五险一金"、签订就业协议等与学生息息相关的就业政策。

例 4.3.1 "五险一金"的概念、作用

"五险"指的是五种保险,包括养老保险、医疗保险、失业保险、工伤保险和生育保险;"一金"指的是住房公积金。其中养老保险、医疗保险和失业保险这三种险是由企业和个人共同缴纳的保费,工伤保险和生育保险完全是由企业承担的,个人不需要缴纳。这里要注意"五险"是法定的,而"一金"不是法定的。

例 4.3.2 就业政策解读

1. 签订就业协议的基本内容和要求

(1) 协议各方必须认真协商并审核协议的内容。用人单位应如实向学生说明:服务期限、工作岗位、工作内容、劳动报酬、劳动保护和条件、违反就业协议的责任及双方协商约定的其他条件。学生应如实地向单位提供学历、成绩、职业技能等证明。双方对协议条款认同后,各方人员签字盖章后协议生效。

(2) 协议必须由用人单位和用人单位上级主管人事部门签署意见,即必须由国家认定的具有管理国家干部权限的人事部门签署意见。没有管理国家干部人事权限的单位,可以委托政府所属的人才服务机构管理。

(3) 凡口头协议和许诺无效。各方另行商定的条件和劳动合同等,需在协议中表述清楚,注明"协议附件,与协议具有同等效力"。

(4) 如果报考了研究生或准备出国,应事先向用人单位讲明,并写在协议书中。

2. 毕业生签订就业协议书时盖章提示

国家机关、国有事业单位、国有企业:用人单位盖章(有法人资格)→用人单位上级主管部门盖章(有用人自主权的单位可不盖此章)→毕业生所在院、校毕业生就业工作部门盖章。

外资、私营、个体企业:用人单位盖章→人才交流中心人事代理章→毕业生所在院、校就业工作部门盖章。(由于此类单位没有上级主管部门,故需在上级主管部门位置盖上将来要管理其人事档案的人才机构的章。)

3. 毕业生与用人单位签订协议后要求违约的处理办法

为维护协议的严肃性以及各方的权益,协议生效后,各方应严格履行协议。凡一方要求违约,须征得另两方同意;若毕业生违约,应出具用人单位同意违约的书面证明,并处理好相互的经济关系(有些用人单位要向毕业生收取违约金),在规定的时间内方能办理相关手续。

4. 正确对待签约时用人单位的补充条款或协议

有些用人单位在招聘毕业生时,除了与毕业生签订就业协议书外,还常常会附加补充协议或增加某些条款,有的用人单位可能还会要求毕业生另外签订一份协议。一般来讲,这些补充条款或协议主要是用来进一步明确用人单位与毕业生之间的有关权利和义务等具体问题的。常见的补充协议内容有:

(1) 毕业生进入单位前的有关问题,如毕业生离校前不得有违纪违法行为,毕业生必须获得毕业文凭或学位证书,毕业生自荐材料中所反映的学习成绩和其他情况必须与档案中的记载相符等。

(2) 毕业生进入单位后的有关问题,如到单位报到的时间以及所需材料,毕业生必须通过单位统一组织的体检,单位提供给毕业生的工作条件及生活待遇等。事实上,补充条款或协议中的有些内容,具有毕业生进入单位后需要签订的劳动用工合同的性质,因而毕业生原则上应该接受并按单位的要求予以办理。需要提醒的是,毕业生在签署这些补充条款或协议时,一定要对其进行仔细研究,必要时可以向有关部门或老师咨询,以免因某些条款的不合理而损害自身利益。

5. 如果找到了就业单位,也签了劳动合同,但是没有签署就业协议书的影响

就业协议书是学校派遣毕业生的依据。如果毕业生没有签署就业协议书,而只是与单位签了劳动合同,那么毕业生的档案、户口等人事关系都无法直接从学校

转到用人单位,毕业生实习期鉴定、转正定级、工龄计算、保险等与户口、档案相关的事情都无法办理。

6. 毕业生见习制度

见习制度即用人单位对刚刚接收的毕业生有计划、有目的地进行考察和了解,进而在思想、业务等方面给与指导和帮助,使毕业生尽快适应工作需要的制度。

见习期一般为一年。对入学前已从事一年以上相关专业实际工作的毕业生,经所在单位批准,可免去见习期。某些特殊专业的毕业生,需要更长时间的锻炼,可在一年期满后由用人单位自行安排。毕业生在见习期间,发生疾病或其他原因不能坚持正常工作的,如病(事)假超过一个月者,见习期应顺延相应的时间。见习期满后,所在单位应及时为毕业生办理转正手续,为其评定专业职称,聘任相应职务,确定工作岗位。对达不到见习要求的毕业生,经所在单位决定,报主管部门批准,延长见习期半年到一年,并将延长期限和理由通知毕业生本人。对延长期限届满时仍达不到要求的毕业生,不再延长见习期,由单位另行安排工作,工资待遇按毕业生转正工资标准低一级来定。对表现特别不好的毕业生,经单位主管部门批准后,予以辞退。

3. 做好就业动态统计

在寒假期间,学生的就业、实习情况均有变化。本月就业统计主要掌握学生就业、实习单位变化情况,具体的原因,遇到的问题,参加招聘会的情况等。辅导员要针对这些情况逐一分析,及时调整下一步的工作方案并给予学生及时指导。本月,学生遇到的问题可分为以下几类:

(1) 不适应实习单位的环境。

(2) 所学专业与实习内容关联度不大。

(3) 自身能力与用人单位岗位需求不符。

(4) 学生对实习公司的条件不满意。

(5) 经过一段时间的实习,单位以学生能力不符合要求为由,结束实习、试用。

4. 进一步做好向学生发布就业信息的工作,叮嘱学生参加招聘会

本月,各类招聘会频繁召开,单位招聘力度加大,各类用人信息增多。根据本月就业统计所掌握的情况,辅导员要针对未落实单位学生的情况,从学生实际问题出发,指导学生选择匹配的单位、岗位。同时,辅导员向学生发布就业信息时,要注意信息的针对性,向学生介绍合适的招聘信息,提高学生求职的成功率,同时也提高信息的使用率。

5. 村党支部书记助理、村委会主任助理报名

选聘高校毕业生到农村任职,是继选派优秀大学毕业生到乡镇担任乡镇长助理后,中央采取的又一项重大决策,这项工作既是中央着眼于农村的改革深化,为农村输送培养新农村建设带头人而实施的"强基工程",也是为党政干部队伍储备后续力量,培养造就有基层工作经验、对人民群众有深厚感情的高素质领导干部人才的"育苗工程",更是在一定程度上缓解就业压力,引导大学生转变就业观念,面向基层就业创业而开辟的一个重要渠道。

辅导员要做好宣传、动员、组织报名工作,应注意以下几点:
(1) 自己吃透相关文件、政策精神。
(2) 及时召开动员会,详细讲解报名条件、有关待遇、相关政策、报名方法。
(3) 结合具体典型事例向学生宣传村干部的重要性以及应具备的条件。
(4) 在报名、考试的准备上给予学生及时的指导。

> **例 4.3.3** 村干部应具备的五种能力

(1) 合理支配与利用各类资源的能力。选聘生到村任职,能积极合理利用空闲时间学习农村实用知识技术,提高自身素质;能够通过各种渠道获取对村务工作有利、对村民致富有利的资源并加以利用,掌握工作进展,统筹规划工作,如利用农村信用社小额贷款政策为未就业青年拓宽就业渠道提供资金扶持等。

(2) 处理人际关系的能力。能够快速进入角色,与村民打成一片,真正融入农村、融入农民,工作上要干得起来,沉得下去,对待工作少说话多做事,认真学习,不耻下问,待人热情,积极学习正确处理工作的方式方法,利用自己的专业特长为村民提供服务。

(3) 获取、利用信息的能力。能够及时了解最新政策动向,如市、区组织就业技术培训信息,为农村返乡青年就业提供技术保障的政策等。能够主动将获取的对村民致富有利的信息传达给群众,有针对性地帮助农民更好地创造财富。

(4) 综合、系统分析能力。能够多角度分析、对待农村个别复杂问题,能够准确把握、理解问题本质,能够制定恰当的解决方案或者提出新的解决办法。

(5) 运用特种技术的能力。能够结合专业和运用新技术,为村民解决各种问

题,例如法律咨询、网上发布买卖信息等;能够积极参与完成项目建设、调解邻里纠纷等重要任务,在实践中独立承担具体工作任务,树立在基层干事、创业的信心。

[小结]要想成为一名合格的村干部,光有热情是不够的,还要具备较强的综合能力。农村就是沃土,大学生只要辛苦施种,就会成长成才。

例4.3.4 "草莓村官"勉励学弟学妹基层创业

小王毕业于北京某高校××专业,是该校20××年的首批"大学生村官"。在她担当北京市平谷区某村主任助理后,在村里提出种植有机草莓的建议,把该村变成草莓种植专业村。现在,每户村民的种植成本已全部收回,部分温室净收益超过两万元。小王不仅在技术上帮助农民解决种植难题,还利用所学"项目管理"知识,对产品进行包装、推销,申请到市里150万元发展资金,两年来,她提议种植的草莓品牌被相关协会授予"中华名果"称号,乡亲们亲切地叫她"草莓天使"。

回访母校时,小王与学弟学妹们畅谈做大学生村官的感受,勉励学弟学妹们到基层创业,到祖国最需要的地方建功立业。

"如何在农村开展工作才能得到农民的认可?""什么样的条件才能当村官,提前需要准备些什么?""到农村后怎么走好第一步?""农村到底需要什么样的人才?"面对学弟学妹们的问题,小王认真地作答,她说:"大学生村官计划潜移默化地在新农村建设中发挥着重要的作用。大学生到农村,不能脑袋一片空白,要对当地的特色、优势及文化有一定的了解,并在实际工作中找好立足点。"小王勉励学弟学妹们到基层创业、就业,"到了农村,就知道农村的天地是广阔的,农村需要人才,农业需要科技,只要脚踏实地就一定能干出成绩。""要想取得成功:一是热爱工作,并坚持到底;二是放眼天下,脚踏实地,把伟大的理想与投身实践相结合;三是不断学习,树立正确的人生观、价值观。"

[小结]一名合格的大学生村官,要接地气,脚踏实地,了解农村的特色、文化,能够真正帮助老百姓,给农民带来实惠,才能得到农民的衷心拥护。

6. 考研成绩公布后,对考研失利学生进行心理辅导

"条条道路通罗马",人生的路很多,成功的路也很多,考研是人生迈向成功的选择之一。从当前的形势来看,考研的重要性对于广大本科生的作用毋庸置疑。当今社会最强调的便是一个人的素质,一个人的素质高低很大程度上决定了他的人生。要想提高自身素质尤其是专业技能和知识,通过攻读研究生是最好的办法之一。鉴于目前大学本科毕业生的就业压力以及严峻的市场就业形势,考研是较好的一个途径。同时,考研可以使个人价值得到更好的体现,是学生个人价值得以实现的路径和方法之一。

本月中旬是一个关键节点,经过紧张的前期准备,考研成绩公布,辅导员要重点关注考研失利学生的心理问题,帮助他们重拾信心,积极就业。

例4.3.5 考研失利怎么办?

小李在20××年9月升入大四时,面对考研、找工作的抉择,经过一番考虑,准备考研。在准备考研的期间,由于时间紧张,学习压力和经济压力都较大,小李常常感到力不从心,并数次向她的辅导员咨询。老师每次都热心地给予她开导,希望她放下包袱,轻装上阵。但在下一年初的考研里,小李还是失败了,她感到非常沮丧。

考研成绩出来后,辅导员向每一个考研的同学打电话,询问了分数。得知小李的成绩离录取线还有一段距离后,老师尽力地开导、安慰她。渐渐地,小李认识到,尽管很痛苦,但失利让她变得冷静。半年的考研准备她懂得了知识的缺乏,也明白了自己的定位。小李大三的时候每天很闲却无所适从,不清楚自己想做什么、能做什么,同宿舍的三名同学都考研,自己也就报考了。如今,考研失败了,她没有了当初的那份盲目,而是多了一份冷静。辅导员根据小李家庭实际状况,指导她找工作,关注各类招聘信息,及时和她沟通,并发给她最新的简历模板、面试须知等材料,一有最新的招聘信息就打电话给她。小李一边看专业书,一边找工作,她相信,成功在不远处等着她……

[小结]成也好,败也好,明确方向最重要。过程的真正意义不在于结果的唯一性,而是总结教训重新选择。

7. 月末工作小结

九、4月时点、节点工作内容   优秀毕业生评选 引导学生做好留京选择

本月,辅导员在关注学生就业动态的同时,要做好优秀毕业生评选等工作。本月,辅导员要关注困难生和就业困难学生的情况,尤其要做好困难生就业的帮扶、指导工作。同时,辅导员要关注有留京意愿学生的情况,多数外地学生都有强烈的

留京发展的意愿,本月是就业的黄金期,辅导员要关注这部分学生的情况,做好政策解读,积极引导学生到二、三线城市发展。

本月的时点性工作:整理上个月的班级学生情况,向学院主管学生工作领导进行汇报沟通;关注有留京意愿学生的情况,引导学生做好选择;优秀毕业生评选;组织学生参加毕业体检;关注困难生群体动态,给予相关支持,做好引导工作;月末工作小结。

本月的节点性工作:积极促进就业;关注留京学生情况。

1. 整理上月班级情况向主管领导汇报

辅导员在本月初要对上月每项工作进行总结,把工作的进程、取得的进展、出现的问题、学生的动态情况向主管领导汇报。同时,在领导的指导下,制定本月工作的详细计划。

2. 关注有留京意愿学生的情况,引导学生做好选择

对于北京高校学生来讲,经过四年的辛苦学习,学生在选择就业时,留京往往是第一选择。作为国际化大都市,北京具有得天独厚的优势,对于毕业生来讲,抓住机会争取留京是每名外地学生的愿望。面对高门槛,学生在做选择时往往容易迷茫。现在竞争越来越激烈,辅导员要审时度势帮助学生在是否留京这个问题上做出选择。

例 4.4.1　两难的选择

小王的家乡在河北省的一个小县城,他今年即将从某高校毕业,他所学习的专业是设计专业。目前,小王在一家设计公司实习。小王对目前的现状还算满意,但是,面对着居高不下的房价,拥挤的人群,小王经常感到迷惘,他正面临着一道选择题:回家,还是留在北京?

小王找到了他的辅导员寻求帮助。辅导员询问他不想回家的原因。小王认为,他在北京读了四年大学,就这么回去了,在亲戚还有街坊邻居面前抬不起头,而且,北京比起老家来说机会多得多,平台大得多。小王认为经过了四年时间的学习后,已把北京作为第二故乡。他在北京建立了人际关系网,他熟悉这座城市。而且人都是有惯性的,在一个地方呆的时间长了就会有依赖,一种情感上的依赖。如果他在北京坚持下来,凭自身的努力,一定会取得成功。小王也认为,这像一次赌博,

成功了固然好,失败了也没有什么,因为年轻,还可以从头再来。

辅导员帮助小王分析了他要留京所面临的一些现实问题。毕业后他所从事的专业刚开始赚的肯定不多,住的简陋,可能还会面临没有社会保障等问题。辅导员建议小王在做选择时可以为自己做一个表格,在表格里把优势、劣势、机遇、挑战分别列出,并进行对比。再结合自己需要什么、长远目标是什么加以考虑,在什么地方能体现价值就去什么地方。经过一段时间的思考。小王决定回家乡发展,到二线城市工作,在生活上压力小,可以得到高速成长的机会。通过在大城市学习获得的国际视野加上知识,在实践中能更好地完成工作。与其在北京、上海这样的大城市与那么多的人竞争,不如去一个二级城市更好地施展自己的才华。

[小结]当面临如此情况时,相信每个人都要经历痛苦的抉择。是理智的思考,还是现实在误导,辅导员要做的就是帮助学生分析利弊,引导学生做出合理的选择。

3. 优秀毕业生评选

优秀毕业生的评选工作是毕业生就业分配工作的重要组成部分,也是开展毕业生思想政治教育的一项重要内容,它对于引导大学生德、智、体全面发展,综合考评学生在校表现,促进学生刻苦学习,奋发向上起到了积极作用。为做好优秀毕业生评选工作,辅导员要注意以下几点:

(1)辅导员要严格按照评选办法组织评选,对参评同学综合素质测评分和获奖情况进行量化衡量,使评选层次更高,评选力度更强。

(2)辅导员要及时召开毕业生会议,详细介绍优秀毕业生评选的流程和注意事项。要求班长、团支书认真负责,开好班会,严格评选流程,做好班级初审工作。为保证公平、公正、公开,辅导员要对班会的召开情况、投票、唱票过程进行严格把关。

(3)为确保优秀毕业生评选工作顺利进行,辅导员要对所有参评同学上交的材料仔细审查,根据积分排名确定优秀毕业生名单。最终名单向学生进行公示,无异议后确定最后上报名单。

4. 组织学生参加毕业体检

毕业体检是毕业生毕业的一项常规性工作。辅导员要向学生通知体检的时间、地点、注意事项。同时,辅导员还要注意提醒因外出找工作或实习而不能在规定时间内进行体检的学生在规定的时间内进行补检。

5. 关注困难生群体动态,给予相关支持,做好引导工作

辅导员要认真研究就业困难学生实际情况,针对学生就业困难的具体问题与他们谈话,帮其分析原因、制定改进和帮扶措施。建立与学生家长沟通渠道,让家长加入到这个帮扶团队中,协助实施。辅导员要帮助学生建立帮扶档案,对于学生面临的困难,帮助其一个一个地加以解决。同时,要坚持追踪帮扶,把握学生动态,及时提供服务。

6. 统计出国深造学生信息,弘扬爱国主义教育

成功申请出国继续深造学习的同学一般在4月份结束前都能够收到相应学校的录取通知,辅导员要及时统计并更新出国同学的去向信息,指导学生办理相关的户口、档案迁移手续。同时辅导员要教育引导学生全面理性看待中国、看待世界,强化理想信念教育,引导同学们始终保持一颗"中国心"。对于出国留学的党员学生,辅导员应指导其办理好组织关系转接手续,叮嘱学生在外学习勿忘党员责任与使命。

7. 做好就业统计工作,持续关注学生就业情况

本月,是学生就业的黄金月,也是学生参加招聘会、面试、实习碰到问题最多的月份,学生容易感到挫败感。辅导员可以关注两个方面。一是对学生进行分类。针对实习、工作稳定的学生,继续做好政策讲解工作;对于经常更换实习单位的学生,要分析原因,介绍信息,寻求稳定的实习、工作机会;对于一直找不到工作的学生要给予重点关注,通过一对一、一对多的方式,从各个方面帮助学生分析原因,找到解决问题的办法;对于不想找工作的学生,要积极与家长取得联系,共同做好学生工作。二是辅导员要对各类问题进行汇总、分析和归纳。针对就业信息选择、就业技巧、职业选择等方面的问题,辅导员要对学生开展相应的指导和培训。

8. 月末工作小结

十、5月时点、节点工作内容   志愿西部 服务基层

本月,是学生集中签订就业协议和劳动合同的集中时期,辅导员要及时给予这部分学生指导。辅导员要注意关注就业困难学生动态,清楚了解每名学生的具体

情况,掌握学生在就业中遇到的问题。进入5月,就业信息减少,辅导员要合理筛选、发布就业信息,一对一做好就业困难学生工作。同时,本月也是高校毕业到社区工作、大学生志愿服务西部报名的重要时期。辅导员要精心筹备毕业晚会,利用晚会的机会做好学生的思想工作。

本月的时点性工作:整理上个月的班级学生情况,向学院主管学生工作领导进行汇报沟通;贷款毕业生的教育引导工作;高校毕业生到农村(社区)工作;大学生志愿服务西部工作;做好就业统计,持续关注学生就业情况,一对一指导学生;精心筹备毕业晚会;月末工作小结。

本月的节点性工作:把握时机做好学生志愿服务西部、服务社区的教育宣传工作;精心组织毕业晚会。

1. 整理上月班级情况向主管领导汇报

进入5月,就业工作即将进入尾声。辅导员要汇总各类学生就业的具体情况、面临的问题,要向主管领导汇报,对后续工作制定详细计划。同时,辅导员要向领导汇报毕业晚会的计划及筹备情况,争取相关支持。

2. 贷款毕业生的教育引导工作

国家助学贷款是党中央、国务院为完善我国普通高校资助政策体系,加大对普通高校贫困家庭学生资助力度所采取的一项重大措施。国家助学贷款是由政府主导、财政贴息、财政和高校共同给予银行一定风险补偿金,银行、教育行政部门与高校共同操作的专门帮助高校贫困家庭学生的银行贷款。借款学生不需要办理贷款担保或抵押,但需要承诺按期还款,并承担相关法律责任。借款学生通过学校向银行申请贷款,用于弥补在校学习期间学费、住宿费和生活费的不足,毕业后分期偿还。

毕业在即,对于贷款毕业生的教育工作是辅导员要处理的一项重要工作。能否做好贷款毕业学生的贷后管理工作,直接关系到国家助学贷款工作的顺利、健康、持续开展,也关系到贷款毕业生的个人发展。辅导员要做好以下工作:

(1)做好贷款毕业生的毕业确认工作。认真组织学生核对基本信息、联系方式、贷款信息等是否准确。在核对的过程中如发现错误数据信息应及时修改并汇总上报,以保证每一位贷款学生离校后能正常扣划利息和还款。为了毕业后能及时联系到贷款毕业生,要求学生离校前留存家庭及亲属联系方式,以便提醒毕业生按期还款。

（2）加强对贷款毕业生贷后政策宣传和诚信教育工作。在毕业生离校前根据实际情况开展不同形式的贷后政策宣传和诚信教育工作。组织贷款毕业生认真学习相关管理办法及还款、付息办法和展期手续办理等。开展诚信教育，结合具体事例做好提前还款的先进典型事例的宣传，营造良好的氛围。同时，使每一位贷款毕业生了解违约将给本人今后的工作和生活带来不良影响。

例4.5.1 毕业还款，考验诚信

毕业前夕，某大学毕业生小陈与贷款银行、学校签署了还款确认材料，告知自己的毕业去向及还款期限。小陈大学四年共贷款2.4万元。因为读的是艺术专业，学费每年要1万元。她是单亲家庭，条件不好。学校和银行鼓励学生自强自立，她和母亲商量后申请了国家助学贷款。

现在，马上面临毕业，小陈参加了学校组织的贷款毕业生政策宣讲会。听了已经毕业成功还贷的学姐的报告，深受感动。她深刻地认识到，贷款学生毕业后能否按时还款，这对大学生的诚信是一种考验。她积极地配合学校，选择将户口和档案保留在学校，并办理了贷款的相关手续。小陈制定了一份详细的还款计划，希望通过自身的努力，完成还款，报答学校、国家对她的帮助。她也希望毕业后有机会回到学校，给其他贷款毕业生讲授自己的还贷心得，帮助更多的同学。

[小结]据调查，绝大多数大学毕业生能够按要求还款。针对贷款学生，辅导员要把握政策，利用先进同学的典型事例教育学生。在平时的工作中，以诚信教育为核心，借助各种手段和力量帮助贷款学生。

3. 高校毕业生到农村（社区）工作

选聘高校毕业生到农村任职，是党中央做出的一项重大决策，对于深入贯彻落实科学发展观，加快推进社会主义新农村建设，培养造就经过基层实践锻炼、对人民群众有深厚感情的党政干部后备人才，具有重大而深远的战略意义。选聘大学生"村官"为新农村建设输送了生力军，为大学生就业开辟了新通道，为农村基层干部队伍增添了新鲜血液。作为辅导员可以结合实际情况做好以下几方面工作：

（1）要加强选聘高校毕业生到村（社区）任职工作的宣传力度。通过利用"动员会"或"宣讲会"等形式，面向毕业生集中宣传选拔条件、优惠政策和报名流程等。举办现场宣传咨询活动，切实提高政策知晓度。通过公共邮箱、微信、QQ群、

大班博客等网络工具及时发布高校毕业生到村(社区)任职工作公告、各地招聘简章及工作日程安排。

（2）积极营造氛围。组织先进典型事迹报告会和座谈会,利用校园广播电台、院报、橱窗等媒体深入宣传高校毕业生到村(社区)任职的优惠政策及相关具体内容。

（3）要认真细致做好毕业生参加到村(社区)任职的报名工作,尽快掌握第一手资料。结合实际组织毕业生参加相关的考前笔试和面试辅导,提高报考学生的应试能力。

4. 大学生志愿服务西部工作

大学生志愿服务西部计划是由共青团中央、教育部、人事部、财政部共同组织实施的,鼓励和引导高校毕业生面向西部基层就业创业的工作项目。"西部计划"在促进西部贫困地区社会事业的发展,拓展大学生的就业创业渠道,培养造就一大批优秀青年人才,弘扬志愿精神,推动经济社会持续快速健康发展等方面发挥了重要作用。"西部计划"作为当前鼓励和引导高校毕业生面向西部基层就业创业的工作项目,唱响了到西部、到基层、到祖国最需要的地方建功立业的青春主旋律,在高校毕业生中形成了到西部基层就业创业的积极导向。按照相关政策规定,西部计划志愿者服务期满后,鼓励其扎根基层,或者自主择业和流动就业,并在其升学、就业等方面给予一定政策支持。为做好相关工作,辅导员可从以下几方面入手：

（1）按照推选要求,全力做好西部志愿者推选工作。召开宣讲会,向毕业生传达大学生志愿服务西部计划相关工作精神,认真部署志愿者宣传、报名和选拔工作,通过公共邮箱、微信、QQ群、大班博客等网络工具以及宣传橱窗等多种途径在全院宣传志愿服务西部的意义。

（2）严格按照志愿者选拔标准对报名者资格进行审查,对学习成绩优异、优秀学生干部和有志愿服务经历者优先考虑推荐。协助学院组织评审老师对所有报名者进行资格审查、笔试、面试等多方面考核。

（3）对推荐名单进行公示,做好后续服务工作。

5. 做好就业统计,持续关注学生就业情况,一对一指导学生

本月,毕业生基本上确定了工作岗位,实习期满,单位与学生签订就业协议。部分学生更换单位后,进入实习期。辅导员要对学生进行分类,大致可分为三类：

①确定工作单位、签订就业协议和劳动合同的学生,辅导员要与他们保持联系,随时解决学生工作适应方面的问题;②更换工作、在实习期内的学生,辅导员指导学生如何顺利度过实习期,最终成功落实就业;③屡次就业失败的学生,辅导员要帮助他们分析失败原因,针对问题,降低他们的期望值,做好相应的辅导和培训。对就业困难的学生,辅导员要发动各方面关系推动学生就业。同时,辅导员要做好就业统计,为后续工作做好准备。

6. 精心筹备毕业晚会

大学毕业,对于每一个大学生来说有着非凡的意义,四年的光阴在每一个大学生的青春奋斗中走过,四年的大学生活给予学生的不仅仅是课堂上学习的专业知识,还有同学之情、师长之爱。

毕业晚会承载了校生、师生、生生之间四年的深厚情谊,传承了莘莘学子的优秀事迹和厚重的文化积淀,传递了毕业生对于学弟学妹的美好祝愿与希望。

毕业晚会搭建了表达毕业生丰富情感的平台:祝愿与希望,关爱与感恩,回忆与展望。学生们相互交流,传递情感,感受彼此之间的互爱互助,共同期望美好的未来。

毕业晚会是毕业生踏入社会、走出自己人生的仪式,是告别四年青春美好岁月大学生活的仪式,是标志着他们即将以全新的奋斗状态投入到新的人生道路的仪式。

辅导员要精心筹划,利用毕业生晚会这一有利时机,深化毕业生教育,为下月毕业生文明离校教育做好铺垫。

例 4.5.2 ××学院毕业生晚会活动策划(参考)

一、活动时间:待定

二、活动地点:待定

三、参加人员:××学院全体师生

四、活动方式:文艺晚会

五、晚会主题:成就梦想 展望未来

六、晚会内容:

(一)序幕:

主持人介绍来宾

(二)圆梦之旅

1. 回忆录(播放大学生活视频短片)

2. 诗朗诵

3. 毕业生汇报演出

4. 大合唱

(三)辉煌之旅

1. 歌曲

2. 舞蹈

3. 毕业生留言(音视频)

4. 深情互动

(1)领导为晚会致辞或题字;

(2)教师赠言;

(3)现场访谈。

5. 合唱《毕业歌》

××学院学生会
20××年××月

7. 月末工作小结

十一、6月时点、节点工作内容　　开展文明离校教育　办理离校手续

本月,辅导员要注意关注就业困难学生就业动态,掌握学生在就业中遇到的问题,有针对性地及时给予学生就业指导。同时,本月也是辅导员开展毕业生论文答辩、毕业资审、档案整理、离校教育等各项工作的重要时期。本月的工作关系到学生的切身利益,政策性强,要求辅导员时间安排合理,制定详实、可操作性强的计划。本月各项工作也是学生毕业离校前一个重要的教育环节,辅导员要适时教育引导,利用各种机会做好学生的思想工作。

本月的时点性工作:整理上个月的班级学生情况,向学院主管学生工作领导进行汇报沟通;关注高校毕业生到社区工作面试、考察情况;毕业生资格审查工作;毕业离校教育;学生办理离校手续;毕业生档案整理;做好就业统计关注困难生群体动态,给予相关支持,做好引导工作;对未拿到毕业证书、学位证书的学生进行深度

辅导；月末工作小结。

本月的节点性工作：毕业生文明离校教育学生思想动态摸查，毕业生签约率统计。

1. 整理上月班级情况向主管领导汇报

辅导员在本月初要对上月每项工作进行总结，把工作的进展情况、出现的问题、学生的动态情况向主管领导汇报。同时，在领导的指导下，实施本月工作计划。

2. 关注高校毕业生到社区工作面试、考察情况

经过上月宣传、动员、培训报名等工作，毕业生到社区工作进入到考试、面试、考察、体检的环节。辅导员要根据不同的时间节点，给予学生不同的指导和服务，帮助学生按照既定的计划落实，重点做好学生的心理疏导工作。

3. 毕业生资格审查工作

毕业生资格审查就是审查毕业生是否具备毕业生的资格。校相关部门将详细核实毕业生的姓名、性别、民族、生源地、所学专业、培养方式、学籍变动情况等。毕业生资格审查结束后，将形成全校的毕业生数据库并上报作为证明毕业生身份的唯一依据。学校将根据该数据库发放毕业生就业信息网的用户名和密码、就业协议书和毕业生推荐表等材料。辅导员要关注是否有毕业生对资格审查的结果有异议，要及时向校毕业生就业指导中心反映，以妥善解决。同时，辅导员要做好学生基本信息、数据的整理工作，如姓名、生源地、所学专业、培养方式、学籍变动情况等，及时与相关部门沟通。对于不具备毕业资格的少数学生，辅导员要做到心中有数。针对这些学生有可能出现的心理波动，辅导员要主动联系学生，深入谈心，缓解学生压力。

4. 毕业离校教育

毕业生离校教育，是大学生思想政治教育工作的重要组成部分，是大学生走向工作岗位前的重要教育环节。对毕业生开展以文明教育、纪律教育、责任教育、职业道德教育、学习教育等为主题的教育工作，既为营造和谐稳定的校园环境提供了重要保障，也为毕业生回到工作岗位提供了明确的指导方向。辅导员对毕业生各方面的问题，要给予足够的关心和帮助，及时发现问题并有效解决问题。通过为毕

业生提供及时周到的服务,解决毕业生离校前的后顾之忧,为他们顺利离校提供保障。辅导员要做好以下几方面工作:

(1)认真做好毕业生人身安全、财产安全、防火防盗防骗等安全教育工作。教育毕业生增强安全意识,妥善保管好钱物及有效证件等物品,仔细排查安全隐患,确保毕业生平安顺利地离校。对于部分毕业生自发组织的毕业旅行活动辅导员应提前做好安全提醒工作,特别强调女生在外的安全注意事项,并与外出同学随时保持通信畅通,做好各类应急预案。号召毕业班学生干部、学生党员在毕业离校前要率先垂范,起模范带头作用。通过组织专题报告会、主题班会、交流座谈会等不同形式的教育活动,加强与毕业生的情感沟通,增强学生的爱国、爱校意识。

(2)加强毕业生的日常教育工作。在离校教育期间,辅导员要及时了解和掌握毕业生的思想动态,对毕业生加强思想政治教育、心理健康教育和纪律教育工作。引导学生树立正确的世界观、人生观和价值观,以积极健康的心态迎接毕业。同时,辅导员要加强毕业生的诚信意识,开展诚信教育,用实际行动践行社会主义核心价值观。要求毕业生遵守校规校纪,不酗酒闹事,不打架斗殴,积极参加学校和学院组织的各项活动,为大学生活画上一个圆满的句号。

例4.6.1 ××大学××届毕业生教育活动安排(参考)

时间		内容	地点	责任单位
×月×日	院系自定	《留给母校的心里话》主题征文活动	各院系自定	各院系
×月×日	院系自定	各院系根据毕业生教育内容要求,结合本院系实际,开展相关毕业生教育活动	各院系自定	各院系
×月×日	院系自定	《××大学毕业生文明离校承诺书》	各院系自定	各院系
×月×日	14:00	《成长的足迹》主题教育活动	毕业生就业之家	学生处
×月×日	15:00	校友报告会	毕业生就业之家	学生处
×月×日		优秀毕业生事迹展示	一食堂西侧宣传栏	学生处
×月×日	14:00	毕业生党员大会	教三报告厅	学生处
×月×日	14:00	"感恩的心"——毕业生团体辅导	毕业生就业之家	学生处
×月×日	14:00	毕业生座谈会	会议室	学生处
×月×日	自行安排	组织学生填写毕业生登记表	各院系自定	各院系

5. 学生办理毕业离校手续

毕业离校手续是大四辅导员一项十分重要的工作,离校手续的办理事关每位学生的切身利益，学校往往采取集中办理的形式。为了保证学生顺利、舒心、满意地办理各项手续，辅导员要在前期通知学生，告知离校手续的程序和注意事项：办理转接党组织关系；办理户口迁移手续；办理网费结算手续；交清学费、住宿费；归还临时贷款；报销、归还医疗费用；归还图书馆图书；退宿舍；退还IC卡、学生证；领取毕业证、学位证；领取报到证；确认档案去向。上述所有步骤办理完毕后，毕业生所有离校手续办理完毕，可以离校。

例4.6.2　××学院毕业生离校手续单

学院：_____　　　　　　　　20____年____月

姓　名		性　别		政治面貌	
班　级		学　号		联系电话	
图书馆： （办理图书归还手续）		实训中心： （办理设备、仪器归还手续）		保卫处： （办理户口迁出手续）	
财务处： （补交学费、住宿费等所有费用）		党委组织部： （学生党员党关系转迁）		宿舍管理处： （办理退宿手续）	
学生处： （办理贷款还款确认手续）		各学院团委： （团关系转出）		就业指导中心： （领取报到证、档案等就业相关事宜）	
备注：毕业生将上述公章盖好后，凭此离校手续单到本学院办理领取毕业证书、学位证书手续					

例4.6.3　××学院20××级学生党组织关系转出名单

班　级	学　号	姓　名	是否上交	备　注

6. 毕业生档案整理

毕业生档案是学生在校学习期间真实记载的凭证，它关系到学生毕业后的就业、保险、养老、出国等一系列重大问题，如果一旦发生毕业生档案的漏装、误装、地址错误造成的投递错误或档案丢失等问题，将严重损害毕业生权益。辅导员要本着对学生负责、对学校负责的态度，高度重视毕业生的档案管理工作。认真做好毕业生档案整理、归档工作。

例4.6.4 毕业生档案整理注意事项

一、应归档的材料

(1) 学生登记表；

(2) 毕业生登记表；

(3) 成绩单；

(4) 毕业生分配工作报告通知书；

(5) 党、团材料；

(6) 毕业生体检表和校级以上奖励、处分材料。

二、对归档材料的要求

(1) 毕业生的档案材料要以个人为单位集中在一起，按专业、班次分开，并按学号顺序排列；

(2) 经审核无误后，再按要求将档案材料归(装)入每个毕业生档案袋中；

(3) 缺材料的学生详细情况要写清楚。

三、档案材料归档步骤

(1) 将档案袋按班级、学号顺序排序；

(2) 检查全班档案材料与档案袋上的姓名，一一对应后再将档案材料分别放入该毕业生的档案袋中；

(3) 在档案袋的封口上贴档案密封条并加盖密封章；

(4) 在档案袋封面上粘贴或书写寄发地址；

(5) 将档案袋按毕业分配方案上的序号排列好，交工作人员移交验收后签字。

[小结]学生档案归档时必须以院、系为单位，由负责毕业班的辅导员归档。辅导员在整理档案材料时认真检查核对，看材料是否齐全、有无漏盖公章和漏填写现象，不得擅自增、减毕业生材料；毕业生档案邮寄地址一律以学校就业部门分配方案为准，不得随意更改；凡需缓寄的毕业生档案，一律由学校就业部门以书面形式通知档案馆。档案袋一旦密封后不再启封。

7. 关注困难生群体动态，给予相关支持，做好引导工作

本月毕业生就业工作即将进入尾声，辅导员要关注就业困难学生的具体情况。一般来讲，家庭困难、就业心理、个人能力、社会适应能力等问题都会影响学生的就业，辅导员要以这些问题为切入点帮助学生成功就业。

8. 对未拿到毕业证书、学位证书的学生进行深度辅导

本月,经过毕业生资格审查,会有少数学生达不到毕业标准,不能顺利取得学位证书、毕业证书。这首先会对学生造成比较大的心理压力,同时还会直接影响学生的就业。面对这一小部分学生,辅导员要提前做好准备工作,适时开展深度辅导,帮助学生解决面临的各种困难。

9. 月末工作小结

十二、7月时点、节点工作内容   毕业典礼 感恩母校

本月,辅导员要持续指导就业困难学生就业,做好就业率、签约率的信息统计工作。本月是学生四年学成离校前最具有纪念意义的一段时光,学生即将升学、出国、步入社会,走向工作岗位。毕业典礼和欢送毕业生离校的各项活动具有特殊意义,这也是毕业生离开母校前最后一次受教育的机会,是学生大学四年教育环节的最后一环。辅导员应抓住这一宝贵时机做好思想引领工作。

本月的时点性工作:整理上个月学生签约率、就业率情况,向学院主管学生工作领导进行汇报沟通;就业动态统计;精心策划毕业典礼;欢送毕业生离校;月末工作小结。

本月的节点性工作:毕业生离校。

1. 整理上月班级情况向主管领导汇报

辅导员在本月初一方面要向主管领导汇报班级学生的签约率、就业率和未就业学生的具体情况;另一方面要汇报毕业典礼的筹备情况及学生离校前的思想动态。在领导的指导下,精心筹备各项工作。

2. 就业动态统计

本月,就业工作整体基本接近尾声,辅导员要做好学生就业率、签约率的情况统计,工作单位情况统计,其中最重要的是未落实就业单位和就业困难学生的具体情况。辅导员结合实际情况,为学生提供及时的指导和帮助,同时,做好这部分学生的心理教育工作。

3. 精心策划毕业典礼

毕业典礼与学位授予仪式作为大学礼仪文化的重要部分,已成为促进学生全面发展的途径,也是提高学生综合素质的载体。毕业典礼,作为学生们学业生涯的节点,也是成长过程的节点,对每个大学毕业生来说,它是人生的一个里程碑,既标志着大学时代的结束,也意味着一个人生新阶段的开始,不管他们是继续求学,还是就业谋生,无论选择怎样的一个未来,毕业典礼都将成为他们人生的分水岭。毕业典礼的展现过程,是从学生身份向社会人身份巨变的转折点,不仅是对毕业生学业成就的确认、肯定,也是对其所获得新身份、新职责、新义务的赋予与确认。

例4.7.1　××学院20××届毕业生毕业典礼方案(参考)

一、时间

本科:××年××月××日

专科:××年××月××日

二、参加人

校领导、院领导、党院办负责人、教科办负责人、各系主任、学工办、学生工作负责人、毕业班班主任

三、议程

1. 奏国歌
2. 院领导为××届毕业生致辞
3. 领导宣读××届优秀毕业生名单并颁发证书
4. 领导为××届获得学位同学代表授予学位
5. 优秀毕业生代表发言
6. 教师代表讲话
7. 校领导讲话

××学院

4. 欢送毕业生离校

毕业生离校在即,为确保所有毕业生安全、有序、文明、愉快离校,辅导员应贯彻落实"以生为本"的工作原则,为毕业生提供行李搬送、物品提供、咨询等相关服

务,站好毕业生工作最后一班岗。辅导员可组织低年级学生为毕业生提供贴心、细心、周到的服务,主要是帮助毕业生搬送行李,并提供咨询服务和胶带、剪刀等物品。同时,加强宣传教育,解决毕业生在离校时期遇到的各种问题,为毕业生提供详细认真的解答,把欢送毕业生离校工作做细、做实、做好。

5. 月末工作小结

十三、8月时点、节点工作内容　　回顾四年　总结提炼

本月,辅导员要继续为毕业生提供就业后续服务,做好个别学生就业工作。同时,辅导员要做好四年的工作总结。辅导员要对四年的工作加以总结,分析和研究,肯定成绩,找出问题,得出经验教训,摸索学生工作的发展规律。辅导员要总结好各项工作的重要环节。全面、系统地了解以往的工作情况,通过工作总结,使表面的感性认识上升到全面的、系统的、本质的理性认识上来,寻找出学生工作和事物发展的规律,从而掌握并运用这些规律,做到理论与实践相结合,提高工作水平,提高工作效益。

本月的时点性工作:为毕业生提供毕业后的服务;总结工作。
本月的节点性工作:毕业生就业工作收尾。

1. 为毕业生提供毕业后的服务

本月,毕业生就业工作基本结束。辅导员要按照学校统一要求做好学生就业数据的统计上报工作。辅导员可以结合自己的工作对毕业去向、就业单位性质、专业对口率、薪金水平、面临问题等进行详细统计,撰写专门的调研报告,以指导今后的工作。另外,辅导员要继续为毕业生提供就业后续服务,针对毕业生就业咨询、改派、提档、户口迁移等需求给予及时帮助。最后,辅导员要持续帮助未就业学生,在政策解答、信息推荐等方面关心学生,不能让学生感到人走茶凉,刚毕业就得不到学校、老师的关心。

2. 总结工作

本月,是辅导员总结大一到大四四年工作的最佳时机。一是经过四年的认真工作,有很多的规律可以总结,有很多的问题可以归类分析,有很多的经验可以提

炼,有很多的感受可以体会。二是利用暑期的时间,辅导员可以通过相关的培训、交流,对四年的工作进行对比、梳理,凝炼工作理念,提升工作认识。最关键的是,辅导员要根据以上两点认真做好工作的总结,凝炼大一至大四每学期不同月份工作的时点和节点,总结收获与不足,认真规划今后的工作和个人发展。